ESG ESG경영학 개론

이영섭·이도경·전도근 지음   인피니티컨설팅

머리말

스테파니 하버드대 교수는 기초과학 및 공학 분야의 국제학술지인 '사이언스 어드밴시스'를 통해 근본적인 원인을 제거하지 않으면 인류가 6차 대멸종의 희생양이 될 것이라고 예측했습니다. 45억 년 전 지구가 생성된 이래 5차례의 대멸종이 있었습니다. 기후변화에서 비롯된 3차 대멸종과 4차 대멸종에서는 각각 전체 생물종의 95%, 80%가 사라졌습니다.

이러한 위기 속에서 ESG가 모든 분야에서 큰 관심을 모으는 변화이자 전략적 변곡점(Strategic Inflection Point)이 되었다는 데에는 모두가 동의할 것입니다. 최근 ESG는 전 세계적인 트렌드로 확산하는 추세이며, 이에 따라 소비자·투자자·정부 등 모든 사회 구성원의 관심 역시 고조되고 있습니다. 즉, 이제 ESG는 선택이 아니라 기업의 생존과 성장에 있어 핵심적인 요소로 부상하고 있는 것입니다.

2022년 1월 14일, 금융위원회는 일정 규모 이상의 코스피 상장사의 ESG 지속가능경영보고서 공시를 2025년부터 의무화한다고 발표했습니다. 비재무적 성과 지표였던 ESG가 기업 가치를 평가하는 주요 지표로 자리매김하게 된 것입니다. ESG 지속가능경영보고서 공시 의무화와 같은 제도적 규제 강화와 투자기관(공적투자, 민간투자)의 ESG 정보공개 요구 급증에 따라 기업들도 ESG 경영을 본격적으로 도입했습니다.

관광산업에서도 예외 없이 ESG 경영을 도입하기 시작했고, 이를 'ESG 관광경영'이라고 칭합니다. ESG는 이제 특정 분야에 한정하지 않고 모든 산업 전반에 걸쳐 도입되어야 하는 개념입니다. 특히 관광 분야는 다른 산업에 비해 ESG에 미치는 영향이 가장 큰 업종입니다. 관광산업은 관광을 경제의 일환으로 간주하며 경제적 결합도에 방점을 찍습니다. 그렇기에 관광이란 단순한 자연 감상(Sightseeing)에 그치지 않고 인간 생활의 어떤 목적을 위해 사회적·경제적으로 관련을 맺고 능동적으로 움직이려는 의욕을 내포하고 있다고 볼 수 있습니다.

관광의 대중화와 일반화는 사회 발전과 개인의 경제적 능력이 높아짐에 따라 삶의 질 향상을 요구하는 인구가 늘어나는 데에서 시작했습니다. 이러한 관광산업은 막대한 경제적 효과를 불러오기에 '보이지 않는 무역', '굴뚝 없는 공장' 등의 표현에서 알 수 있듯 고부가가치 산업으로 인식되고 있습니다. 이처럼 관광산업이 경제 발전에 미치는 영향과 비중이 계속해서 높아짐에 따라 세계 각국 정부에서도 주목하게 되었습니다.

국내에서도 관광산업에 ESG를 도입하려는 노력이 산업계 전반에 확산하고 있습니다. 대표적인 사례가 한국관광공사입니다. 공사에서는 ESG를 실천할 수 있는 여행 상품을 출시하고, 해외의 ESG 관광 성공 사례를 취재한 내용을 담은 도서를 발간하는 등 다각도로 ESG 관광경영을 시도해 왔습니다. 이 책은 금융위원회의 공시 의무화와 미래 관광산업의 생존과 발전을 도모하는 추세 속에서 'ESG 관광경영' 도입에 필요한 내용들을 담고 있습니다. 이 책이 국내 관광산업의 ESG 경영 전환에 도움이 되기를 희망합니다.

지은이 일동

차 례

제1장
ESG 관광경영

1 관광경영학의 정의

경영학(Business Administration)은 기업의 경영 현상을 관찰하여 현장에 존재하는 법칙을 밝혀내고 이를 실천적으로 활용하는 것을 목적으로 한다. 즉, 경영학은 사회과학의 한 분야로서 인간의 사회적 현상을 연구 대상으로 삼는 학문이다.

경영학은 20세기 산업구조가 복잡해지고 수많은 기업 간의 경쟁이 치열해지는 상황에서 실천적 이론 위주로 경제학에서 독립한 학술 분야이다. 실제 회사 경영에 필요한 지식을 체계화하고 전달하기 위함이었다.

따라서 경영학은 '기업 경영을 종합적으로 이해하고 이를 토대로 경영 목표의 합리적 달성을 위한 경영활동 수행 방법과 합리적 관리 방안에 대한 기본 원리와 원칙을 도출해 현실에 적용하는 학문'이라고 정의할 수 있다.

관광 인구가 증가하고 관련 산업이 경제에 차지하는 비중이 커지자 관광에도 경영학이 도입되었다. 이렇게 볼 때, 관광경영학은 '관광 업체가 경영 현상을 관찰해 관광 현장에 존재하는 법칙을 밝혀내고 이를 관광경영에 활용하는 학문'이라고 정의할 수 있다. 관광경영학은 관광산업을 이해하고 경영하는 데 필요한 이론과 실제적인 지식을 연구하는 학문 분야다. 이 분야는 호텔, 리조트, 레스토랑, 여행사 및 기타 관광산업 분야에서 경영전략, 마케팅, 운영, 재무 등을 포함한 다양한 관점에서 연구한다.

관광경영학은 관광산업의 특성을 고려하여 관광산업에서의 경영 전략과 실행에 대한 이론적인 지식과 실무 지식을 함께 갖추는 것을 목표로 한다. 이는 관광산업이 다른 산업과 구별되는 다양한 특성을 가지고 있으며, 다양한 환경에 영향을 받기 때문에 과학적인 관광경영학이 필요하다. 따라서 관광경영학은 '과학적인 방법으로 구축된 관광에 대한 제반 이론을 실제 관광경영에 적용하는 종합과학적 성격'을 띠고 있다.

2 ESG 관광경영의 정의

ESG 관광경영(ESG Business Administration of Tourism)은 관광산업에서의 환경(Environment), 사회(Social), 지배구조(Governance)의 세 가지 요소를 고려해 지속가능하고 윤리적으로 관광산업을 운영하려는 경영 접근법으로 정의할 수 있다. ESG는 기업의 재무 성과뿐만 아니라, 기업이 사회적 책임을 다하고 지속가능한 경영을 실천할 수 있는 능력을 평가하는 지표이다. 즉, ESG 관광경영이란 관광 업체가 경영에 ESG를 도입해 그 기준에 맞고 효과적으로 운영하기 위해 실천적 목적으로 활용하는 것이다.

이러한 정의로 미루어 볼 때, ESG 관광경영은 기업이 친환경 관광상품을 개발하고, 사회적 책임을 다하며, 지속가능한 경영을 중요시하는 경영 철학이다. 그리고 그 목표는 관광산업의 지속가능발전과 사회적 가치 창출을 동시에 도모하는 것이다.

한국의 관광산업 전반에서도 ESG를 도입하려는 시도가 일어나고 있다. ESG 경영의 국제적 논의 과정에서는 관광산업이 포함되지 않았다. 게다가 관광산업에 ESG의 개념이 확산하고 생태계가 구축되기 시작한 것도 고작 2~3년 전에 불과하기에 구체적인 적용 방법을 고민하는 업체들이 많다.

하지만 관광산업에 ESG를 도입할 필요성아 부각됨에 따라 한국관광공사, 대한항공을 비롯한 여러 공기업과 대기업을 중심으로 ESG의 관광경영 도입이 자발적으로 이루어지고 있다. 군소 관광 업체들은 ESG를 도입해 기초적인 활동을 시작함으로써 업계의 관심을 유도하고 확산하기 위해 노력하는 추세를 보인다.

3 ESG 관광경영의 필요성

국제사회 전반에서 ESG의 중요성을 인식함에 따라 기업들의 사회적 책임이 강조되었다. 이는 기업의 생존과 성장에 있어 ESG 경영이 핵심 요소로 부상하게 되었음을 의미한다. 이제 대기업의 ESG 경영은 의무가 되었으며, 주기적으로 보고서를 제출해야 한다. 그리고 중소기업도 이런 대기업과의 제휴, 거래 등을 목적으로 ESG 경영을 서두르고 있다. 이러한 추세 속에서 상대적으로 규모가 작은 관광산업에도 ESG를 도입하기 시작한 것이다.

이제 ESG 경영은 특정 분야가 아니라 산업 전반에 걸쳐 도입해야 하는 것이 되었다. 특히 관광산업은 다른 산업에 비해 ESG의 영향이 큰 업종이다. 관광경영에서 ESG가 필요한 이유는 다음과 같다.

가. 지속가능한 관광산업

관광은 자연환경, 사회, 문화, 경제 등에 다양한 영향을 미치는 복합적인 산업 영역이다. 그렇기에 관광 업체는 지속가능한 관광경영을 위해 환경과 사회에 미치는 부정적 영향을 최소화하고 긍정적 영향을 창출하기 위해 관광산업의 발전을 지원해야 한다.

나. 이해관계자의 요구

관광산업을 영위하는 기업의 사회적 책임과 지속가능한 경영에 대한 관광객, 투자자, 사회단체, 정부 등의 요구는 점차 커지고 있다. 그렇기에 ESG 관점의 관광경영은 이해관계자의 요구를 충족하고 기업의 이미지 개선, 경쟁력 강화를 도모하는 데에 도움이 된다.

다. 장기적인 비즈니스 가치

ESG 관점의 관광경영은 장기적인 비즈니스 가치 창출을 추구한다. 환경과 사회적 문제에 적절히 대응하는 기업은 비즈니스 리스크를 줄이고, 지속가능한 비즈니스 모델을 구축해 장기적인 성공을 창출할 수 있다.

라. 규제 및 법적 요구

각 지역과 국가는 ESG 관련 규제와 법적 요구를 강화하고 있다. 따라서 관광업체는 ESG 관점의 관광경영을 준수해 규제 요건을 충족하고 관련 법령을 준수해야 한다.

마. 사회적 가치 창출

ESG 관광경영은 사회적 가치 창출을 요구한다. 따라서 관광 업체는 지역사회와의 긍정적인 관계 유지, 사회적 공정성 확보, 다양성 및 포용성 증진 등을 통해 기업의 사회적 가치 향상과 긍정적인 영향력 전파를 위해 ESG를 도입해야 한다.

ESG 관광경영은 기업의 지속가능한 경영과 사회적 책임을 담당하는 데 중요한 역할을 한다. 이는 관광산업이 지속적으로 성장하면서 지구환경, 지역사회, 문화유산 등을 보호하고, 지역주민 및 근로자들의 권리와 복지를 보장하며, 관광업자들의 비즈니스 모델을 지속가능한 방향으로 개선해 나가기 위해 필요하다. 게다가 관광산업은 이미 포화 상태로 경쟁이 치열한 산업 영역이다. 그렇기에 관광산업의 생존은 물론 지속적인 성장을 위해서도 ESG 관광경영이 절실히 필요하다.

4 ESG 관광경영에서 환경(E) 영역 도입 방법

　관광산업은 '굴뚝 없는 산업'이라고 불리는 것처럼 이념적으로는 환경보호에 가장 앞장서는 산업이라고 할 수 있다. 하지만 실제 관광이 이루어지기 위해서는 공해를 배출하는 항공기 등 교통수단을 활용해야 하며, 관광지 개발 및 전환을 위해 대규모의 자연환경을 훼손하는 상황이 벌어지기도 한다.

　게다가 관광객이 늘어나면 쓰레기 증가와 환경오염 심화라는 문제가 수반되며, 관광객의 자연환경 파괴 사례도 발생한다. 한 보고에 의하면 관광산업이 전 세계 온실가스 배출량의 8%를 차지한다는 불명예를 안기도 했다.

　따라서 관광경영에 ESG의 환경(E) 영역을 적용하려면 관광산업이 환경에 미치는 영향을 평가, 관리해야 한다. 더불어 자원 절약, 에너지 효율화, 재활용, 친환경 여행제품 및 서비스 제공 등을 통해 자연환경을 보호하고 지속가능한 자원관리를 도모할 필요가 있다. 관광업체는 에너지 절약, 탄소 배출 절감, 자원 재활용, 기후 위기 대비 등에 관심을 두고 다음과 같은 사항을 실천해야 한다.

① 지속가능한 친환경 관광상품을 개발, 판매함으로써 온실가스 배출량을 줄여야 한다.
② 생태관광 등 친환경 관광상품 및 서비스를 통해 관광객들이 친환경 관광에 동참하도록 유도해야 한다.
③ 생태관광 등 친환경 관광상품에 참여한 관광객이 자연환경 보전을 위한 오염물질 배출 감소의 중요성과 환경보호의 중요성을 깨닫게 해야 한다.
④ 관광객이 생태관광에 관심을 보이고 관광상품을 구매하도록 유도하려면 자연환경 보전의 중요성과 기후변화의 심각성을 인식하도록 해야 한다.

⑤ 오버투어리즘(Over-tourism : 관광지에 수용 가능한 범위를 넘어서는 관광객이 몰려들어 도시를 점령하고 주민들의 삶을 침범하는 관광)을 관광객이 자각하게 하여 행동 변화를 유도해야 한다.

5 ESG 관광경영에서 사회(S) 영역 도입 방법

ESG의 사회(S) 영역은 기업이 사회적 책임을 다하고, 사회적 이슈들에 대응하는 능력을 의미한다. 이는 관광 업체가 경제적 이익만 추구하는 것이 아니라, 주변 사회와의 상호작용에서 발생하는 문제에 대해 적극적으로 대처하고, 지속가능한 사회 발전을 위해 노력하는 것을 의미한다.

관광경영에 사회(S)영역을 도입하기 위해서는 관광산업이 지속적으로 성장하면서 지구환경, 지역사회, 문화유산 등을 보호하고, 지역주민 및 근로자들의 권리와 복지를 보장하며, 관광업자들의 비즈니스 모델을 지속가능한 방향으로 개선해 나가야 한다.

구체적으로는 관광 업체가 지역사회의 경제적 발전을 위해 긍정적인 관계를 유지하고 지역의 문화와 사회적 가치를 존중해야 하며, 사회적으로 가치 있는 관광상품을 개발하고 지역 발전을 도모할 수 있는 프로젝트를 지원해야 한다. 이러한 목표를 달성하기 위해 관광 업체의 경영자는 관광객과 직원을 대상으로 다음과 같은 사항을 실천해야 한다.

가. 관광객 대상 실천사항

① 관광 중에 발생할 수 있는 위험이나 불편 사항을 사전에 방지하여 관광객에게 안전하고 편리한 관광환경을 제공, 만족감을 높여야 한다.

② 정보보안의 중요성이 증가함에 따라 관광 업체는 반드시 개인정보를 보호해야 하며, 관광 중에 발생한 비밀을 보장해야 한다.

③ 관광지 내 주민이나 관광 중인 관광객이 겪을 수 있는 인권 침해 방지에 관한 내용을 사전에 교육해야 한다.

④ 관광지의 위험성과 당면한 과제에 대한 정보를 제공해 관광객의 인권과 안전을 지켜야 한다.

나. 직원 대상 실천사항

① ESG의 중요성과 실천 방안을 직원에게 교육하여 ESG 관련 역량을 강화한다.

② 직원들의 복지 향상을 위해 근무 환경을 개선하고 제도를 마련해 시행한다.

③ 협력사, 파트너와 긴밀히 협력하여 지속가능한 동반성장을 도모한다.

④ 유산 보존과 지속가능한 관광을 위한 다양한 협약을 체결하여 관광지의 지역 문화를 보전한다.

⑤ 모든 관광상품은 해당 관광지의 지역 경제 활성화에 이바지하도록 개발한다.

6 ESG 관광경영에서 지배구조(G) 영역 도입 방법

ESG 관광경영에 지배구조(G)를 적용하기 위해서는 관광 업체가 투명하고 윤리적인 경영을 실현하고, 이해관계자들의 권리와 이익을 보호해야 한다. 이를 위해서는 투명한 경영 및 의사결정 과정, 적절한 내부 통제 및 리스크 관리, 윤리적 경영문화 등을 강조하며 지속가능한 경영 체계를 구축할 필요가 있다. 관광 업체의 지배구조 영역을 도입하는 방법은 다음과 같다.

가. 목표와 책임의 명확한 할당

회사는 조직 구성원에게 회사의 목표와 책임을 공유하고 명확하게 업무를 할당해야 한다. 더불어 각 구성원이 자신의 역할과 책임을 이해하고 회사의 목표와 비전에 부합하는 방향으로 행동하도록 지원할 필요가 있다. 목표와 책임의 명확한 할당은 조직 내 권한과 책임을 분산하고 의사결정 및 실행의 투명성을 높여 지배구조를 강화할 수 있다는 장점을 지닌다.

나. 리더십의 개방성과 투명성

경영자는 개방적이고 투명하게 조직을 운영하는 리더십을 발휘해야 한다. 조직 내에서 권한을 행사하고 의사결정을 내릴 때 투명성을 유지하고 구성원의 의견을 존중하는 등의 경영 능력을 발휘하면 조직 내 지배구조를 강화할 수 있다.

다. 조직 문화와 가치의 강화

지배구조의 형성과 유지에 조직 문화와 가치는 큰 영향을 미친다. 공정성, 투명성, 개방성, 윤리성과 같은 가치와 문화를 강화해 조직 구성원들이 이를 따르도록 유도하고, 구성원 간의 상호작용을 촉진하면 지배구조를 강화할 수 있다.

라. 내부 통제와 감사 체계의 강화

내부 통제와 감사 체계를 강화하면 구성원의 권한과 책임을 감시하고, 이들이 민주적으로 경영에 참여하도록 해야 한다.

내부 통제는 조직 내에서 일어나는 재무, 운영, 관리 등 활동을 계획, 실행, 모니터링하고 자원을 효과적으로 활용하도록 보장해 목표를 달성해 가는 절차와 체계를 의미한다. 이는 구성원의 권한과 책임, 의사결정 과정, 정보의 투명성, 리스크 관리 등을 포함하며, 조직의 지배구조와 금융 보고의 무결성을 높일 수 있다.

감사 체계는 조직의 내부 통제 체계를 평가하고 문제를 식별해 보완함으로써 조직의 운영을 개선하는 과정이다. 그렇기에 내·외부 감사, 이사회 등의 활동으로 조직 내 위험을 파악하고 지배구조를 검토함으로써 투명성과 책임성을 강화해야 한다.

내부 통제와 감사 체계의 강화는 조직의 지배구조 개선을 지원하고 조직 내 위험을 관리함으로써 효과적 경영을 도모하는 데에 도움이 된다.

7 ESG 관광경영을 위한 의사결정

의사결정은 문제 해결을 위한 여러 대안 중 가장 적합한 것을 선택하는 행위이다. 따라서 의사결정은 경영관리의 핵심이며, 관광 업체의 조직경영에 있어 가장 중요한 요소라 할 수 있다. 관리자들은 ESG 관광경영을 위해 다음과 같은 의사결정을 해야 한다.

- 어떻게 수익을 극대화할 것인가?
- 어떤 관광상품을 얼마나 생산할 것인가?
- 관광상품의 가격을 얼마로 책정할 것인가?
- 직원을 몇 명이나 고용할 것인가?
- 어떻게 고객의 만족을 높일 것인가?
- 회사를 어떻게 경영할 것인가?

이처럼 의사결정은 단순한 사안부터 복잡한 사안에 이르기까지 다양한 영역에서 이루어진다. 완벽하고 이상적인 ESG 관광경영을 위해서는 관리자가 의사결정에 필요한 모든 정보를 수집하여 회사의 경영 목표와 지속가능한 성장에 부합하는 대안을 선택해야 한다. 즉, 관리자가 수집한 정보의 정확도와 양이 올바른 의사결정에 영향을 미친다. 그 외 ESG 관광경영을 위한 의사결정에 영향을 미치는 요인은 다음과 같다.

가. 감정

감정은 의사결정에 큰 영향을 미친다. 불안하거나 화가 난 상황에서는 충동적인 결정을 내릴 수 있다. 따라서 자신이 결정하기 어렵거나 판단을 확신할 수 없는 상황에서는 결정을 미루는 것이 좋다. ESG 관광경영을 위한 의사결정을 할 때는 항상 자연환경 보전과 관광객을 염두에 두고 신중하게 결정해야 한다.

나. 인지 편향

사람의 두뇌는 선택지가 있을 때 이미 알고 있거나 익숙한 것에 기울어지는데, 이는 편향적인 의사결정으로 이어진다. 이러한 결정에는 자신의 신념을 확인하려는 '확증 편향', 또는 정보가 제시되는 방식이 영향을 미친다. 따라서 합리적으로 의사결정을 하려면 항상 객관적인 관점을 견지하며 ESG 관광경영의 목표를 고려해야 한다.

다. 사회적 영향

인간은 사회적 동물이기에 주변의 영향을 많이 받는다. 특히 가족, 친구, SNS 등 일상에서 자주 접하고 친밀한 존재의 영향력이 크다. 그렇기에 합리적인 의사결정을 위해서는 당사자가 되는 관광객, 직원, 관광지에 거주하는 지역 주민의 의견을 면밀히 살펴야 한다.

라. 개인적 가치

의사결정 과정에서는 개인의 가치와 신념 역시 중대한 영향력을 가진다. 예를 들어, 지출 감소가 회사의 성장에 중대한 영향을 미친다고 생각하는 경영자는 회사의 지출 감축을 위한 의사결정에 집중하는 경향을 보이게 된다. 그렇기에 합리적 의사결정을 위해서는 ESG의 개념과 가치를 개인이 중시하는 가치보다 우선순위에 두고 판단해야 한다.

마. 정보 과부하

'정보의 홍수'라는 말이 있을 만큼 오늘날에는 시시각각 새로운 정보가 생성된다. 이는 올바른 정보를 선택하는 데에 어려움을 야기할 수 있다. 따라서 합리적으로 의사결정을 하려면 ESG의 개념과 목표를 명확히 이해하는 것이 선행되어야 한다.

8 ESG 관광경영을 위한 재무관리

모든 회사는 영리적 수단을 활용해 자금을 조달하고, 지출과 투자 활동을 통해 자금을 사용한다. 그리고 회사는 이러한 일련의 자금 흐름을 관리해야 하는데, 이것을 재무관리라고 칭한다. 즉, 재무관리는 기업의 재무 활동을 효율적으로 관리하는 경영활동이라고 정의할 수 있다.

ESG 관광경영을 위한 재무관리는 관광상품 관리, 마케팅, 인적자원관리 등 자금이 필요한 다른 경영활동 분야와도 밀접하게 연관이 있다. 그리고 불확실한 경영환경에서도 관광 업체가 지속가능한 성장과 발전을 도모하기 위해서는 자금 조달과 운영을 효율적으로 관리해야 한다. 재무관리는 다음과 같은 방법이 있다.

가. 예산편성

관광 업체는 연간 예산을 작성하여 예상 수입 및 지출을 예측하고, 예산을 토대로 재무 활동을 계획한다. 예산은 관광 업체의 재무 상태를 파악하고, 관광 업체의 재무 활동을 통제하기 위해 필수적인 도구다.

나. 현금 흐름 분석

관광 업체는 재무 활동에 필요한 현금흐름을 분석하여, 수입과 지출의 균형을 유지하고, 단기와 장기적인 지출에 대한 대비를 계획한다.

다. 경영성과지표

관광 업체는 재무 활동을 평가하기 위해 경영성과지표(KPI)를 설정한다. 이는 관광 업체의 경영전략과 연계하여 설정되며, 관광 업체의 경영성과를 평가하고 개선할 수 있도록 돕는다.

라. 재무비율 분석

관광 업체는 재무비율을 통해 자신의 재무 상태를 분석한다. 이를 통해 관광 업체의 수익성, 안정성, 활동성 등을 파악하고, 이에 따른 경영전략을 수립한다.

마. 자금 조달

관광 업체는 필요한 자금을 조달하기 위해 외부자금을 유치하거나 내부자금을 활용합니다. 이때 관광 업체는 자신의 재무 상태를 고려하여 자금 조달 방법을 결정한다.

관광경영 재무관리의 기능은 크게 투자 결정 기능과 자본 조달 결정 기능으로 구분할 수 있다.

투자 결정 기능은 대차대조표상 차변 항목들에 대한 의사결정 기능을 의미한다. 즉, 관광경영을 효과적으로 하기 위해 관련 사업에 어느 정도의 자본을 배분할지, 투자할지를 결정하는 자본운용 기능이라 할 수 있다. 투자 결정은 관광 업체 가치와 직결되는데, 회사의 미래 현금흐름과 영업위험을 결정하는 요소이기 때문이다. 따라서 ESG 관광경영 재무관리에서는 기존 사업에서 ESG 를 고려한 투자를 해야 하기 때문에 ESG 관광경영에 어느 정도의 자본을 배분하거나 투자할지를 결정해야 한다.

자본 조달 결정 기능은 대차대조표의 대변 항목인 부채와 자본에 대한 의사결정 기능으로, 관광경영에 소요되는 자본을 효율적으로 조달하는 방법을 결정하는 것이다. 자본 조달 결정의 목표는 부채와 자본을 잘 관리해 관광 업체 가치를 극대화하는 것이기에, 최적의 자본 배합과 관련성이 깊다. 따라서 ESG 관광경영 재무관리에서는 ESG 관광경영을 위해서 자본을 어떻게 조달해서 관광 업체의 가치를 극대화할 것인가에 대해서 결정해야 한다.

9 ESG 관광경영을 위한 관광상품 관리

관광상품 관리는 회사의 수익을 극대화하기 위해 관광상품의 개발 활동 및 과정을 관리하는 활동을 의미한다. 즉, 수입을 극대화하기 위해 회사의 관광상품 개발 활동을 계획, 조직하고 지휘, 통제, 조정하는 일련의 관리 활동이라고 정의할 수 있다. 관광상품 관리는 관광산업에서 매우 중요한 요소다. 관광상품이 제대로 관리되지 않으면 고객의 불만족과 재산 손실 등을 야기할 수 있다.

관광 업체는 이 활동을 통해 관광상품의 유형, 수량, 제공 기간을 관리한다. 관광상품 관리를 위해서는 시장의 요구, 즉 관광객의 니즈를 충족하기 위해 노력해야 하며, 나아가 상품의 원가 절감을 통해 수익을 극대화해야 한다.

ESG 관광경영을 위한 관광상품 관리는 조직 내 여러 집단이 ESG 기준과 관광객의 요구를 충족하는 경제적 관광상품을 개발·유지·개선하도록 관리하는 활동이다. 하지만 관광상품이 ESG의 기준에 부합한다는 것이 양질을 보장하지는 않기에 관광객의 만족도에 직결되지는 않을 수도 있다. ESG 관광경영에서 관광상품 관리하는 방법은 다음과 같다.

가. 상품개발 및 기획

관광상품을 개발할 때는 고객의 요구 사항과 ESG 기준을 고려하여 상품 기획과 개발을 진행해야 한다. 이때 ESG 기준에 적합한 고객의 선호도, 가치, 요구 사항 등을 고려한 차별화된 상품을 개발하고, 고객이 만족할 수 있는 가격과 서비스를 제공해야 한다.

나. 상품 품질관리

관광상품은 고객 만족도와 기업의 이미지를 결정하는 중요한 요소다. 따라서 관광상품이 ESG 기준에 따르더라도 품질을 유지하고, 고객의 불만족을 최소화하기 위해 관광상품의 품질관리를 철저히 해야 한다. 이를 위해서는 관광상품의 품질관리 시스템을 구축하고, 품질관리를 위한 교육과 관광객의 요구조사를 통해 지속적인 개선을 진행해야 한다.

다. 상품 판매 및 마케팅

관광상품은 고객이 구매해야만 가치를 발휘할 수 있다. 따라서 관광상품을 판매하고, 고객의 구매를 유도하기 위한 마케팅 전략이 필요다. 이때는 온라인을 비롯한 다양한 채널을 통해 상품을 홍보하고, 고객이 상품을 쉽게 이해하고 필요성을 인식하여 관광상품을 구매할 수 있도록 매뉴얼 및 가이드북 등을 제공해야 한다.

라. 서비스 제공

관광상품을 판매한 후에는 고객에게 만족스러운 서비스를 제공해야 한다. 이를 위해 상품의 특성과 고객의 요구에 맞는 서비스를 제공하고, 상품 이용 전후에 고객과의 소통을 통해 만족도를 유지해야 한다.

마. 상품평가 및 개선

관광상품의 품질 및 서비스 만족도를 지속적으로 평가하고, 개선해 나가는 것이 중요하다. 이를 위해서는 고객의 피드백을 수집하고 분석하여 문제점을 파악하고, 이를 개선하는 프로세스를 마련해야 한다. 또한, 시장동향을 분석하고 경쟁사와의 비교를 통해 차별화된 상품을 제공할 수 있는 방법을 모색해야 한다.

바. 비용관리

관광상품을 생산하고 운영하는 데는 다양한 비용이 발생한다. 이를 효과적으로 관리하고, 비용을 최소화하면서도 고객 만족도를 유지할 수 있는 방법을 모색해야 한다. 관광상품의 품질과 원가는 상충관계에 있다. 즉, 관광상품 관리는 원가를 고려해 적정 수준의 품질을 결정하고 이를 달성하도록 해야 한다. ESG 기준을 충족하는 관광상품이라고 해서 손실을 보며 판매할 수는 없기에 반드시 투자 원가 대비 수익이 창출되도록 관리해야 한다.

10 ESG 관광경영 도입 사례

관광경영에 ESG를 도입해 지속가능한 여행과 지역경제 활성화, 환경보호에 적극적으로 나서는 것은 전 세계적 추세여 국내에서도 도입하고 있는 관광업체들이 증가하고 있다.

가. 세계적 추세

세계관광협회(WTTC : World Travel & Tourism Council)에서도 관광 분야에 ESG를 도입하기 위하여 다음과 같이 네 가지의 실천 방안을 발표하였다.

첫째, 환경 : 생태계 파괴 방지하고 생물다양성 및 경관을 유지한다.

둘째, 환경 : 여행지의 상품성과 지속가능성에 대한 기후변화 영향을 관리한다.

셋째, 사회 : 여행 안전과 고객 보안에 최선을 다한다.

넷째, 사회 : 공중보건 영향으로 인한 여행 감소를 관리한다.

세계관광협회의 ESG를 도입한 실천 방안은 ESG의 지속가능성 개념을 차용하여 지속가능한 관광의 접근방식과 매우 유사하다.

프랑스 관광개발청은 프랑스 남부 마을의 비수기 관광상품을 저렴하게 제공하는 캠페인을 통해 지역 경제 활성화에 도움을 주고 있다. 익스피디아를 비롯한 615개의 기업과 기관은 유네스코와 지속가능한 관광 및 유산 보전을 위한 글로벌 협약에 서명했다. 나아가 여행지의 문화 및 지역사회 자원을 활용하는 동시에 일회용 플라스틱 줄이기 등 지속가능한 관광 결과 보고서를 유네스코에 제출했다.

나. 국내 추세

국내 일부 관광 업체도 ESG 관광경영을 도입해 지속가능한 관광, 공정관광, 책임관광 등을 추진하고 있으며, ESG 관광상품의 개발, 판매도 이루어지고 있다. 2021년 12월 12일에는 한국관광공사, 한국관광협회중앙회 등 26개 민간 유관협회가 참여하여 ESG 공동 실천 선언식을 가지고 ESG 실천 선언문을 발표하였다. 선언문에는 환경 보존, 안전 및 고객 보안 강화, 상생 및 윤리경영을 하겠다는 내용이 담겨 있다. 대표적인 사례가 한국관광공사로, 관광에 ESG를 도입해 실천하는 여행 상품을 출시하였다. 또한, 해외 ESG 관광의 성공 사례를 취재해 수록한 전문 도서를 발간하는 등 관광산업에 ESG를 도입하기 위해 다각도로 접근하고 있다.

관광산업에서 ESG를 도입한 사례를 보면 다음과 같다.

1) 여행업계

여행업계에서는 대형 여행사를 중심으로 ESG 경영을 도입해 관련 관광상품을 판매하고 있다. 노랑풍선은 숙박 시 탄소중립세를 부과해 해당 기금으로 오아후섬에 나무를 심는 캠페인을 진행한다. 또한, 고객이 요청할 때만 시트와 수건을 교체하는 리조트 숙박 프로그램을 통해 불필요한 자원 낭비를 줄였다.

2021년 8월 ESG 경영을 도입한 하나투어는 2022년 4월 ESG 전담부서인 ESG 경영팀을 신설했다. 그리고 2022년 6월에는 여행업계 최초로 ESG 위원회를 발족, 각 분야의 기준을 충족하기 위해 적극적인 경영활동을 추진하고 있다.

2) 항공업계

항공업계도 예외는 아니다. 대한항공, 아시아나항공, 제주항공, 진에어 등은 연료 효율이 높은 친환경 항공기를 도입하는 업무 협약을 인천국제공항과 체결해 탄소 배출 감축을 위한 움직임을 보이고 있다.

특히 대한항공은 향후 탄소 배출량을 획기적으로 줄이기 위해 에어버스와 수소연료 여객기 도입 관련 업무 협약을 체결했다. 나아가 2021년 7월에는 국내 항공사 최초로 3,500억 원 규모의 ESG 채권(발행자금이 친환경 사업과 사회적 가치를 창출하는 투자에 사용되는 채권)을 발행하기도 했다.

3) 호텔업계

호텔업계에서도 친환경 테마를 조성하기 위해 일회용품 어매니티를 없애는 등의 움직임을 보인다. 조선호텔앤리조트, 쉐라톤 조선 서울 명동, 포포인츠 바이 쉐라톤 조선 서울역은 환경부 주관의 자원순환 프로젝트인 '세이브 더 플래닛 얼라이언스'에 참여하며 관련 객실 패키지를 출시했다. 요지는 호텔에서 배출하는 투명 페트병을 재활용하는 것으로, CJ대한통운이 회수한 페트병은 화장품 용기로 재활용하며 핸드타월과 에코 파우치를 보상으로 공급한다.

호텔신라는 친환경 경영을 위해 환경 업무 전담 조직을 구성해 선제적으로 리스크를 관리하기 위해 노력하고 있다.

이처럼 관광 업계에서도 ESG 경영을 적극적으로 실천에 옮기며 사회적 역할에 대한 책임을 다하고 있음을 알 수 있다.

제2장
ESG의 개념과 필요성

1 ESG의 정의

ESG는 환경(Environmental), 사회(Social), 지배구조(Governance)의 약칭으로 기업 경영 활동을 친환경경영, 사회적 책임, 건전하고 투명한 지배구조에 초점을 둔 지속가능성(Sustainability)을 달성하기 위한 기업 경영의 3가지 핵심 요소를 의미한다. ESG의 강조 이전에도 기업의 사회적 책임(CSR; Corporate Social Responsibility)은 있었지만, 그 범위를 넓혀 환경과 지배구조도 기업 가치에 영향을 주는 요소가 되었다.

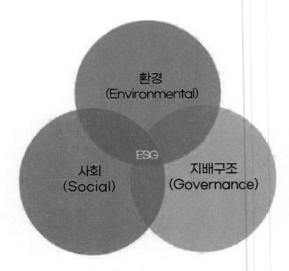

[그림 2-1] ESG

ESG를 구성하는 환경(Environmental), 사회(Social), 지배구조(Governance)의 특징을 보면 다음과 같다.

환경(Environment)은 기업의 경영활동 과정에서 발생하는 환경 영향 전반을 포괄하는 요소로 최근 기후변화와 관련된 탄소중립, 재생에너지 사용 등이 기업을 평가하는 중요한 요소로 등장하고 있어 친환경을 고려한 경영을 해야 한다.

사회(Social)는 임직원, 고객, 협력회사, 지역사회 등 다양한 기업의 이해관계자에 대한 기업의 권리와 의무, 책임, 인권, 안전·보건 등을 고려한 경영을 해야 한다.

지배구조Governance)는 회사의 경영진과 이사회, 주주 및 회사의 다양한 이해관계자의 권리와 책임에 대한 영역으로 이사회의 다양성, 임원 급여, 윤리경영 및 감사기구 등을 통하여 투명한 경영이 강조되고 있다.

최근 ESG는 전 세계적인 트렌드로 확산되고 있으며, 이에 따른 소비자, 투자자, 정부 등 모든 사회 구성원의 관심이 고조되면서 선택이 아닌 기업의 생존과 성장의 핵심적인 요소로 부상하고 있다. 또한 제도적 규제강화와 투자(공적투자, 민간투자)기관의 ESG 정보공개에 대한 수요가 급증하면서 기업들은 ESG를 고려한 ESG 경영을 시작하고 있다.

금융위원회는 2021년 1월 14일 기업공시 제도 개선 간담회를 열고 2030년부터 모든 코스피 상장사들의 ESG 관련 공시 의무화를 포함한 '기업공시 제도 종합 개선방안'을 발표했다.

ESG 공시 의무화가 시행되면, 투자자와 기업 모두 영향을 받아 지속가능경영 보고서를 공시하고, 내용도 충실해지기 때문에 투자 결정을 위한 기초자료로서 활용도가 높아지게 된다. 따라서 모든 기업에서는 ESG 경영을 도입하여야 한다.

2 ESG의 기원

ESG의 역사는 사회적 책임(SR; Social Responsibility)부터 시작된다. 1953년 미국의 경제학자 하워드 보웬의 『경영인의 사회적 책임』이라는 저서를 기점으로 첫 번째 변화를 맞이하게 된다. 그가 자신의 저서에서 기업의 사회적 책임(CSR)이 기업인의 의무라는 개념을 제시하였기 때문이다.

ESG의 개념에 대한 논의는 1987년 UNEP(유엔환경계획)와 WCED(세계환경개발위원회)가 공동으로 채택한 '우리 공동의 미래(Our Common Future; 일명 브룬트란트 보고서)'에서 제시되었다.

보고서에서는 인류가 빈곤과 인구 증가, 지구온난화와 기후변화, 환경 파괴 등의 위기에서 경제를 발전시키기 위해서는 지속가능발전으로 패러다임 전환이 필요하다는 의견을 제시하면서 ESG의 개념을 포함하는 지속가능성에 대한 논의가 시작되었다.

지속가능성 논의 이후, 세계는 ESG에 대한 국가 차원의 관심이 고조되고, 연기금 등의 책임 투자 논의 활성화, 정부 단위의 ESG 제도화, 민간 분야의 적극적인 ESG 활성화 논의로 확대되었다.

2006년 UN은 기업의 환경·사회·지배구조 이슈가 투자 포트폴리오 성과에 영향을 미치기 때문에 이를 고려하기 위하여 기후변화 관련 재무정보(기후변화 관련 거버넌스, 전략, 리스크 관리, 지표 및 목표) 공개와 태스크 포스(TCFD)의 재무 정보공개와 권고하는 책임투자 원칙(PRI; Princi ple Responsible Investment)을 발표하였다.

2015년 G20 재무장관 및 중앙은행장의 협의체 금융안정위원회 주도로 설립된 기후 관련 재무 정보공개 태스크 포스(TCFD)는 2017년부터 표준화된 ESG 정보공개 권고안을 발표했다. EU또한 2019년부터 ESG 관련 정보공개 의무화에 대한 지속가능 금융 공시제도(SFDR)를 발표하였고, 2021년 3월에는 은행, 자산운용사, 연기금 등 EU 역내 활동하는 금융기관에 적용하였다.

3 ESG의 동향

2000년대 전후로 세계 주요국에서는 기업의 ESG 요소가 투자수익과 기업 가치 및 경제적 성과에 직접적인 영향을 줄 수 있다는 주장이 확대되면서 ESG 공시 등 규제강화 논의가 확대되고 있다.

EU는 2003년 회계현대화지침(EU Account Modernization Directive 2003/51/EC)에서 연차보고서에 비재무적 요소(ESG)의 공시를 권고하며, 이후 정보공개 지침에 따라 2018년 의무화하였다. 이에 따라 EU 내 영국, 독일, 프랑스 등은 기업 연차보고서 내 ESG 정보공개를 의무화하는 법령을 발표하였고, 최근에는 ESG 요소 중 공급망 실사에 대한 의무화 규제가 발표되고 있다.

미국은 1978년에는 「정부윤리법」을 제정하였으며, 1999년에는 부패 방지 라운드 등 윤리 관련 법률 활성화 기업윤리 및 지배구조 중심의 제정 및 정보공시를 강화해왔으며, 최근에는 환경 및 공급망 관리 등의 법령을 추진하고 있다.

일본은 ESG 공시를 의무화하기 위해 국제적인 기준을 마련할 예정으로 기업들에게 ESG 정보공개를 의무화할 방침이며, 환경에 대한 기업 보고 관련 규제를 추진하였다. 중국은 국영 및 외자기업들의 CSR 수준 평가를 목적으로 정보공개를 추진 중이다.

글로벌 연기금, 자산운용사 중심의 책임투자가 증가하면서, 책임투자 촉진을 위한 스튜어드십 코드(기관 투자자들이 고객 및 수익자의 자산을 위탁받은 선량한 관리자로서, 수탁자가 어떻게 중장기적으로 고객 및 수익자의 이익을 최우선으로 책임 이행할 것인가에 대한 행동 지침) 도입이 가속화하여 19개 국가가 도입하였으며, 국내에서도 총 162개 기관(국민연금 등)이 스튜어드십 코드에 참여하고 있다.

글로벌 연기금들은 각각의 투자전략을 바탕으로 책임투자를 실행함에 따라 기업들에게 평가에 필요한 ESG 정보공개를 요구하고 있다. 투자 유형별로는 ESG가 부실하다고 평가되는 기업 자산을 외환 운용 포트폴리오에서 배제하고 있으며, ESG 통합 투자전략이 가장 활발하게 적용되고 있으며, 최근 5년간 급격하게 활용되는 전략이다.

〈표 2-1〉 글로벌 주요 시장의 책임투자 유형의 추세

책임투자유형	2016	2018	2020	증가율('16~'20)	연평균증가
임팩트/지역사회투자	248	444	352	42%	9%
포지티브/동종업계우수 기업선정스크리닝	818	1,842	1,384	69%	14%
지속가능성테마투자	276	1,018	1,948	605%	63%
규범기반스크리닝	6,195	4,679	4,140	-33%	-10%
기업관여활동및주주행동	8,385	9,835	10,504	25%	6%
네거티브/투자배제스크리닝	15,064	19,771	15,030	0%	0%
ESG통합투자	10,353	17,544	25,195	143%	25%

출처 : Global Sustainable Investment Review, 2020

과거의 기업과 사회는 협소한 분야에서 연결되어 있었다면, 지금의 기업들은 세계 어느 나라나 긴밀하고 촘촘하게 연결되어 있다. 그렇기 때문에 세계 어디서도 투자받을 수 있고, 해외의 빠르게 변화하는 ESG 경영에 발맞춰 국내에서도 속도감 있게 ESG 경영을 준비해야 한다. 이제는 기업의 역할에 대한 사람들의 가치관이 변화하였으며 개인의 삶을 넘어 세계의 환경 문제에서도 그 책임을 묻고 있다.

특히 코로나19로 수많은 기업들이 어려움을 겪었으나, 생태환경은 놀랍게도 회복되었다. 이를 기점으로 2021년 대기업 신년사에는 ESG가 단골로 등장하기도 하였다. 한화그룹, 포스코그룹, 현대그룹, 농협 등에서 ESG 경영을 직접적으로 언급하면서 국내 ESG 경영이 가장 중요한 과제 중 하나로 부상하였고, 더 이상 선택이 아닌 필수의 영역으로 접어들고 있다.

코로나19는 ESG 경영 트렌드를 가속화시키는 가장 큰 역할을 했다고 볼 수 있다. 2021년 신년사에서 굴지의 기업들이 모두 ESG 경영을 언급하였으며, 세계적인 투자 회사들도 ESG 투자에 대한 내규를 철저히 다져가고 있다. 서울의 버스나 지하철 광고판에는 ESG 경영을 홍보하는 다양한 매체들이 소개되고 있다.

4 ESG 공시 의무화

2022년 1월 14일 금융위원회는 2025년부터 일정 규모 이상 코스피 상장사에 대해 ESG 지속가능경영 보고서 공시를 의무화한다고 밝혔다. 이로 인해서 비재무적 성과 지표인 ESG(환경·책임·투명경영)가 기업 가치를 평가하는 주요 지표로 자리매김하게 된다. ESG 지속가능경영 보고서 공시를 의무화에 따라 기업들은 ESG 경영을 도입하여 지속가능경영 보고서를 공시해야 한다.

현재 국내에서는 매년 100여 개사가 지속가능경영 보고서를 발간하고 있지만, 이 중에서 증권거래소에 공시하는 회사는 20개 기업에 불과하다. 그러나 2022년부터 2025년까지는 지속가능경영 보고서의 자율 공시를 활성화하고, 2025년부터는 자산 2조 원 이상인 코스피 상장사들은 지속가능경영 보고서를 반드시 공시해야 한다. 그리고 2030년에는 전체 코스피 상장사가 지속가능경영 보고서를 내야 한다.

자산 2조 원 이상되는 코스피 상장사 211곳에 적용되고 있는 친환경·사회적 책임 활동을 포함한 기업지배구조보고서 공시 의무 역시 2022년(1조 원 이상)과 2024년(5000억 원 이상)을 거쳐 2026년 모든 코스피 상장사에 적용된다.

한국기업지배구조원에 따르면 ESG 공시를 의무화한 국가는 세계 20개국 정도다. 노르웨이 등과 같이 지속가능 보고서를 별도로 발간하는 국가도 있고, 사업보고서나 별도 서식 내부에 ESG 공시를 의무화하는 국가도 있다. 이는 아직 ESG 공시 표준이 정해지지 않았기 때문이다. 미국은 자율적으로 ESG 공시를 선택할 수 있도록 했는데, 2011년에는 지속가능 보고서를 20% 밖에 발간하지 않았으나 2021년에는 이 비율이 90%까지 늘어났다.

　네이버 증권은 페이지 내에 ESG 카테고리를 만들어 지속가능발전소를 통해 해당 기업의 비재무적 평가 지표를 공개하기 시작하였다. 예를 들어 삼성전자를 검색하면 다음과 같은 내용을 확인할 수 있다.

　환경 부분에서는 온실가스 배출량, 에너지 사용량, 미세먼지 배출량, 용수 재활용률, 폐기물 재활용률을, 사회 부분에서는 직원 평균 연봉, 비정규직 고용률, 기부금, 직원 평균 근속 년수를, 지배구조에서는 사회 이사 비율, 최대 주주 지분율, 이사회의 독립성, 사내 등기임원 평균 보수를 알려준다.

　현재 수준을 업종 평균과 비교하여 제시하고 각 항목마다 근 4년간의 연간 변화 그래프도 제시하고 있다.

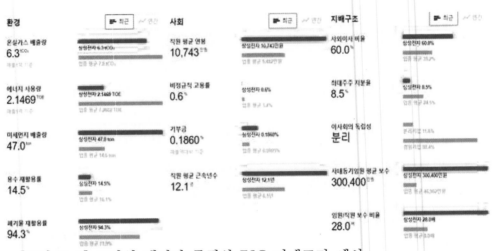

[그림 2-2] 모바일 네이버 증권의 ESG 카테고리 예시
출처 : 네이버 증권

　지속가능경영 보고서 공시 의무화로 인해 ESG 경영은 이전보다 전폭적으로 체계화되고 확산되면서 최종적으로 지속가능발전과 경영에 이바지하는 중요한 요소로 자리매김할 것이다.

5 ESG의 필요성

ESG의 내용은 이미 오래전부터 우리 주변에서 언급되어 왔다. 기후변화, 탄소중립, 환경경영, 자원관리, 폐기물 관리, 에너지경제, 순환 경제, 고객만족경영, 개인정보보호, 인권경영, 지역사회 인프라 구축, 공급망 관리, 사회적 책임, 사회공헌, 투명경영, 윤리경영, 감사위원회 등이 바로 그러한 내용이다.

그러던 중 코로나19가 전 세계를 강타하면서 사업장이 폐쇄되기 시작한다. 기업들이 문을 닫거나 휴업을 하게 되고, 근로자들이 일자리를 잃으면서 사회 경제적 수요-공급이 일시적으로 멈추게 된다. 도시 및 국가 수준에서 락다운(lock down)이 선포되고 이동이 제한되며 비상 경영체제에 들어갔다. 이러한 사회 구조의 변화는 화석 연료 수요의 감소, 이산화탄소 배출의 감소, 대기환경 개선이라는 환경적 이슈를 눈에 띄게 불러왔다.

많은 기업이 코로나19 이전부터 환경 문제의 중요성을 알고 환경경영을 위한 노력을 해왔으나, 코로나19가 불러온 환경의 개선 속도는 비교할 수 없을 만큼 빨랐다.

오폐수가 흘러 물고기가 살기 어려운 강에 수질이 좋아야만 등장하는 1급수 희귀종이 등장하게 되고, 도심지에 야생 염소, 칠면조, 곰이 출몰하여 앞마당의 풀을 뜯어 먹는 모습이 여러 나라에서 포착되었다. 한 예로 인도 동북 오디샤주의 간잠 지역 루시쿨야 해변은 올리브 바다거북이 알을 낳기 위해 찾아오던 곳이었는데 관광객으로 인해 발생한 쓰레기로 해안가가 오염되면서 바다거북들이 알을 낳으러 돌아오지 않게 되었다. 그러나 코로나19 이후 루시쿨야 해변이 통제되면서 환경이 되살아났고, 올리브 바다거북 80만 마리가 돌아와 둥지를 틀었다.

대기환경의 질 개선도 눈에 띄게 개선되었다. 산업 및 사회 활동이 감소하고 이동이 통제되면서 뉴욕, 시애틀, LA등 미국의 대도시들의 이산화질소 배출량은 50% 이상 감소했다. 세계 대기오염물질 배출량 선두를 달리는 중국 전역의 이산화질소 농도도 급격하게 줄어들면서 나비효과처럼 발생하던 대기오염과 미세먼지 문제도 자연스럽게 줄어들었다.

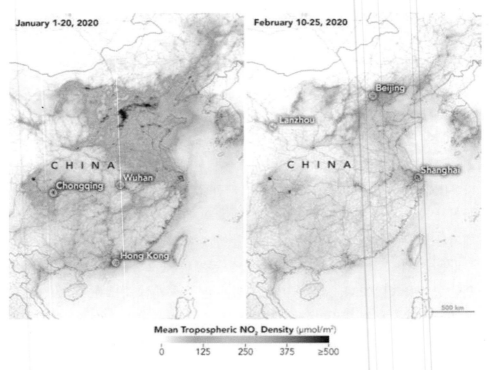

[그림 2-3] 중국 전역의 이산화질소 오염도

출처 : NASA

코로나19는 기업의 공급망을 붕괴시키고 임직원들의 감염으로 인한 생산 중단을 불러일으켰다. 세계 속 기업들은 처음에는 이런 문제들로 비상 경영 체제에 들어갔지만, 점차 코로나19가 장기화되고 백신이 개발되면서 수시로 바뀌는 상황에 맞춰 유연하게 ESG 경영을 이어 나가게 된다.

친환경 운송 시스템, 신재생에너지의 적극적인 활용, 디지털 트랜스포메이션, 스마트 공장의 구축 등 미뤄왔던 환경경영을 발 빠르게 도입하여 코로나19 안에서도 사업의 활성화를 이룩하고자 하였다.

또한 코로나19로 어려움을 겪는 임직원과 고객에 대해 사회공헌활동을 늘리고 개인정보보호, 직원의 건강 및 안전관리, 협력사에 대한 기술 지원 등을 확대하였다. 불투명한 상황에서도 기업을 지켜내기 위한 기업지배구조공시 확대, 내부 회계 관리 강화 등의 지배구조 개선 조치도 적극적으로 이루어졌다.

6 ESG에 대한 오해와 진실

ESG 경영에 대해 가장 큰 오해는 정의이다. 사실 국내 ESG전문가들도 명확한 정의를 내리거나 하나로 의견을 모으는 데 여전히 잡음이 많다. 그러나 전문가들은 ESG와 CSR, 그리고 지속가능성에 대한 구분을 하고 있으며, 이 내용들을 올바르게 이해하고 있다. 반면 이제 막 ESG를 급급하게 학습하여 성급하게 기업에 적용하려는 컨설턴트들은 대부분 ESG를 수박 겉핥기식으로 이해하여 그럴싸하게 적용하려고만 한다.

가장 먼저 ESG를 환경, 사회, 지배구조에 대한 단어적 이해가 필요하다. 국가 ESG 연구원장 문형남 교수는 ESG를 의미상 '환경, 사회적 책임, 투명경영'으로 이해하는 것이 필요하다고 언급하였다. 즉 ESG 평가를 실시할 때 환경(E)은 기업의 친환경, 환경보호, 환경경영 및 환경성과에 대한 평가를, S(사회)는 사회적 관계(근로자, 협력사, 고객사, 지역사회 등)에 대한 책임 평가를, G(지배구조)는 주주, 이사회, 감사를 둘러싼 기업의 윤리경영 및 투명경영에 대하여 평가한다는 뜻이라는 것이다.

또한 ESG 평가라는 단어에 대해 '기업에 대한 규제'라고 생각하는 경우가 있으나 사실은 규제가 아니라 ESG 평가를 통한 지속가능 성장을 위한 지표라고 말한다. 이러한 내용은 개념적으로 접근할 때 잘못된 정보들이 많아서 오해가 생길 수 있으나, 우리나라에서 대표적으로 ESG 평가를 진행하고 있는 한국ESG기준원, 대신경제연구소, 서스틴베스트 등의 기관 지표를 참고하면 조금 더 명확히 이해할 수 있게 된다.

또 다른 오해는 ESG 경영에 우위가 있다는 것이다. 예를 들어 '환경, 사회, 지배구조 중에서도 지배구조가 가장 중요하다'와 같은 것이다. 그러나 이 세

가지는 우위를 정할 수 없는 평가 요소이다. 실제 환경경영, 사회적 책임경영, 지배구조에 대한 윤리 및 투명경영을 따로 평가하여 점수를 부여하고 있으며, 종합점수는 이들을 합산한 정도의 의미밖에 가지지 않는다.

ESG 등급에 대한 연구 논문에서도 통합등급 외에 각 부분별 등급을 바탕으로 연구를 진행하고 있다. 시대의 흐름이나 경영 이슈에 따라 어떨 때는 환경 부분이, 어떨 때는 사회나 지배구조 부분이 더 중요하다고 느껴질 수 있다. 그러나 ESG의 기반 중 하나로 지속가능성이 있다는 것을 명확히 이해한다면 이 세 가지 영역에 순서를 둘 수 없다는 것도 이해할 것이다.

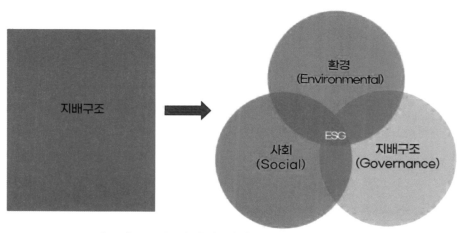

[그림 2-4] 기업에 대한 평가 구조 변화

7 국내 ESG 대응 현황

ESG는 기업 입장에서 피해갈 수 있는 부분이 아니고 의무적으로 해야 하기 때문에 투자, 기업, ESG 서비스 부분에서 ESG에 적극적으로 대응해 가고 있다.

가. 투자 부문

- 투자 부문은 국내 ESG 투자는 아직 글로벌 수준에 비해 현재 규모는 작으나, 빠르게 증가하는 추세다.
- 펀드 부문은 국내 ESG 펀드는 자금 유입 추세가 가속화되면서 규모 급증하고 있다. ESG 액티브펀드는 2017년 대비 2000년 기준으로 약 3배가 증가하였으며, 인덱스펀드는 약 6배가 증가하였다.
- 채권 부문은 2000년 기준 국내 ESG 채권 상장종목은 약 549개(상장잔액은 82.6조 원)로 빠르게 성장하고 있다.
- 연기금 및 금융기관은 ESG 평가시스템 구축하고, 관련 상품 출시 등 ESG를 반영한 투자전략을 추진하고 있다.

나. 기업·단체 부문

- 기업·단체는 주요 경제단체와 대기업을 중심으로 ESG를 경영에 도입하여 ESG경영을 실천하고 있다. 이에 따라 주요 대기업은 ESG 관련 정책 및 목표를 선언하고, 계열사들도 ESG 추진을 위한 전담 조직 및 체계를 수립하고 있다.

- 중견·중소기업은 경영 부담(인력, 비용)으로 인해 전반적인 ESG 대응에 어려움이 있으나, 최근에는 거래 회사나 원청기업에서 ESG 준수를 요구하는 회사들이 증가함에 따라 이에 대한 대응의 필요성이 높아지고 있다.
- 수출기업은 해외 바이어가 요구하는 특정 ESG 요건에 집중하여 대응 중이며, 글로벌 원청기업의 ESG 준수 요구를 강화하려는 추세에 있다.
- 경제단체는 ESG 위원회 설립을 하였으며, ESG 관련 교육 및 포럼 개최하면서 기업의 ESG 대응을 지원하고 있다.

다. ESG 서비스

국내 컨설팅 기관 및 신용평가, 언론사 등은 각각 ESG 전담 부서를 신설 또는 확대하여, ESG 서비스 시장에 적극적으로 참여하고 있다. 또한 ESG 컨설팅 및 평가에 참여하면서 ESG 서비스 생태계를 조성하고 있다.

8 ESG의 전망

ESG가 반짝 등장했다가 사라질 것이라는 의견들도 많다. 그러나 CSR로부터 기인한 ESG의 등장 배경과 역사를 이해한다면 정의나 내용적인 부분에서 유행이 될 수 없다는 것을 알 것이다. 또한 지속가능성 → 지속가능발전 → ESG 경영의 흐름을 이해한다면 마찬가지로 잠깐 유행했다가 사라질 수 없는 흐름이라는 것도 알 것이다. 이런 흐름은 우리 주변만 둘러봐도 쉽게 접할 수 있다.

스타벅스는 2019년 종이 빨대를 도입했다. 처음에는 빨대가 젖어 흐물흐물해지면서 음료가 잘 빨리지 않고, 커피 맛이 떨어진다는 불만이 잦았지만 2년이 지난 현재는 종이 빨대를 필요시에만 주는 것으로 발전하였고, 더 나아가 빨대 없는 리드 컵만 제공하면서 종이 빨대조차도 사용량이 줄어들었다. 대부분의 고객들이 이런 불편함에도 암묵적으로 동의하였기 때문에 스타벅스는 환경경영의 방침을 고도화할 수 있었다. 또한 동네의 개인 카페의 경우에도 옥수수 빨대나, 친환경 일회용 컵을 사용하면서 지속가능한 공동의 목표에 동참하고 있다.

UN의 지속가능발전목표(SDGs; Sustainable Development Goals)는 2015년에 채택되어 2030년까지 시행된다. 인류의 보편적 문제(빈곤, 질병, 교육, 성평등, 난민, 분쟁 등), 지구 환경 문제(기후변화, 에너지, 환경오염, 물 등), 경제 사회 문제(주거, 기술, 노사, 고용, 생산 소비, 사회 구조, 법 등)의 해결을 목표로 하면서 기업의 경영체계와 큰 연관성을 갖는다.

전 세계적인 지속가능발전에 대한 관심과 2050 탄소중립 정책 등을 떠올려 본다면 ESG는 결코 유행이 아닌, 인류가 끝까지 지켜내야 하는 장기적인 글로벌 목표라는 것을 인정해야 할 것이다.

금융위원회가 2022년 1월 14일 코스피 상장사의 ESG(환경·책임·투명경영) 공시를 단계적으로 의무화하는 방안을 발표하자 기업들은 ESG 경영에 대해서 깊은 관심을 가지고 도입하고 있다.

ESG 공시와 ESG 평가 결과가 기업 가치와 직결되고, 금융뿐 아니라 투자자의 관심과 기관투자가의 의결권 행사에까지 영향을 미치기 때문에 기업들은 ESG 경영을 빠르게 도입해야 한다. 더욱이 선진국의 ESG 공시 의무화, 글로벌 펀드들의 ESG 투자 확대와 맞물려 ESG 시장이 확대되는 것은 오히려 한국 기업들에 기회일 수 있기 때문에 기업들은 ESG 경영으로 속도감 있게 재편해야 한다.

9 ESG도입에 따른 의식의 변화

ESG 이전에는 기업의 주인은 기업에 출자한 주주였으며, 기업의 목적인 이윤을 극대화하는 것이었다. 이를 주주 자본주의(Shareholder Capitalism)라고 하는데, 최근에는 이해관계자 자본주의(Stakeholder Capitalism)로 확장되고 있다. 즉 기업에 출자한 주주만이 기업의 주인일 수 없으며 기업에 종사하는 근로자, 종업원, 소비자, 협력체, 채권자, 지역사회 등 광범위한 이해관계자가 기업의 주인이라는 것이다.

이해관계자 자본주의는 유럽에서 쉽게 찾아볼 수 있다. 1920년 세계 최초로 법제화된 독일의 노사공동결정제도는 독일 노사관계의 핵심이다. 노동자가 경영자에게 기업 경영정보를 요구할 수 있고, 경영자는 주요 의사결정을 내리기 전에 노동자와 사전에 협의를 해야 한다.

심지어는 인사·노무 제도의 의사결정에도 노동자들이 참여하기도 한다. 스웨덴의 금속노조는 2006년 화학 노조와 통합하여 약 44만 명의 조합원을 포괄한다. 1888년 건설된 이후 현재까지 조직체계, 임금 교섭, 경영참가, 숙련형성에 주체적인 역할을 하고 있다. 또한 스웨덴은 대기업의 경우 3명의 노동이사를 두게 되어 있다.

위에 대표적으로 제시한 독일이나 스웨덴의 경우 해당 노동자들이 오래전부터 국가의 산업경제에 막강한 힘을 갖추고 있기 때문에 현재까지 그 힘을 발휘해 올 수 있다. 그러나 창조적 파괴의 힘으로 자본주의의 대표 국가가 된 미국의 경우는 주주 자본주의에 깊은 뿌리를 두고 있다. 놀랍게도 이런 미국에서조차 자본주의의 변화 흐름을 보인다는 것이다. 가장 대표적인 선언은 바로 2019년 비즈니스 라운드 테이블(Business Round Table)에서 찾아볼 수 있다.

비즈니스 라운드 테이블은 애플, 아마존, JP모건, GM, 보잉 등 200개의 대기업 협의체로 기업의 목적에서 '주주가치의 극대화'라는 단일 문구를 삭제하기로 하였으며 새롭게 5가지 목적을 제시하였다. 새로운 기업의 목적은 다음과 같다.

- 고객에게 가치를 전달한다.
- 종업원에게 투자한다.
- 협력업체를 공정하고 윤리적으로 대우한다.
- 지역사회를 지원한다.
- 주주를 위한 장기적 가치를 창출한다.

이 선언으로 미국에서는 드디어 주주 자본주의가 끝났고 이해관계자 자본주의가 시작된다면서 크게 떠들썩거렸다. 물론 앞으로 모든 크고 작은 기업들이 기업의 목표를 주주 자본주의에서 이해관계자 자본주의로 변경할 수는 없다. 자본주의라는 단단한 기반으로 인해 기업의 성패가 달려있기 때문이다. 실제 비즈니스 라운드 테이블 선언이 발표된 지 1년이 지난 시점에 하버드대학교 루시안 뱁척 교수팀의 조사 결과 당시 선언에 서명한 181개 기업 중 단 한 곳만 지배구조 지침 변경안에 대하여 이사회의 승인을 받았다고 밝혔다. 비즈니스 라운드 테이블 선언이 아무것도 불러오지 않은 것은 아니다. 전 세계적으로 ESG 자본주의로의 길목을 개척할 수 있도록 통찰력을 제공하였고, 실제 선언을 한 상위 20% 기업들이 하위 20% 기업들보다 실적이 약 4.7% 이상 좋았다.

당장 주주 자본주의에서 이해관계자 자본주의를 통해 최종적으로 ESG 자본주의를 실천하지 못하더라도, 기업들은 각자의 위치에서 환경경영, 사회책임, 지배구조개선의 노력을 기울일 수는 있다.

앞으로 계속해서 ESG 자본주의에 대한 움직임은 물 밀 듯이 발생할 것이다. 기업들은 재무적, 비재무적 가치를 통합하여 기업 성장에 시너지 효과를 발휘하고자 준비에 만발을 가할 필요가 있다.

10 한국관광공사의 ESG 경영 전략

한국관광공사는 지속가능한 관광산업을 위해 ESG경영 전략 체계를 다음과 같이 제시하였다.

[그림 2-5] ESG경영 전략 체계

출처 : 한국관광공사 홈페이지

제3장
ESG 환경 관련 규정

1 환경의 중요성

2021년부터 ESG의 중요성을 알리는 책의 출간이 시작되었으며, 지하철이나 빌딩 옥상 간판에서도 ESG와 관련된 홍보 광고를 찾아볼 수 있다. ESG는 이미 오래전부터 언급이 되어 왔으나, 본격적으로 기업인들에게도 ESG의 중요성을 인식하고 경영에 도입하기 시작하였다.

ESG는 환경(Environmental), 사회(Social), 지배구조(Governance) 등 3가지 분야를 강조하고 있지만, 그중에서 가장 중요하고, 변화에 어려움을 겪는 것이 환경이다. 그도 그럴 것이 사회(Social), 지배구조(Governance)는 인위적인 노력으로 개선이 가능하지만, 환경(Environmental)을 개선하려는 노력은 쉽지 않을뿐더러 많은 시간과 비용이 소요되기 때문이다. 그렇기 때문에 환경은 ESG 평가 요소의 많은 부분이 환경적 요인으로 구성되어 있으며, ESG 평가에 대한 가장 큰 영향력을 행사하고 있는 부분이다.

이는 급격한 산업화로 인해 자연환경에 대한 전 세계적인 관심과 함께 지구온난화와 기상 이변으로 인한 재해가 일어나면서 환경오염의 주범으로 꼽히는 기업의 산업 활동으로 자연스럽게 연결된 것이다. 이에 기업들은 ESG의 조건에 충족시키기 위하여 환경 부분에 대한 중요성을 인식하고 환경을 개선하기 위하여 노력을 경주하고 있다. 이에 따라 회사에서는 환경 개선에 대한 TF팀이 만들어지는가 하면, 환경 개선을 위한 내부 보고서를 제작하여 전사 직원들에게 공유하며 따르도록 하고 있다.

ESG에서 요구하는 환경(Environmental) 기준을 충족시키기 위해서는 먼저 지구온난화와 기상 이변의 심각성과 그에 관련된 각종 규정을 정확히 이해해야 한다.

2 심각한 지구온난화

지구온난화는 여러 가지 환경파괴 때문에 지구의 평균 온도가 상승하는 현상을 말한다. 좁은 의미로는 인간 활동으로 인해 19세기 말부터 지구의 평균 기온이 상승하는 현상을 말하며, 넓은 의미로는 장기간에 걸쳐 전 지구의 평균 지표면 기온이 상승하는 것을 의미한다.

현재 지구온난화로 인하여 지구의 온도가 점점 높아져서 기후와 동식물들이 지금까지 살아왔던 생활환경이 바뀌고 있는 것이 문제가 되고 있다. 제일 큰 문제점은 남극에 있는 빙하가 점점 녹아서 바다로 흘러드는 바람에 바닷물의 높이가 점점 높아지고 있어 앞으로 해수면이 낮은 도시들이 물에 잠길 것으로 예측되고 있다. 또한 지구온난화로 인한 태풍, 강추위, 가뭄 등과 같은 기상 이변으로 인해서 점점 지구 전체가 고통을 받고 있다.

지구온난화의 지속에 따라 기후 시스템을 이루는 모든 구성 요소들은 장기적으로 변화하게 되며, 결과적으로 인간과 생태계에 심각하고 광범위하며 돌이킬 수 없는 영향을 미칠 것으로 추정된다.

1850년은 산업화가 시작된 해이면서 처음으로 지표 기온 관측이 광범위하게 시작되어 기온 측정의 지표로 사용하고 있다. 1850년 이후 지구의 평균 지표 기온은 꾸준히 상승해 왔으며 2017년 말에는 산업혁명 이전 대비 1℃ 이상 상승했다 특히 1900년 이후에 그 상승세가 두드러지며, 일정 기간 온난화 경향이 가속화되기도 하였지만, 일정 기간 상승세가 멈추는 지구온난화 휴식기가 나타나기도 하였다.

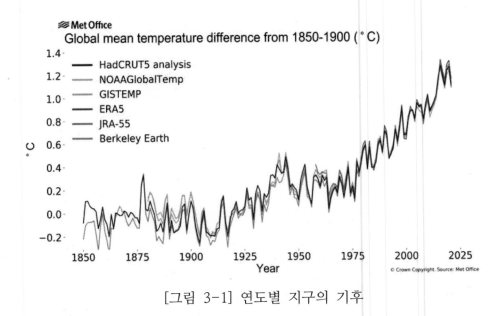

[그림 3-1] 연도별 지구의 기후

이후에도 꾸준히 지구온난화가 진행되면서 기후변화의 심각성이 예고되자 1988년 11월 기후변화와 관련된 전 지구적 위험을 평가하고 국제적 대책을 마련하기 위해 세계기상기구(WMO)와 유엔환경계획(UNEP)이 공동으로 기후변화에 관한 정부 간 협의체(IPCC; Intergovernmental Panel on Climate Change)를 설립하였다.

2014년 이후 온난화가 다시 가속화되고 있으며, 2016년과 2017년은 각각 관측 역사상 지구 평균 지표 기온이 가장 높았던 해와 세 번째로 높았던 해로 기록되었다.

3 지구온난화의 원인과 영향

지구의 기후를 변화시키는 원인으로는 자연적 요인과 인위적 요인으로 나눌 수 있다. 기후변화의 자연적 요인은 태양활동의 변화, 태양-지구 사이의 상대적인 천문학적 위치변화, 화산 폭발에 의한 성층권 에어로졸 증가 등을 들 수 있으며, 인위적 요인은 인간 활동에 의한 온실기체 증가와 SOx 및 NOx 계열 에어로졸 증가, 그리고 토지 이용의 변화 등을 들 수 있다.

지구의 대기는 일반적으로 복사강제력이 커지면서 지구 평균 지표 기온이 상승하며, 복사강제력이 작아지면 지표 기온이 하강하게 된다.

기후변화에 관한 정부 간 협의체(IPCC) 5차 평가 보고서에 의하면 산업혁명 이후 전 지구 평균 지표 기온 상승에 자연적 요인인 자연 강제력 및 자연적 내부 변동성은 거의 기여하지 않았으며, 인위적 온실기체 증가가 이 지표 기온 상승에 주요 원인임을 알 수 있다.

산업혁명이 시작되던 시기에 대기 중 이산화탄소 농도는 280ppm이었으나 이후 기하급수적으로 증가하여 2017년 12월에는 약 405ppm에 이르렀다. 이처럼 지구상에 이산화탄소의 양이 증가함에 따라 지구 온도가 높아지는 것을 확인할 수 있기 때문에 지구온난화의 원인을 이산화탄소를 포함하는 온실기체가 증가하기 때문인 것으로 평가된다. 지금까지 연구된 결과로는 지구온난화에 이산화탄소가 약 60%를 기여했으며, 메탄, 대류권 오존, 아산화질소가 각각 15%, 8%, 5%를 차지한 것으로 평가된다. 만약 앞으로 이산화탄소 배출 규제가 없을 경우 2050년에는 약 450ppm을 넘어설 것으로 추정되어 더욱 심각한 온난화가 예측되고 있다.

인위적 온실가스 증가에 의한 지구온난화는 단순히 전 지구 평균 지표 기온의 상승에만 국한된 문제가 아니라 해수면 상승, 해양 산성화, 물순환 변화, 대기 오염, 이상기온, 태풍과 강우량, 생태계 다양성 훼손 등의 심각한 문제를 일으키고 있다.

지구온난화로 인하여 2013년까지 해수면은 산업혁명 전 대비 19cm 증가한 것으로 나타났다. 만약 앞으로 전 지구 평균 지표 기온이 2℃ 이상 상승한다면 전 지구 해수면 온도는 해수의 열팽창 및 대륙에 있는 빙하를 녹여 해수면이 1m에서 4m까지 상승할 가능성이 있다. 해수면이 상승하면 당장 섬으로 구성된 나라의 영토가 많이 잠기게 되어 몇몇 섬나라는 지구온난화가 50년 이상 지속될 경우 나라의 존속을 걱정해야 할 상황이다.

지구온난화는 기상과 관련된 모든 것이 영향을 받는다고 생각하면 된다. 단순하게 폭염과 집중호우로 인한 홍수와 산사태, 가뭄 등으로 인한 산불과 사막화, 북극권 제트기류의 약화로 인한 극심한 한파와 폭설, 세력이 강해진 열대 저기압 등 다양한 기상 변화와 그로부터 비롯한 재난들의 발생일시와 크기를 예측하기 어려워지고 그 빈도가 높아지게 된다. 이미 현재로서도 기후 관련 재난이 속출하고 있지만 앞으로는 배의 배를 능가할 정도로 빈번해져서 사람이 살기조차도 어려울 정도로 심각해진다는 것이 문제다.

육상 생태계도 지구온난화의 영향을 받고 있다. 봄철이 빨리 시작되면서 식물과 동물들의 서식지가 북쪽과 고도가 높은 곳으로 이동되고 있다. 이와 더불어 많은 생물 종들이 멸종되며 생태계 다양화가 줄어들고 있다.

4 지구온난화로 인한 심각한 재해

최근 인류 역사상 보기 힘든 유례없는 극단적인 기상 이변으로 인해 지구 전체가 심각한 자연재해를 당하고 있다. 기상 이변은 평상시 기후의 수준을 크게 벗어난 기상 현상을 의미하며, 기후는 보통 30년을 기준으로 삼는다.

세계기상기구(WMO)에서는 기상 이변을 기온과 강수량을 대상으로 정량적 통계분석에 의한 이상기상의 발생 수와 변화를 취급하는 경우에는 월평균 기온이나 월 강수량이 30년에 1회 정도의 확률로 발생하는 기상 현상이라고 정의하였다.

기상 이변의 원인으로는 지구온난화, 엘니뇨, 라니냐 등을 꼽고 있다. 엘니뇨는 남미 연안의 태평양 해수면 온도가 평소에 비해 섭씨 +0.5℃ 이상 상승하는 상태로 5개월 이내의 기간 동안 지속되는 현상을 가리킨다. 반대로 라니냐는 남미 연안의 태평양 해수면 온도가 평소에 비해 섭씨 -0.5℃ 이상 낮아지는 상태로 5개월 이내의 기간 동안 지속되는 현상을 가리킨다.

엘니뇨와 라니냐는 수년에 한 번씩 찾아오는 현상일 뿐이기 때문에, 지금처럼 기상 이변이 자주 발생하게 하는 것을 설명하기 어렵기 때문에 지금의 기상 이변의 주범은 지구온난화라고 할 수 있다. 기상 이변으로 인해 생긴 현상은 홍수, 가뭄, 폭염, 폭우, 우박, 폭설, 해수면 상승, 빙하 유실, 폭풍과 허리케인 같은 광풍 등 극단적인 기후 현상이 다양한 형태로 나타나고 있다.

가. 빙하 유실

빙하 유실은 기온이 상승하면 빙하가 녹는 현상을 말한다. 빙하 표면이 열에 의해서 녹으면 얼음 속에 있던 그을음이나 먼지 등 어두운 부분들이 노출되면서, 빙하는 햇빛을 많이 흡수하게 되고 더 빨리 얼음이 녹는다.

프랑스 툴루즈 대학의 국제 연구팀은 미국 항공우주국(NASA)의 인공 위성 테라의 사진 등을 이용해 2000~2019년 빙하가 녹는 정도를 분석한 결과를 네이처지에 실었다. 연구팀은 컴퓨터를 이용해 위성사진을 토대로 전 세계 21만 7천 175곳의 빙하의 높이, 부피, 질량 등의 변화를 분석한 결과 21세기 들어 매년 약 2,700억 톤의 빙하가 녹아 물이 된 것으로 나타났다. 빙하가 녹는 이유는 지구온난화로 인해 대기가 더워지는 데다 강설량 또한 줄고 있기 때문인 것으로 나타났다.

빙하가 녹으면 나타나는 문제점은 다음과 같다.

1) 해수면 상승

빙하가 녹아 물이 된 양은 20세기 동안 평균 해수면은 20㎝ 정도 상승했으며, 전 세계 해수면 상승의 5분의 1을 차지한다. 영국 잉글랜드 지역을 매년 2m 높이로 채울 수 있는 양에 해당한다. 더 큰 문제는 빙하가 녹는 속도가 더욱 빨라진다는 것이다. 앞으로 수온이 섭씨 1℃만 올라가도 지구의 해수면은 40㎝ 높아진다. 전 세계 인구의 약 40%가 해안에서 100㎞ 이내의 거리에 살고 있는데, 해수면 상승은 이들에게 곧바로 영향을 미친다. 예를 들면, 상당한 면적의 땅이 바다에 잠기고 지하수에 바닷물이 섞여 든다.

해수면이 상승하게 되어 몰디브, 투발루, 키리바시 등과 같은 섬나라들은 이미 수몰 위기에 처해 있다. 1만 명이 살고 있는 투발루는 국토 상당 부분이 물에 잠겨 50년 안에 지도에서 사라지게 된다. 10만 명이 사는 33개의 섬나라 키리바시 역시 지난 1999년 2개의 섬은 이미 물에 잠겼다.

2) 역전순환류(AMOC) 기능 상실

빙하가 녹으면 열대의 따뜻한 해류를 북대서양으로 이동시키는 대서양 자오선 역전순환류(AMOC) 기능도 거의 기능을 상실할 위험에 처하게 된다. 지금까지 대서양 자오선 역전순환류(AMOC)은 북쪽에서 내려오는 무거운 한류가 심해로 가라앉으면서 바다에 용해된 이산화탄소를 함께 심해로 가두어 대기 중 이산화탄소를 제거하여 기후 온난화의 속도를 늦출 수 있었다.

그러나 빙하가 녹으면서 대량의 한류가 내려오기 때문에 대서양 자오선 역전 순환류(AMOC) 기능이 더 이상 유지하기 힘들어지게 된다.

대서양 자오선 역전순환류(AMOC) 기능이 멈추면 유럽과 북미 지역에 극 심한 한파가 찾아오고, 반대로 미국 동해안을 따라 해수면을 상승시켜 전 세 계에 물을 공급하는 몬순(계절성 강우) 주기를 교란할 수 있다.

3) 해류 순환에 영향

빙하가 녹으면 해류 순환에도 영향을 미친다. 적도 부근의 따뜻한 물은 해 류를 통해 북반부로 이동하고 또다시 적도로 내려오는데, 이를 통해 북반구 는 더 차가워지지 않게, 적도는 더 뜨거워지지 않게 작용해왔다.

해류 순환은 바닷물 속 염분의 밀도 차이를 통해 가능했는데, 빙하는 염분 이 없는 담수로 이뤄져 있기 때문에 녹은 빙하에서 유입된 담수가 북대서양 의 염도를 희석시켜 밀도를 떨어뜨리게 한다. 녹은 얼음물이 바닷물과 섞일 수록 결국 해류의 순환을 느리게 해 문제가 커지게 된다.

실제로 지구온난화 영향 때문에 20세기 중반 이후 대서양 해류 순환 속도 가 15% 정도 느려졌으며, 느려진 해류는 바닷물의 온도에 영향을 줘 해수 온도가 높아지는 엘니뇨나 해수 온도가 낮아지는 라니냐 발생에 영향을 주어 슈퍼 태풍이나 폭염, 한파를 더 많이 발생시킬 수 있다.

4) 바이러스의 출현

빙하가 녹으면 빙하 속에 잠들어 있던 각종 바이러스들도 나타날 수 있다. 실제로 지난 2016년에는 러시아 서시베리아 지역의 영구 동토층이 녹으면서 3만 년 전 잠들어 있던 탄저균이 깨어나 인근 순록 2,300여 마리가 떼죽음을 당한 적이 있다.

5) 지각 구조의 변화

녹아내린 빙하는 지각 구조의 변화를 일으켜 지진이나 화산 폭발 가능성도 높인다는 연구 결과도 있다.

6) 북극곰과 펭귄의 멸종

빙하가 사라지면 북극곰과 펭귄들에게는 거주지가 사라져 빙하와 같이 사라지기 쉬워 멸종될 위험에 놓이게 된다.

나. 폭염

폭염(暴炎)이란 평년보다 기온이 매우 높아 더위가 심해서 일상생활에 지장을 줄 정도가 되는 상태이다. 정도가 더 심하면 자연재해가 된다. 2003년 유럽에 닥친 폭염 때문에 많은 사망자가 나와 지구촌을 충격에 빠뜨렸다. 당시 섭씨 44도의 기록적인 폭염을 겪은 프랑스에서는 1만 5천 명의 사망자가 발생했고, 유럽 전역에서 3만여 명이 사망했다. 2010년 러시아에서는 5만 6천 명이, 2015년 인도와 파키스탄에서는 수천 명이 폭염으로 사망한 것으로 알려졌다.

2021년 북아메리카 서부 폭염은 2021년 6월부터 태평양 북서부와 캐나다 서부, 특히 미국의 네바다주 서부, 북부 캘리포니아, 오리건주, 워싱턴주, 아이다호주와 캐나다 브리티시컬럼비아주를 중심으로, 6월 말부터는 캐나다 알버타주, 서스캐처원주, 유콘 준주, 노스웨스트 준주에서 지속되었다.

폭염의 원인은 북아메리카 서부 중심부에 자리 잡은 기압 마루, 즉 고기압 열돔 때문에 발생했다. 열돔 때문에 캐나다는 6월 29일 49.6℃를 기록하는 등 역사상 최고 온도 기록을 경신하였고, 그 외에도 북아메리카 서부 지역에서 역사상 최고 온도 기록을 경신하였다, 체감온도는 60℃까지 올라갔다. 벽돌로 지은 집과 아파트들은 도시 곳곳에서 오븐처럼 데워져 자연발화가 일어났다. 캘리포니아에서는 산불까지 발생하였다.

폭염 희생자라고 하면 뜨거운 고온이나 직사광선에 노출되어 열사병, 일사병 때문에 죽은 사람만 떠올리기 쉽다. 그러나 폭염은 뇌졸중, 심혈관질환 등을 악화시켜 사망자를 늘린다. 또한, 폭염 때문에 전기 공급, 교통, 의료, 구호 시스템이 마비되면서 예기치 않는 사고를 당하거나 질병이 악화하여 사망하는 때도 많다. 폭염 뿐만 아니라 각종 기후 재난은 수많은 사람을 죽음으로 몰아넣을 수 있다.

한국도 2020년 8월 평균 한낮 기온이 30도를 넘는 국토 면적이 최근 9년 새 2배 이상 커지고, 무더위가 도래하는 시점도 앞당겨졌다는 분석이 나왔다. 한국 인구의 절반 이상이 고온 지역에 살고 있는 것으로 나타났다. 이로 인해 온열질환에 대한 우려도 커졌다. 국민건강보험공단 자료에 따르면 30도 이상 고온 지역이 전 국토의 4%였던 2014년의 온열질환자는 1만 8,004명이었으나, 고온 면적이 46%로 늘어난 2018년에는 4만 4,094명으로 2.5배 가까이 증가했다.

다. 태풍

태풍은 파랑, 해일, 수해, 풍해를 몰고 오는 강력한 열대 저기압을 말한다. 뜨거운 여름 적도 근처의 바다가 뜨거운 태양 빛을 받게 되면 그 지역에 강한 상승기류가 생기고 그 지역의 공기가 위로 올라가서 공기가 적어져 강한 저기압이 생긴다.

이때 저기압은 상승기류를 만들고 상승한 공기는 상층으로 올라가 팽창하게 된다. 그러면서 온도가 낮아져 수증기가 응결되어 구름이 만들어지고 날씨 또한 흐려지게 만든다. 이러한 저기압이 열대 지방에서 생길 경우 열대 저기압이 되는데, 이것이 태풍으로 발전하게 된다.

점점 태풍이 잦아지며 강해지는 이유는 지구온난화 때문이다. 일반적으로 태풍이 생기려면 26~27℃ 이상의 수온과 고온 다습한 공기가 필요한데, 온난화로 인하여 지구의 해수면의 온도가 0.8℃ 상승하여 북태평양 바닷물의 온도가 29℃에 육박할 정도로 높아지고, 고온의 바닷물에서 나오는 수증기를 에너지원으로 삼는 태풍이 더욱 자주 발생하게 되기 때문이다.

중국은 2019년 8월 13일 9호 태풍 레끼마의 영향으로 태풍 영향권에 가장 가까운 다롄(大連) 일부 지역에는 엄청난 바람과 300㎜가 넘는 폭우가 내렸다. 이로 인하여 중국 9개 성에서 49명이 숨지고, 21명이 실종됐으며, 이재민 897만 명이 발생한 것으로 집계됐다. 그리고 가옥 5,300채가 붕괴했으며, 4만2천 가구가 수해 피해를 보았다. 농경지도 53만1천㏊가 물에 잠기는 재산 피해도 입었다.

바로 이어 2019년 9월 8일 제13호 태풍 링링이 중국 전역을 강타했다. 링 링은 역대 5위급 수준으로 강풍을 동반한 폭우를 쏟아냈다. 링링으로 인한 피해는 45만 5,000명이 피해를 입었다. 특히 지린, 헤이룽장, 저장성에서 2800여 명의 주민이 집을 버리고 대피하는 고통을 겪었으며, 총 44채의 가옥 이 무너졌고, 460여 채가 파손됐다. 농경지는 21만 5,800㏊가 피해를 입었 다. 피해 규모로 환산하면 9억 3,000만 위안(약 1,558억 원)에 이르는 것으로 추산됐다.

라. 폭우

폭우는 짧은 시간 동안 좁은 지역에서 줄기차게 내리는 큰 비를 말하며, 집중호우라고 한다. 게릴라성 호우는 본래 일본 기상청에서 사용한 표현으 로, 예측하기 어려운 짧은 시간에 많은 비를 뿌리고 사라지는 형태의 호우를 말한다.

폭우는 강한 상승기류의 적란운이 원인으로 발생하기도 한다. 적란운은 수 증기가 많은 곳에서 발생한다. 그런데 수증기를 내포한 공기는 산악 지형에 서 상승하는 일이 잦기 때문에 산악 지형에 가까운 곳에 위치한 도시에 집중 호우가 발생하고 있다. 한국, 중국 등 아시아 대륙 동안에서는 주로 북태평양 기단과 열대성 저기압이 북상하는 6~9월에 집중호우의 위험이 높다. 드물지 만 5월이나 10월에 내리는 경우도 있다.

2021년 29일 기상청에서 발표한 '2020년 이상기후 보고서'를 보면 2020년 이 세계적으로 역대 가장 따뜻한 해로 기록됐고 국내 기온변동도 심했다. 6월 에는 이른 폭염이 닥쳐 평균기온과 폭염일수 모두 역대 1위였다.

역대 최장 장마(중부 54일, 제주 49일)가 7월부터 8월 초순까지 이어졌고, 8~9월에는 4개의 태풍이 상륙해 수해를 키웠다. 10월에는 강수량·강수일수 가 역대 하위 2위를 기록할 만큼 가물었다. 11월 중순에는 전국 일평균 기온 이 상위 1위인 날이 사흘 동안 계속됐다.

기록적인 장마와 폭우로 한반도 전역에서 크고 작은 피해가 속출하고 있 다. 긴 장마와 폭우로 인한 재산피해는 1조 2,585억 원에 달했고, 46명이 목 숨을 잃었다. 이는 다른 해에 비해 3배가 넘는다. 그리고 산사태가 6,175건

(면적 1343㏊)이 발생해 1976년 이후 역대 3번째로 많았다. 침수·낙과 피해 면적은 12만 3,930㏊에 이르렀다. 7개 태풍이 상륙했던 2019년(7만 4,165 ㏊)보다 70%가 더 넓어졌다. 전문가들은 기후 위기의 영향으로 이번 장마와 폭우처럼 예측하기 어려운 기상 이변 현상이 빈번해질 것이라고 예상하였다.

마. 전염병

전염병학, 차단방역 및 공중보건 전문가들의 견해에 따르면, 기후변화로 인해 산불, 가뭄, 수몰 등 극단적인 기상 현상이 빈번하게 발생할 수 있으며, 서식지를 잃은 야생동물이 사람이 거주하는 지역이나 목축지로 이동하게 되어 사람들이 바이러스에 감염될 가능성이 더 높아졌다고 한다.

실제로 뇌염의 신종 바이러스인 니파바이러스(Nipah virus)는 1998~ 1999년 말레이시아에서 발생하여 100여 명의 사망자를 냈다. 말레이시아 병리 학회 간행물에 소개된 연구 결과는 니파바이러스의 숙주로 알려진 과일박쥐가 산불과 엘니뇨로 인한 가뭄으로 서식지에서 쫓겨나게 되자, 먹이를 찾으러 사람이 사는 곳으로 내려와 양돈 농장에 드나들면서 돼지가 박쥐의 바이러스에 감염되었고, 이후 사람들에게까지 전파되었다.

스위스 온라인 학술지 출판연구소(MSOI; Multidisciplinary Digital Publishing Institute)에서 발행하는 온라인 수의학 저널(Veterinary Science)을 보면 지난 80년간 유행한 전염병들을 분석한 결과 대부분이 인수공통감염병(동물과 사람이 함께 감염되는 병)에 해당하며, 그중 약 70%는 야생동물에 의한 것이었다. 예를 들어 80년대에 유행한 에이즈 바이러스는 유인원이, 2004~2007년에 발생한 조류인플루엔자는 새가, 2009년에 발생한 신종플루는 돼지에 의해 사람에게 전염되어 세계를 감염에 대한 공포에 떨게 하였던 것이다.

뎅기열은 주로 열대 지방과 아열대 지방에 서식하는 뎅기 모기가 낮 동안에 바이러스를 가진 사람을 물었다가 다시 다른 사람을 물어 바이러스를 전파하여 발생한다. 뎅기열의 증상은 3~14일의 잠복기를 거친 후 발열, 발진, 두통, 근육통, 관절통, 식욕 부진 등이 나타난다. 전 세계 뎅기열이 창궐하는 지역에 거주하는 인구가 40억 명에 이른다. 뎅기 모기는 원래 더운 지역에서만 사는 데 지구온난화로 인해 더운 지역이 증가하여 모기의 서식지가 확대되면서 바이러스도 전 세계로 확산되었다.

2020년부터 본격적으로 시작된 코로나19의 팬데믹 상황도 결국은 인류의 자연 파괴와 이로 인해 발생한 기후변화와 밀접한 관련이 있다. 실제로 21세기에 들어서 잦아지고 있는 신종 바이러스의 출현은 인간의 무차별적 환경 파괴로 동물 서식지가 감소하고 이에 바이러스를 보유한 동물이 인간과 자주 접촉한 결과 때문이라는 지적이 높은데, 이에 따라 코로나19 이후 환경과 공존하는 인류의 삶에 대한 관심이 더욱 높아지고 있다.

5 지구온난화의 해결 방안

지구온난화를 해결하는 가장 좋은 해결책은 화석 연료 사용을 최대한 억제하여 이산화탄소 배출을 줄이는 것이다.

첫째, 에너지와 자원 절약의 실천이다. 가정 및 직장에서의 냉·난방 에너지 및 전력의 절약, 수돗물 절약, 공회전자제, 대중교통 이용, 카풀제 활용, 차량 10부제 동참 등이 대표적인 방법이다. 이러한 노력이 약간의 불편을 초래하는 측면은 있으나, 사회 전체적으로는 에너지 소비 및 온실가스 배출량을 감축시킴으로써 국가 부의 증대에 기여한다.

둘째, 환경친화적 상품으로의 소비양식 전환이다. 동일한 기능을 가진 상품이라면 환경오염 부하가 적은 상품, 예를 들면 에너지 효율이 높거나 폐기물 발생이 적은 상품을 선택하는 것이 최선의 방법이다. 이러한 소비 패턴이 정착될 경우 생산자도 제품 생산 시 소비성향을 고려하게 되므로, 장기적으로는 경제구조 자체가 환경친화적으로 바뀌게 된다. 고효율 등급의 제품 및 환경마크 부착제품을 구입한다.

셋째, 폐기물 재활용의 실천이다. 온실가스 중의 하나인 메탄은 주로 폐기물 매립 처리 과정에서 발생하며 재활용이 촉진되면 매립지로 반입되는 폐기물량이 감소하므로 메탄 발생량도 따라서 감소한다. 또한 폐기물 발생량이 감소하면 소각량이 감소하여 소각과정에서 발생하는 이산화탄소 배출량도 감소한다. 폐지 재활용은 산림자원 훼손의 둔화를 통해 온실가스 감축에 기여한다.

넷째, 나무를 심고 가꾸기를 생활화한다. 나무는 이산화탄소의 좋은 흡수원이다. 예를 들어, 북유럽과 같이 산림이 우거진 국가는 흡수량이 많아 온실가스 감축에 큰 부담을 느끼지 않는 것이 좋은 예인 것이다.

6 미국 온실가스 감축 방안

2021년 4월 40개국 정상들이 참여한 화상 기후변화 정상회의에서 조 바이든 미국 대통령은 미국의 온실가스 배출량을 2030년까지 50% 감축하겠다고 언급하였다. 오바마 전 대통령 당시에는 2030년까지 25%가량 감축하겠다고 하였는데, 그에 비하면 거의 두 배 수준의 목표치를 과감하게 제시한 것이다.

정치적인 관점에서는 과감한 친환경 목표를 제시하여 다른 나라보다 친환경, 탄소중립에서 선도적인 역할을 하며 글로벌 기후변화에 있어 큰 영향력을 행사하고자 하는 이면이 있다. 그러나 결국에는 모든 나라들이 따라가야 하는 길목이기 때문에 각국도 온실가스 배출 감축에 긍정적으로 협력하고자 하는 의사를 표시하고 있다.

중국의 시진핑 주석도 2060년까지 탄소중립을 이루겠다며 자신의 공약을 재확인하였으며, 인류의 공통 과제에 적극적으로 동참하는 모습을 보였다. 캐나다의 경우에는 2030년까지 36%를 감축하겠다고 새로운 목표를 제시했으며 종전 목표치였던 30% 감축을 갱신하였다.

이런 발표에 박차를 가하기 위한 미국 내 기업들의 행동도 눈길을 사로잡고 있다. 구글, 애플, MS, 월마트, 페이스북, 코카콜라, 마르스, 다논, 네슬레, 타겟, 이케아, 나이키, 마스터카드 등 310여 개의 기업이 조 바이든 대통령 앞으로 공개서한을 보내면서 2030년까지 50% 감축은 실현 가능한 목표라고 하였으며, 대통령이 온실가스 감축을 인류가 직면한 가장 큰 문제라고 한 데 동의하였다. 그러면서 기업들은 이것이 평등을 실현하고 일자리를 창출하며 지속가능한 경제를 구축하는 특별한 기회라는 것을 알고 있다면서 정부의 그린 정책에 적극 동참하겠다는 의지를 밝혔다.

기후 행동 추적 분석기관(CAT)에 따르면 바이든 대통령의 감축목표 상향 조정에 따라 미국의 온실가스 배출량이 연간 20억 톤가량 감축될 것으로 예상하였다. 2005년부터 2019년까지 온실가스 배출량이 약 12% 정도를 감축한 것에 비교하면 상당히 도전적인 추진과제라고 볼 수 있다. 특히 산업부문의 온실가스 배출 비율이 다른 국가보다 적은 편이기 때문에 국민들의 생활에너지나 가정 부문에서의 에너지효율 향상이 이루어질 수 있도록 광범위하면서도 체계적인 계획이 필요하다. 난방 시스템의 전력화, 배기가스 저감, 메탄 배출 단속의 강화, 수소 기술 혁신 등을 달성하기 위해 기존의 정책을 크게 변화시키고 국민들의 자발적 참여를 이끌어내야 하는 숙제를 가지고 있다.

미국 내 그린뉴딜을 성공적으로 수행하기 위해 거대한 자금 투자를 진행하면서도 저개발 국가들의 온실가스 감축과 기후변화 적응을 돕기 위해 기후 공공자금 지원이나 국제 원조를 현재보다 2~3배 이상으로 확대하기 위한 법을 제정하고자 노력하고 있다. 환경 부문의 정책은 즉각적으로 탄소 배출량 등을 확인할 수 있기 때문에 미국의 과감한 그린뉴딜 정책 발표만큼 얼마나 결실을 맺을 수 있는지 추이를 지켜볼 필요가 있겠다.

7 중국의 탄소중립

시진핑 중국 국가주석이 2020년 9월 UN 총회 연설에서 2060년까지 탄소중립을 달성하겠다고 발표하였다. 선진국들의 2050년 탄소중립 목표에 비하면 10년이나 늦은 시기이나, 현재 온실가스 배출 1위 국가이며 2위인 미국에 비해 약 2배가량 더 많은 온실가스를 배출하고 있다는 점을 생각한다면, 다른 선진국들보다 훨씬 빠른 속도로 탄소배출을 감축해야 하는 도전적인 목표를 세웠다고 볼 수 있다.

중국은 '중국 저탄소발전전략 및 전환 방법 연구 보고서'를 통해 탄소중립 실행 로드맵을 제시하였다. 이 보고서에 따르면 파리기후협정의 목표인 21세기 말까지 지구 평균기온 상승폭을 1.5℃까지 제한한다는 것에 맞춰 시나리오를 구성하여 목표치를 제시하였고, 여러 단계별 감축 세부 목표를 구성하여 현실적으로 실현 가능한 내용을 싣고자 하였다.

중국의 허젠쿤 연구위원장은 "유럽과 미국은 탄소중립 달성 과도기가 50~70년이지만 중국은 30년에 불과하다."라며 "탄소중립 2060을 달성하기 위해서는 선진국보다 온실가스 배출 감축 강도를 높여야 한다."라고 밝혔다. 2025년까지 비화석에너지 비중을 20%까지 늘리고, CO_2를 105억 톤 이하로 배출해야 2060년까지 탄소중립을 달성할 수 있을 것으로 보면서, 이 또한 시급하면서도 어려운 도전과제임을 확인하였다.

（단위 : 억tCO₂）

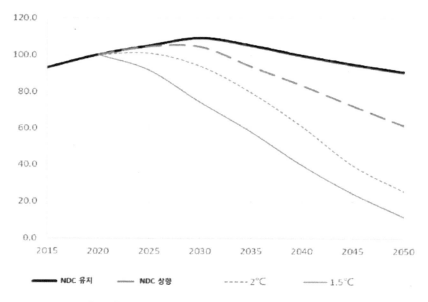

[그림 3-2] 시나리오별 CO2 배출량 분석

출처 : 에너지경제연구원, 2020

특히 산업 중심의 탄소배출 환경으로 기후 대응을 위한 석탄 의존도를 낮추는 것이 핵심이다. 중국은 석탄을 통해 전체 전력의 65%를 생산하고 있으며 이는 전 세계 석탄 소비의 절반 이상을 차지하는 양이다. 석탄 의존도를 벗어나기 위해 재생에너지, 청정에너지 등에 적극적인 투자를 보이고 있다. 또한 일부 지역에서 탄소배출권 거래제를 시범 운영하기 시작하였으며, 2025년까지 국가 차원에서 탄소배출권 거래제를 실시하고자 한다.

중국, 미국, EU를 둘러싸고 친환경에 대한 글로벌 영향력을 과시하기 위해 선진국들의 치열한 경쟁이 예상된다. 중국 정부는 세계 1위 탄소 배출국이라는 오명을 씻어내기 위해 과감한 도전과 추진력을 발휘하고, 막대한 투자금을 지원하여 지금 당장 탄소중립을 위한 노력을 시작해야 한다. 이에 시진핑 국가주석은 "중국은 전 세계 국가들과의 조화로운 발전을 추구한다."며 선진국들의 적극적인 협력을 요구하기도 하였다.

〈표 3-1〉 중국의 그린뉴딜 정책 중점 추진 분야

분야	내용
도시재생 및 스마트시티	• 2014년부터 중앙정부 주도로 스마트 시티 구축 사업 추진 • 광대역통신망, 정보화, 인프라 스마트화, 공공서비스 간편화 추진 • 추후 스마트그리드, 지능형 교통관리, 치안관리 투자
재생에너지	• 미국에 비해 풍력 발전용량이 2배 이상 많으며, 보조금을 점진적 폐지하여 과잉 설비 문제를 해소하고 경쟁 입찰 도입 예정 • 전 세계 태양광 발전 설비 1/3을 보유하고 있으며, 총 발전 설비용량 중 10%가량 차지하므로 2030년 재생에너지 비율 20% 설정 • 재생에너지의 도시지역 소비 확대를 위한 특고압 송전설비 구축 투자
친환경 자동차	• 세계 최대 전기자동차 생산 및 소비국으로 성장 잠재력 보유 • 2025년까지 전기차 신차 판매를 25%로 설정하고 보조금 및 세금 혜택 • 2030년까지 수소차 100만 대와 충전소 1,000기 확대 목표

출처 : KOTRA, 2021 자료 재구성

　2020년 평화와 번영을 위한 제주포럼에서 반기문 국가기후환경회의 위원장은 "기후 위기가 코로나19보다 더 심각한 문제"라고 언급하며, 기후 위기는 인간의 삶과 연관된 실존적 문제이고 팬데믹 근저에는 인간에 의한 생태계 파괴가 있다는 데 주목해야 한다고 주장하였다.

　2021년 그린피스가 세계경제전문가 100인을 대상으로 실시한 설문조사 결과 세계가 당면한 가장 큰 위기는 기후 위기로 확인되었다. 응답자 가운데

93%가 기후 위기를 가장 큰 위기로 꼽았다. 2016년 세계은행은 기후변화를 방치할 경우 2050년까지 약 18경 5천조 원의 경제적 손실이 발생할 것이라고 전망하였다. 이는 곧 인류 생존에 대한 위협으로도 볼 수 있다는 시선이 많다. 다행히 21세기에 들어서서 기후변화에 대한 위기의식을 충분히 깨달았으며 현재는 위기를 극복하기 위해 전 세계가 한마음으로 적극적인 대처를 한다는 점이다.

[그림 3-3] G20 정상회의에서 탄소중립을 발표하는 시진핑 국가주석

8 | 환경산업의 경제적 규모

　　OECD는 환경산업을 환경평가, 규제준수, 오염제어, 폐기물 관리, 오염복원, 환경 자원의 제공·배급 등과 관련된 모든 종류의 수입 창출 활동으로 정의하였다. 대기, 물, 토양, 폐기물, 소음, 생태계 등과 관련된 환경피해를 측정, 예방, 제어, 최소화, 보정하기 위한 제품과 서비스를 생산하는 활동으로 환경 위해를 저감하고 오염 및 자원 사용을 최소화하는 청정 기술·제품·서비스를 포함한다.

　　미국 환경 전문 컨설팅 업체 EBI는 환경산업을 크게 환경 서비스, 환경 장비, 환경 자원의 3가지로 구분한다. 이를 바탕으로 표준산업분류의 체계에 따라 환경 테스트, 분석 서비스, 폐수처리, 고형폐기물 관리, 유해 폐기물 관리, 복원·산업 서비스, 환경 컨설팅·엔지니어링, 수장비·화학제품, 장비·정보 시스템, 대기 오염제어 장비, 폐기물 관리 장비, 공정·방지 기술, 수자원, 자원 회수, 청정에너지·시스템 등 총 14개 부문으로 세부 분류하고 있다.

　　세계 환경산업 시장 규모는 2006년부터 2016년까지 연평균 3.63%의 증가율을 보였으며 2016년부터 2020년까지는 3.67%씩 증가율을 보였다. 2016년 1조 1,564억 달러에 달했던 환경산업 시장 규모는 2020년 1조 3,358억 달러에 이르면서 근 4년 만에 약 1,794억 달러, 즉 210조 이상 증가하였다. 2017년 세계 반도체 시장 규모가 4,000억 달러임을 고려한다면 엄청나게 큰 규모임을 확인할 수 있다.

선진국의 경우에는 연 2% 전후로 성장하지만 신규 환경 인프라 수요가 높은 아시아, 아프리카, 중남미 등 신흥국가들은 연 10% 내외로 높은 성장추세를 보이고 있다. 우리나라도 2000년 이후로 환경에 대한 투자 및 기술 산업 수요가 급증하면서 연평균 약 10% 이상의 급성장을 기록하였다. 분야별로는 물 산업이 36%, 폐기물 산업이 24%, 에너지 21%이며, 이러한 세 가지 산업 카테고리(80% 이상)를 중심으로 새로운 환경산업이 주도되고 있다.

[그림 4-5] 2020년 세계 환경시장 규모

출처 : 대한상공회의소, 2019

환경산업은 다른 산업과 달리 공공재적 특성이 강하고 정부 정책이나 시장 규모 및 기술 개발에 미치는 영향이 크다. 또한 물리, 화학, 생물학과 같은 기초과학부터 기계, 전기, 토목 등 응용과학까지 동원되는 종합적인 기술 중시형 복합 산업이다. 그렇다 보니 4차 산업 혁명을 맞으며 미래 기술력이 대폭 증가되는 현재 상황에서 환경산업은 환경 친화 제품 생산, 기후변화 대응에 따른 신재생에너지 개발 등 저탄소 녹색 성장의 비전과 함께 더욱 성장추세에 있다.

2017년 세계경제포럼(WEF)은 '지구를 위한 4차 산업혁명'협의체를 발족하였고 4차 산업혁명 등 신기술이 환경 문제 해결과 환경산업에 크게 기여할 것으로 전망하였다.

〈표 4-2〉 지구를 위한 4차 산업혁명 기술

기술	활용	기술	활용
신소재(나노물질)	오염 저감	인공지능	정보분석처리
빅데이터	정보예측	로봇	노동력 대체
드론	정보 수집, 환경 감시	블록체인	정보공유
바이오기술	오염저감	3D프린팅	자원 절감
3D시뮬레이션	자원절감	사물인터넷	정보수집

출처 : 대한상공회의소, 2019 자료 재구성

환경산업시장은 4차 산업혁명과 함께 계속해서 급성장할 것으로 예상하고 있다. 수질정화의 오염물질을 걸러내는 필터를 그래핀(물 분자보다 큰 소금과 오염물질을 걸러낼 수 있는 필터를 2017년 맨체스터 대학 연구진이 개발)으로 활용하여 물 부족 국가에 기여할 것으로 기대하고 있으며, 초소형 나노로봇이 산업 폐수의 중금속과 오염물질을 제거하는 기술이 상용화되고 있다. AI로봇이 재활용을 분류하고, 빅데이터로 대기 농도 변화를 예측하여 불법배출사업장을 단속하는 데 적극 활용하기 시작했다.

글로벌 시장조사 기관 골드스타인 리서치는 재활용 분야 로봇시장은 연평균 16% 이상 성장하여 2024년에는 15조 원으로 확대될 것이라고 발표하였다. 한편 국내 환경산업은 2019년 기준 101조 원으로 2004년에 비해 약 5배가량 증가하였다. 그럼에도 세계 환경시장 점유율이 낮은 수준이었는데, 한국판 뉴딜 정책과 4차 산업혁명기술의 융합을 통해 획기적인 도약을 기대해 볼 수 있다.

제4장
기후 관련 협약

1 스톡홀름 인간환경회의

환경오염이 심해가는 가운데 국제적인 공조의 필요성에 의해서 각종 회의가 열렸다. 그중에서 가장 먼저 환경보호의 필요성을 강조한 것은 1972년 6월 UN에 의해서 스웨덴의 스톡홀름에서 인간환경회의(UNCHE; UN Conference on the Human Environment)를 개최한 것이다. 인간환경회의(UNCHE)에서는 '인간환경의 보전과 개선을 위하여 전 세계에 그 시사와 지침을 부여하는 공통의 원칙이다.'라는 환경이 생존권 자체의 본질임을 규정한 인간환경선언(일명 스톡홀름 선언)을 선포하고 환경보호의 필요성을 강조하였다.

인간환경회의 결과 1972년 12월 제27차 국제연합 총회에서 UN 산하에 지구의 환경 문제를 전담하는 기구인 유엔환경계획(UNEP; UN Environmental Programme)이 발족되었다. 유엔환경계획의 역할은 지구 환경을 감시하고, 각 국가 정부를 비롯한 국제사회가 환경의 변화에 따라 적절한 조치를 취할 수 있도록 돕고, 환경 정책에 대한 국제적 합의를 이끌어내는 것이다.

스톡홀름 선언은 인간 환경의 취약성에 대한 대중적 자각과 함께 환경보호의 중요성을 널리 확산하는데 강력한 기폭제가 되었다. 스톡홀름 회의 이후로 환경 분야에서 중요한 학문적 연구가 진행되었으며, 환경 관련 교육이 확산되고, 환경 관련 정보가 국제적으로 공유하게 되었다. 거의 모든 국가에서 환경법이 제정되었고, 상당수의 국가는 환경보호에 관한 조항을 자국의 헌법에 반영하였다. 국제연합 환경 계획과 별도로 정부 전담 기구와 NGO가 모든 분야에서 설립되었으며, 상당수의 중요한 국제 협약이 환경 협력과 관련하여 체결되었다. 스톡홀름 선언의 모든 원칙은 1972년에 발표되었던 당시와 마찬가지로 오늘날에도 여전히 효력을 발휘하고 있다. 그 원칙은 향후에도 환경 관리의 기본 지침이 될 것이다.

2 나이로비선언

    나이로비선언이란 1982년 아프리카 케냐의 나이로비에서 열린 국제연합환경개발회의(UNCED : United Nations Conference on Environment & Development, 일명 Earth Summit) 특별총회에서 채택한 인간환경선언으로, 이는 1972년에 스톡홀름에서 채택한 인간환경선언에 대하여 10년 만에 환경보호에 대하여 보장하는 항목을 추가하여 선언한 것이다.

    1982년 5월 10일부터 18일까지 아프리카 케냐의 나이로비에서, 세계 105개국 정부 대표가 참석한 가운데 개최되었던 제19차 유엔환경계획(UNEP) 집행이사회에서 '나이로비 선언'을 채택하였다. 이 회의에서는 특히 인간과 환경 간의 조화를 강조하였다. 또한 '인간 환경에 관한 국제연합 선언'에 대한 지지를 재차 확인하면서 지구 환경 보전을 위한 10년간의 활동을 평가하고, 지구 환경의 현재 상태에 대해 심각한 우려를 표명하면서 지역적 차원과 국내적 차원과 세계적 차원에서 환경을 보호하고 향상시키기 위한 노력을 긴급히 강화해야 한다고 강조하였다.

    이 회의에서는 특히 인간과 환경 간의 조화를 강조하였다. 환경 관리 및 평가의 필요성, 환경 개발, 인구 및 자원의 밀접하고 복잡한 상호관계, 도시발달과 인구 증가로 인한 환경에 대한 압박으로부터 탈피하기 위해, 종합적이고 합리적인 방식을 채택하도록 해야 한다 등의 총 5가지 원칙을 세웠다.

    또한 스톡홀름에서 채택한 인간환경선언에 대한 지지를 재차 확인하면서 지구 환경 보전을 위한 10년간의 활동을 평가하고 향후 대책을 검토하였다.

3 몬트리올의정서

1987년 캐나다 몬트리올에서 오존층 파괴 물질의 생산 및 사용의 규제에 관련된 '오존층을 파괴시키는 물질에 대한 몬트리올의정서(Montreal Protocol on Substances that Deplete the Ozone Layer)'를 체결하였고, 1989년 1월부터 발효되었다.

몬트리올의정서의 주요 내용은 오존층 파괴로 인해서 기후변화에 대한 문제를 해결하기 위하여 오존층 파괴의 주원인이 되는 프레온가스로 알려진 염화불화탄소(CFCs), 할론(halons) 등 약 100가지 기체 물질 생산의 단계적 감축, 비(非)가입국에 대한 통상제재, 1990년부터 최소한 4년에 한 번 과학·환경·기술·경제적 정보에 입각하여 규제 수단을 재평가하도록 하는 것이다. 세계는 오존층 파괴로 인한 문제에 공감하였고, 통상 제제를 피하기 위하여 순차적으로 UN 회원국 모두가 가입하였고, 우리나라도 1992년에 가입하였다. 세계 7위의 온실가스 배출국가인 한국은 2030년까지 전망치 대비 24.4%의 온실가스 감축을 목표로 온실가스 감축에 동참하고 있다. 또한 2020년 10월 28일 한국정부는 2050년까지 탄소중립을 달성하겠다고 선언했다.

몬트리올의정서의 발효와 함께 가입국들의 적극적인 협력으로 오존층 파괴의 주범인 프레온가스 사용량과 생산이 크게 줄었고, 이로 인해 2000년대 후반부터 오존층이 점차 회복되는 모습도 발견되었다. 몬트리올의정서는 향후 오존층 파괴 문제 해결의 가능성을 제시해 주었다는 데서 의미가 있다.

4 기후변화협약

　기후변화협약은 지구온난화 방지를 위해 프레온가스(CFC)를 제외한 모든 온실가스(CO_2)의 인위적 방출을 규제하기 위한 것으로 정식 명칭은 '기후변화에 의한 기본협약'이다.

　1990년 12월 제45차 UN총회의 결의에 따라 정식 제안된 후 정부간 협상위원회(INC)를 구성하여 뉴욕에서 1992년 5월까지 6차례 공식회의를 개최하였고, 기후변화협약의 문구가 작성되었다. 1992년 5월 9일 유엔환경개발회의(UNCED)에서 기후변화협약(UNFCCC; Framework Convention on Climate Change)을 채택하였다. 1992년 6월 2일~14일에 개최된 리우데자네이루 지구정상회의에서 기후변화협약을 위한 각국의 서명이 시작되었다.

[그림 4-1] 기후변화협약

기후변화협약의 궁극적인 목적은 인류의 간섭으로 기후 시스템이 위험에 처하지 않는 수준까지 온실가스의 농도를 안정화시키는 것이다. 세계 각국은 기후변화협약에 적극적으로 가입하였고, 한국은 1993년 12월에 세계 47번째로 가입(현재까지 196개국 가입)하였다.

기후협약에 가입한 각국은 CO_2 가스 배출규제 의무를 수행해야 한다. 규제의 주요 내용은 국가별로 일정 수준 이하는 온실가스 배출량을 억제해야 하며 불이행 시에는 무역규제 등 불이익을 당할 가능성이 크다. 특히 선진국은 개도국의 산업구조 조정을 위해 재정지원, 기술이전의 부담을 지게 되었다.

2007년 2월 프랑스 파리에서 개최된 기후변화에 관한 정부 간 협의체(IPCC)회의에서 발표된 4차 특별보고서는 금세기 안에 지구 표면 온도가 섭씨 1.8~4.0℃ 상승할 것으로 예상하고 더욱 심각한 폭우, 가뭄, 폭염, 해수면 상승 등이 이어질 것이라고 경고하였다.

2013년 9월 27일 스웨덴의 수도 스톡홀름에서 열린 기후변화에 관한 정부 간 협의체(IPCC)회의 5차 보고서에서는 온실 기체 감축을 위한 노력을 하지 않고 현재와 같이 지속적으로 배출한다면 2100년에 이르러 전 지구 평균 지표 기온이 산업혁명 전 대비 약 4℃에서 5℃ 정도 증가할 것이라고 경고하였다.

5 탄소세 부과

탄소세란 이산화탄소 배출량을 돈으로 환산하여 시장에서 거래할 수 있도록 한 것을 말한다. 탄소세는 이산화탄소 배출량을 줄이기 위한 목적으로, 화석 연료를 사용하는 경우 연료에 함유되어 있는 탄소 함유량에 비례하여 세를 부과하는 제도로 선진국을 중심으로 시행되고 있는 제도다. 즉, 탄소세란 일종의 종량세로서 탄소배출량에 따라 세를 부과하는 것으로 이는 에너지 사용에 따라 불가피하게 배출되는 이산화탄소의 배출을 억제하는 데 그 목적이 있다.

탄소세는 탄소 배출 규제가 약한 국가에서 규제가 강한 국가로 상품 및 서비스를 수출할 때 적용받는 무역 관세의 일종으로 국가를 넘어 무역 환경에도 영향을 주며 자국 외의 국가에서도 탄소 배출을 줄이는 효과를 기대하는 제도다. 탄소세 부과는 탄소 배출자로 하여금 배출로 인한 부담을 줄이기 위해서 자체적으로 탄소배출을 줄이게 하는 효과를 가져올 수 있다. 탄소배출을 줄이지 못하게 되면 사용량만큼 탄소세를 부과하게 되고, 탄소세는 대기오염을 줄이거나 제거하는 데 사용하기 때문에 결과적으로 탄소배출을 줄이는 데 효과가 있다.

전 세계에서 탄소세를 가장 먼저 도입한 핀란드는 1990년에 연소 시 발생하는 탄소 배출량을 측정하는 방식으로 시행하였다. 2019년 1월에는 측정 방식을 변경하여 원료 채취부터 제조, 수송, 사용, 폐기까지 전 과정을 아우르는 연료의 라이프 사이클에 대한 배출량을 포함해 계산하도록 하였다. 현재

이에 따른 급격한 탄소세 인상을 방지하기 위해 탄소세율을 일부 인하하고 배출권 무료 할당 정책을 시행 중이다.

1991년 탄소세를 도입한 스웨덴은 세율이 가장 높은 나라로 당시 법인세를 대폭 삭감하고 저소득층과 중산층의 소득세를 감면했으며 덴마크 역시 1992년 탄소세를 도입하며 기존의 에너지세를 인하하고 소득세·법인세·판매세 등을 감면했다. 이외에도 네덜란드, 노르웨이, 일본, 싱가포르 등 25개 국가에서 탄소세를 도입하여 시행하고 있다.

대부분의 나라들은 국가경쟁력을 감안하여 제조업에 대해서는 탄소세를 면제하거나 낮은 세율을 적용하고 있다. 예를 들어 노르웨이는 연료에 따라 탄소세를 차등 부과하고 있다. 그러나 제조업체들이 많이 사용하는 연료인 석탄과 코크스에 대해서는 낮은 세율이 부과되고 있어 다른 나라와 마찬가지로 제조업에 대해서는 특혜를 주고 있다. 특히 시멘트 생산과 연안어업을 위해 사용된 연료에 대해서는 탄소세 전액을, 제지산업에 사용된 연료에 대해서는 탄소세의 50%를 면제해 주고 있다. 중국은 베이징 등 7개 대도시가 2013년 시범사업으로 시작한 탄소거래제도는 2017년 전국으로 확대됐다.

현재까지의 선진국의 연구 결과에 따르면, 2000년까지 1990년 수준으로 이산화탄소 배출을 동결시키고, 2020년까지 20%를 추가적으로 감축시키기 위해 약 탄소 환산 톤당 200~300달러의 탄소세 부과가 필요한 것으로 추정되고 있다. 이 경우 세계 경제에는 약 2~3%의 GDP 감소가 초래될 것으로 추정되고 있으며 선진국과 비교하여 에너지 다소비 업종의 비중이 높고, 에너지 효율이 상대적으로 낮은 경우의 나라들은 그 영향이 더욱 클 것으로 예상된다.

탄소세를 부과한 나라들을 분석해보면 탄소세 부과로 인하여 생산비가 증가함으로 인해서 물가 인상의 부작용을 가져올 수 있고, 과징금의 수준이 지나치게 높을 경우에는 신기술의 도입 등을 통해 탄소배출을 줄이려는 노력을 포기하게 하여 공해발생을 줄이기보다는 오히려 음성화시킬 가능성이 있다는 단점이 있다. 또한 탄소 배출자의 입장에서 볼 때 신기술의 도입과 탄소배출을 줄이는 장비를 구입·설치하는 비용보다 오염물질을 배출하고 내는 부과금이 적은 경우에는 부과금을 내게 되는 단점도 있다.

　따라서 탄소세가 탄소배출을 줄이는 효율적인 제도가 되기 위해서는 탄소배출을 줄이기 위하여 들어가는 비용과 기술적인 면을 충분히 감안해야 할 뿐 아니라, 제도 자체에 변화하고 있는 탄소배출 감소 기술의 수준을 반영시킬 수 있어야 하며, 계속해서 기업으로 하여금 탄소배출을 줄이는 신기술을 개발하도록 하는 유인을 제공할 수 있어야 한다.

6 유엔환경개발회의

유엔환경개발회의는 유엔 총회의 결의에 따라 1992년 6월 3일 브라질 리우데자네이루에서 세계 178개국 대표단과 국제기구 대표 등 8,000여 명이 참석하는 초대형 국제회의가 열렸다. 이 회의의 공식 명칭은 유엔환경개발회의(UNCED)이며, 지구정상회의라고도 불린다. 또는 리우데자네이루 정상회의라고도 불린다. 그 회의는 1980년대 후반 냉전 해체로 새롭게 형성된 국제 질서의 중요한 쟁점으로 떠오른 세계 환경 문제에 대한 세계적인 행동 계획을 채택하기 위한 목적으로 개최되었다. 이 회의에는 178개국이 참석했으며, 이 중 118개국은 각국 정상이나 정부의 도움을 받았다.

각국 대표들과 환경운동가, 과학자들은 12일 동안 지구온난화, 삼림 보호, 동식물 보호, 개도국을 위한 환경 기술 이전, 환경을 고려한 개발 등 7가지 의제를 놓고 토론했다. 이 회의는 기후변화 문제를 놓고 처음으로 세계가 머리를 맞댄 역사적인 자리였다.

한국에서는 정종식 국무총리가 수석대표로 참석했고, 한국은 리우 정상회의 부의장으로 적극적으로 참여했다. 이 회의를 준비하기 위한 회의는 1990년 3월에 열린 조직 회의 이후 네 번 열렸다. 회의에서는 준비 과정에서 3000여 개의 비서실 문건을 제작하면서 지속가능한 개발과 광범위한 환경 문제를 달성하기 위한 노력이 매우 어렵고 복잡하다고 반박했다. 많은 정부 대표들이 참석한 동시에, 국제 환경 기술 박람회, 세계 도시 회의, 국제 기자 회견, 전국 의회 및 여러 비정부 기구들이 개최되었다. 특히 6000여 명의 NGO 대표들이 세계포럼 주관으로 정부 간 회의와 병행해 열린 각종 NGO 행사에 참석해 NGO 조약 채택 등 활발한 활동을 펼쳤다.

7 교토의정서

　1997년 12월 일본 교토에서 개최된 기후변화협약 제3차 당사국총회에서 채택된 것을 교토의정서(Kyoto Protocol)라고 한다. 교토에서의 회의는 1995년 3월 독일 베를린에서 개최된 기후변화협약 제1차 당사국총회에서 협약의 구체적 이행을 위한 방안으로써, 2000년 이후의 온실가스 감축 목표에 관한 의정서를 1997년 제3차 당사국총회에서 채택하기로 하는 베를린 위임사항(Berlin Mandate)을 채택함에 따라 1997년 12월 제3차 당사국 총회에서 최종적으로 채택되었다.

　도쿄의정서가 채택되기까지는 온실가스의 감축 목표와 감축 일정, 개발도상국의 참여 문제로 참여 국가 간의 의견 차이로 심한 대립을 겪기도 했지만, 2005년 2월 16일 공식 발효되었다.

[그림 4-2] 교토의정서 채택

의무이행 대상국은 오스트레일리아, 캐나다, 미국, 일본, 유럽연합(EU) 회원국 등 총 37개국으로, 각국은 2008~2012년까지를 제1차 감축 공약 기간으로 하여 온실가스 총배출량을 1990년 수준보다 평균 5.2% 감축하기로 하였다. 각국의 감축 목표량은 -8~+10%로 차별화하였고, 구체적으로는 유럽연합은 -8%, 일본 -6%의 온실가스를 2012년까지 줄이기로 하였다.

도쿄의정서에 기록된 감축 대상 가스는 이산화탄소(CO_2), 메탄(CH_4), 아산화질소(N_2O), 불화탄소(PFC), 수소화불화탄소(HFC), 불화유황(SF_6) 등의 여섯 가지로 당사국은 온실가스 감축을 위한 정책과 조치를 취해야 한다. 그리고 에너지효율 향상, 온실가스의 흡수원 및 저장원 보호, 신·재생에너지 개발·연구 등을 하기로 하였다.

한국은 제3차 당사국총회에서 기후변화 협약상 개발도상국으로 분류되어 의무대상국에서 제외되었으나, 몇몇 선진국들은 감축목표 합의를 명분으로 한국·멕시코 등이 선진국과 같이 2008년부터 자발적인 의무 부담을 할 것을 요구하였고, 제4차 당사국총회 기간에 아르헨티나 카자흐스탄 등의 일부 개발도상국은 자발적으로 의무를 부담할 것을 선언하였다. 미국은 전 세계 이산화탄소 배출량의 28%를 차지하고 있지만, 자국의 산업 보호를 위해 2001년 3월 탈퇴하였다.

8 탄소중립

탄소중립은 이산화탄소를 배출한 만큼 이산화탄소를 흡수하는 대책을 세워 이산화탄소의 실질적인 배출량을 '0'으로 만드는 것을 말한다. 즉 기업이나 개인이 배출한 이산화탄소 배출량만큼 이산화탄소 흡수량도 늘려 실질적으로 이산화탄소 배출량을 0으로 만들어 이산화탄소 총량을 중립 상태로 만든다는 의미다.

지구온난화로 폭염, 폭설, 태풍, 산불 등 이상기후 현상이 세계 곳곳에서 나타남에 따라 국제사회는 기후변화 문제의 심각성을 인식하고 이를 해결하기 위해 선진국에 의무를 부여하는 '교토의정서'를 채택(1997년)하였다. 교토의정서는 지구온난화의 규제 및 방지를 위한 국제 협약인 기후변화협약의 수정안이다. 이 의정서를 인준한 국가는 이산화탄소를 포함한 여섯 종류의 온실가스의 배출을 감축하며 배출량을 줄이지 않는 국가에 대해서는 비관세 장벽을 적용하게 하도록 하였다.

탄소중립이라는 용어는 2006년 「옥스퍼드 사전(New Oxford American Dictionary)」이 올해의 단어로 선정하였다. 2016년 발효된 파리협정은 산업화 이전 대비 지구 평균 온도 상승을 2℃ 보다 훨씬 아래(well below)로 유지하고, 나아가 1.5℃로 억제하기 위해 모든 나라는 노력해야 한다는 것이었다. 이를 위하여 121개 국가들이 모여 '2050 탄소중립 목표 기후동맹'에 가입함으로써 탄소중립 선언을 가속화하며, 이행에 대한 준비에 박차를 가했다.

2019년 12월 유럽연합을 시작으로 중국(2020년 9월 22일), 일본(2020년 10월 26일), 한국(2020년 10월 28일) 등의 탄소중립 선언을 하였다.

탄소중립을 실행하는 방법에는 세 가지가 있다.

첫째는 이산화탄소 배출량에 상응하는 만큼의 숲을 조성하여 산소를 공급하는 방법이다. 이 방법의 원리는 숲을 조성하기 위해서 배출한 이산화탄소의 양을 계산하고 탄소의 양만큼 나무를 심는 것이다.

둘째는 화석 연료를 대체할 수 있는 무공해 에너지인 태양열·풍력 에너지 등 재생에너지 분야에 투자하는 방법이다. 이 방법의 원리는 풍력·태양력 발전과 같은 청정에너지 분야에 투자해 오염을 상쇄하는 것이다.

셋째는 이산화탄소 배출량에 상응하는 탄소배출권을 구매하는 방법이다. 탄소배출권(이산화탄소 등을 배출할 수 있는 권리)이란 이산화탄소 배출량을 돈으로 환산하여 시장에서 거래할 수 있도록 한 것인데, 탄소배출권을 구매하기 위해 지불한 돈은 삼림을 조성하는 등 이산화탄소 흡수량을 늘리는 데에 사용된다.

비전	"적응적(Adaptive) 감축"에서 "능동적(Proactive) 대응"으로 : 탄소중립·경제성장·삶의 질 향상 동시 달성

3+1 전략 추진

3대 정책 방향	적응 경제구조의 저탄소화	기회 新유망 저탄소산업 생태계 조성	공정 탄소중립 사회로의 공정전환
10대 과제	① 에너지 전환 가속화 ② 고탄소 산업구조 혁신 ③ 미래모빌리티로 전환 ④ 도시·국토 저탄소화	① 新유망 산업 육성 ② 혁신 생태계 　 저변 구축 ③ 순환경제 활성화	① 취약 산업·계층 보호 ② 지역중심의 　 탄소중립 실현 ③ 탄소중립 사회에 　 대한 국민인식 제고

➕

탄소중립 제도적 기반강화	▪ 재정　　　▪ 녹색금융　　　▪ R&D　　　▪ 국제 협력 ➡ 탄소가격 시그널 강화 + 탄소중립 분야 투자 확대 기반 구축

추진 체계	(조직) 2050 탄소중립위원회 + 2050 탄소중립위원회 사무처 (운용) 사회적 합의 도출 + 전략적 우선순위 설정 ➡ 단계적 성과 확산

[그림 4-3] 한국의 탄소중립 정책

한국의 산업자원부에서는 2008년 2월 18일부터 대한상공회의소, 에너지관리공단, 환경재단 등 21개 기관과 공동으로 개최하는 제3차 기후변화 주간에 탄소중립 개념을 도입해 이산화탄소를 상쇄하고자 하는 노력을 시작하였다.

2020년 7월 7일에는 국내 지자체의 의지를 결집해 탄소중립 노력을 확산하기 위한 탄소중립 지방정부 실천연대가 발족되었다.

한국 정부는 2020년 12월 7일 '경제구조의 저탄소화', '신유망 저탄소 산업 생태계 조성', '탄소중립 사회로의 공정 전환' 등 3대 정책 방향에 '탄소중립 제도적 기반 강화'를 더한 3+1 전략으로 구성되어 있는 '2050 탄소중립 추진 전략'을 발표했다. 그리고 3대 정책 방향에 따른 10대 과제로는 '에너지 전환 가속화', '고탄소 산업구조 혁신', '미래 모빌리티로 전환', '도시·국토 저탄소화', '신유망산업 육성', '혁신 생태계 저변 구축', '순환 경제 활성화', '취약 산업·계층 보호', '지역 중심의 탄소중립 실현', '탄소중립 사회에 대한 국민인식 제고' 등을 제시하였다.

9 파리협정

　파리협정(Paris Agreement)은 2015년 유엔 기후변화 회의에서 채택된 조약으로 파리기후협약이라고도 한다. 파리협정은 마치 속칭이나 약칭처럼 보이지만 의외로 정식 명칭이다. 지구온난화로 인한 문제의 심각성이 높아지자 이에 대한 문제의식을 공유하기 위하여 2015년 12월 12일 파리에서 반기문 유엔 사무총장이 주관하여 제21차 유엔 기후변화협약 당사국 총회(COP21)를 열고 파리 유엔 기후변화 회의가 열렸다.

　회의에서 195개국의 합의로 2100년까지 전 지구 평균 지표 기온 상승을 산업혁명 전 대비 1.5℃ 이하로 낮추기 위한 기후협약을 체결하였다. 회의의 폐막일인 2015년 12월 12일 채택되었고, 2016년 11월 4일부터 포괄적으로 적용되는 국제법으로서 효력이 발효되어 지구온난화에 있어서 역사적 전환점이라는 평가를 받고 있다.

　파리협정은 교토의정서의 한계를 극복하기 위하여 2020년 교토의정서가 만료된 후, 2021년 1월부터 적용되는 교토의정서를 대체할 새로운 기후변화 협정이다. 파리협정의 주요 내용은 지구 평균온도 상승 폭을 산업화 이전 대비 2℃ 이하로 유지하고, 더 나아가 온도 상승 폭을 1.5℃ 이하로 제한하기 위해 함께 노력하기 위한 국제적인 협약이다. 각국은 온실가스 감축 목표를 스스로 정해 국제사회에 약속하고 이 목표를 실천해야 하며, 국제사회는 그 이행에 대해서 공동으로 검증하게 된다. 파리협정은 2016년 제23차 기후변화당사국총회에서 195개국의 만장일치로 채택되었다. 2017년 6월 도널드 트럼프 미국 대통령이 돌연 파리협정이 미국에 불공평하며 미국민들에게 손해

를 준다며 미국의 파리협정 탈퇴를 선언하여 파리협정은 새로운 위기에 봉착
하기도 했다. 그러나 2021년 1월 21일 취임한 조 바이든 미국 대통령은 첫
업무로 파리 기후변화협약 복귀를 위한 행정명령에 서명했다.

[그림 4-4] 파리협정

협정을 법적인 구속력이 있는 국제법으로 만들기 위해 세계 온실가스 배출
의 55% 이상 책임이 있는 미국, 중국, 브라질, 인도, 유럽 연합 등 주요 기후변
화 당사자들이 파리협정을 비준하였고, 2016년 11월 4일부터 기후 협정으로서
는 최초로 포괄적인 구속력이 적용되는 국제법으로서 효력이 발효되었다. 현재
세계 탄소 배출의 87%에 달하는 200여 개 국가가 협정을 이행 중이다.

10 RE100

　RE100은 재생 가능 전기 100%(Renewable Electricity 100%)라는 뜻으로 다국적 기업들의 2050년까지 사용 전력의 100%를 태양광, 풍력 등 재생에너지로만 충당하겠다는 자발적인 약속을 하는 글로벌 캠페인을 말한다. RE100은 원래 영국의 국제 비영리 단체인 기후 그룹(Climate Group)과 탄소정보공개프로젝트(CDP; Carbon Disclosure Project)의 주도로 2014년 뉴욕 기후주간(Climate Week NYC 2014)에 처음으로 발족되었다. RE100 발족 당시에는 이케아(IKEA)를 비롯한 13개의 기업이 참여하였으며, 이후 연간 100GWh 이상 사용하는 전력 다소비 기업이 참여를 하여 2022년 7월 기준으로 애플, TSMC, 인텔, 구글(Google), 제너럴모터스(GM) 이케아 등을 포함하여 376개의 기업이 회원으로 가입되어 있다.

　전 세계 전기 사용의 절반 가량을 차지하고 있는 제조업이나 서비스업 분야의 기업들은 지금까지는 화석 연료를 사용해왔으나, 화석 연료의 사용은 천연자원을 고갈시키고 환경을 오염시키는 단점으로 인해 대안이 필요하다는 지적이 제기되어 왔다. 이에 대하여 RE100은 2050년까지 기업에서 사용하는 전력량의 100%를 재생에너지 전기로 사용하는 것을 목표로 한다.

　재생에너지는 화석 연료를 대체하는 태양열, 태양광, 바이오, 풍력, 수력, 지열 등에서 발생하는 에너지를 가리킨다. 회원사들은 RE100을 달성하기 위해 태양광 발전 시설 등의 설비를 통해 직접 재생에너지를 생산하거나 재생에너지 발전소에서 전기를 구입하여 조달할 수 있다. 이러한 방식으로 회원사는 전 세계 모든 사업장에서 사용하는 전력을 재생에너지에서 생산된 전력으로 대체해야 한다. 기업 입장에서 RE100 참여는 생산비용 상승으로 직결되지만 살아남기 위해서는 피할 수 없는 국제적 흐름이기도 하다.

RE100에서 추구하는 재생에너지는 환경 친화적이면서도 생산가격이 점차 낮아지고 있고 안정성도 높아지고 있어, 현재의 화석 연료와 비교하여 보다 합리적인 대안이라 할 수 있다. 궁극적으로 재생에너지로부터 생산된 전력은 탄소 배출 감축 목표를 달성할 수 있게 해줄 뿐만 아니라 중장기적으로는 기업의 경쟁력을 향상시키는 데에 도움이 될 것으로 기대되고 있다.

우리나라에서는 RE100에 2020년 SK그룹의 6개 자회사가 가입을 시작으로 2021년에는 미래에셋증권, KB금융그룹, LG에너지솔루션 등이 14개의 기업이 회원으로 등록하였다. 2022년 들어 현대자동차, 기아, 현대모비스, KT, LG이노텍 등의 21개 대기업이 합류했다. 한국 기업들의 RE100 가입이 더딘 이유는 국내 재생에너지의 발전 여건이 열악하여 재생에너지를 쓰고 싶어도 제품생산에 필요한 전력을 확보할 수 없기 때문이다.

산업통상자원부에 따르면 2021년 11월 기준 전체 에너지원별 발전량 중 재생에너지가 차지하는 비중은 6.7%에 불과하다. 반면에 유럽연합(EU)은 재생에너지가 차지하는 비중이 2019년 기준으로 15.3%에 달한다. 이는 원전과 석탄발전 비중이 높은 동유럽 회원국까지 포함한 수치로 재생에너지 사용량이 많은 서유럽 국가로 한정하면 재생에너지 비율은 40%에 육박하고 있다.

이러한 한계로 인하여 국내에서는 RE100에 본격적으로 참여할 수 있는 기반을 구축하고 재생에너지 사용을 활성화하여 이를 통해 국내 기업경쟁력을 강화하기 위한 목적으로, 2021년부터 한국형 RE100(K-RE100) 제도를 도입하여 시행하고 있다.

RE100에 가입하면 1년 안에 이행 계획을 제출하고 매년 이행 상황을 점검받는다. 재생에너지 비중을 2030년 60%, 2040년 90%로 올려야 자격이 유지된다.

제5장
ESG 사회 관련 규정

1 ESG의 사회 관련 규정

ESG에서 사회(Social)는 환경보다는 조금 더 복잡한 개념이다. 사회(Social)라는 단어 때문에 기업의 사회적 책임(CSR)으로 보는 시각도 있지만, 실제로는 기업의 사회적 책임(CSR)을 넘어서 기업이 생산 영업 활동에서의 윤리경영과 사회공헌활동, 지역사회와의 상생 등을 전부 포함하는 의미로 보는 것이 좋다.

기업의 사회적 책임(CSR)은 단순히 기업 활동과 관련하여 발생하는 사회적 문제를 보완하는 것으로 보는 경향이 있지만, 기업 활동 전 과정의 경제, 법, 윤리, 사회적 책임을 말한다. 그래서 ESG에서 요구하는 사회(Social)는 기업의 사회적 책임(CSR)의 활동 영역을 넘어선 윤리경영, 인권 경영, 사회공헌, 노동 및 고용, 소비자 안전 및 보호, 지역사회와의 상생 등의 영역에서 지속가능한 구조에 기여하는 활동을 뜻한다.

또한 우리나라에서는 기업의 사회공헌활동을 기업의 사회적 책임(CSR)과 유사한 개념으로 인식하는 경향이 있는데 기업의 사회공헌활동은 기업의 사회적 책임(CSR)이라는 큰 틀에서 이해되는 것이 바람직하다.

기업의 사회공헌활동은 기업의 본질적 활동인 경제적 활동에서 한 걸음 더 나아가 보다 적극적으로 사회 발전에 기여하고자 하는 일련의 공익적 활동을 의미한다고 하겠다. 이는 재정적 지원과 비재정적 지원 등 기업의 다양한 자산과 핵심 역량을 사회에 투자하여 사회적 가치를 창출하고 지역사회의 역량을 강화하는 동시에 지속가능발전을 도모하는 사회 참여 및 투자 활동을 뜻하기도 한다. 2010년에 발표된 ISO26000에서는 CSR의 핵심 주제를 거버넌스, 인권, 노동, 환경, 소비자, 공정운영, 지역사회 발전과 참여 등 7개로 제시했다. 기업사회공헌은 기업의 사회적 책임 중에 일부분일 뿐이다.

2 기업의 사회적 책임(CSR)의 정의와 요소

전통적으로 기업의 경영 방식은 주로 돈을 많이 버는 재무적인 성과를 중심으로 진행되었다. 그러나 현대사회에 접어들면서 자본주의가 고도화되고 산업화가 다원화되면서 기업과 사회의 관계가 새롭게 변화하면서 기업에 대한 사회의 요구가 증가하기 시작하였다.

점차 기업의 성장과 이익이 사회의 경제적인 부분뿐만 아니라 공공적 부분까지도 영향을 주게 되면서, 대규모의 기업들에 대한 사회와 지역의 요구와 기대사항의 범위가 넓어지고 있다.

기업과 사회의 관계에 대한 경제적인 요소로는 자본, 원자재, 인력, 일자리, 소득, 수익, 재화 등이 있었지만, 현대사회에 들어서면서 추가적으로 노동력의 질과 구성, 환경, 공해, 질병, 차별, 빈곤 등의 사회적 측면에 대한 책임이 발생하였다. 기업은 몸집이 커짐에 따라 점점 더 사회적 책임도 막중해지게 된 것이다. 그렇게 현대사회에서는 기업과 사회의 관계가 단지 경제적인 측면에 더해 사회적 측면까지 긴밀하게 연결되면서 기업의 사회적 책임(CSR; Corporate Social Responsibility)의 개념이 등장하게 되고, 기업의 사회적 책임을 요구하고 있다.

기업의 사회적 책임(CSR)의 정의는 기업의 경제 가치 성장과 더불어 사회 전반의 이익을 위한 사회적, 환경적 가치를 동시에 추구하여 지속가능발전을 유지하는 것을 말한다.

　아치 캐럴(Archie B. Carroll)은 기업의 사회적 책임을 경제적 책임(1단계), 법률적 책임(2단계), 윤리적 책임(3단계), 자선적 책임(4단계)의 4단계로 구분하고 있다.

　1단계인 경제적 책임은 경제적 부를 유지하며 소비 욕구를 충족시키는 기업의 책임을 말하며, 2단계인 법률적 책임은 법률적 규제의 범위에서 경제적 사명을 성취하는 책임을 의미한다. 3단계인 윤리적 책임은 사회가 적절한 행동 규범으로 규정한 도덕적 규율을 준수하는 것이며, 마지막 4단계인 자선적 책임은 사회 개량을 위한 기업의 책임 있는 행동을 의미한다고 하겠다. 사회적 책임에 대한 네 가지 정의 중 첫 번째 경제적 책임만 이익 추구라는 기업 본연의 책임과 관련된 부분이고 나머지 세 가지 책임들은 기업이 속한 사회와 관련된 부분이다.

　경영학의 아버지 피터 드러커도 1954년 『경영의 실제』라는 저서를 통해 기업이 파급하는 사회적 권력에 대해 책임을 져야 한다고 주장하였다. 이런 기본적 이론과 개념을 바탕으로 기업의 점차 사회적 책임을 바탕으로 한 긍정적 영향력을 행사하기 시작하였고 1990년 경영학자 아치 캐럴의 CSR 피라미드로 인해 CSR의 개념이 구체화 되었다.

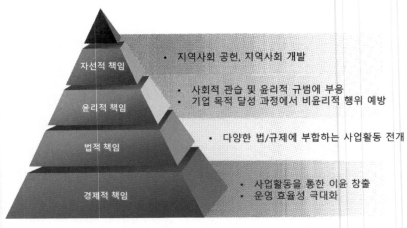

[그림 5-1] 아치 캐롤의 CSR 피라미드 모형

CSR 피라미드는 총 4단계로 이루어졌으며 역사적 시대의 흐름에 따라 어떤 식으로 기업의 사회적 책임이 발전해 왔는지를 가장 잘 보여주는 모형이다. 제일 아래 있는 경제적 책임은 수익 창출에 대한 책임으로 사회 안에서 기업이 가지는 가장 당위적인 책임이다. 기업은 사업 활동을 통해 이윤을 창출해야 하는 책임을 가지고 있으며, 고객의 욕구를 충족시키고 운영을 효율적으로 하면서 다시금 고용을 확대해야 한다. 경제적 책임은 다른 모든 책임의 기반이 된다.

두 번째 있는 법적 책임은 준법 경영에 해당한다. 법을 준수하면서 사업 활동을 전개해야 하는데, 주로 생산, 유통, 판매와 관련된 기본적인 사항이 이에 해당한다. 이를 통해 기업은 안전한 제품을 생산하고, 올바른 유통을 할 의무를 가지는 것이다. 법적 책임도 마찬가지로 기업이라면 당연히 지켜야 하는 당위적 책임 범위에 해당한다.

세 번째 있는 윤리적 책임은 윤리경영에 해당한다. 법적 규제를 넘어서서 사회적 관습이나 윤리적 규범에 부응하는 책임이다. 기업의 목적을 달성하기 위해 법망을 교묘하게 피해가지 않으며, 보다 공정하며 정당한 행위를 보이는 것이다. 따라서 윤리적 책임에 대해서는 당위성을 부여할 수는 없으나 기업의 자발적 책임을 기대하게 된다.

마지막 자선적 책임은 기업이 창출한 이윤의 일부를 사회에 공헌하는 책임이다. 이는 기업에 반드시 요구되는 책임이 아니지만, 좋은 기업 시민의 모습으로 사회에 기여하고, 이를 통해 결국 기업 이미지가 제고되어 기업을 찾는 고객층의 수요가 증가하게 된다. 1990년 아치 캐럴의 CSR 피라미드 모형을 기점으로 기업들은 가장 당위적으로 요구되었던 경제적 책임을 넘어 법적, 윤리적, 자선적 책임을 적극적으로 이행하기 시작하였고, 경제, 사회, 환경적 영역에서 얼마나 공헌하는지 평가받기 시작했다.

3 기업의 사회적 책임(CSR) 현황과 활동

해외에서는 1900년대부터 계속해서 새로운 기업의 사회적 책임(CSR)의 개념이 등장해왔고, 이 개념이 정확한 특정 개념이라기보다는 다양한 관점에서 학자들 간의 견해 차이가 있다 보니, 우리나라에서도 기업의 사회적 책임(CSR)을 정의 내리는데 명확하기가 힘들었다.

우리나라에서는 기업의 사회적 책임(CSR)이 오랜 시간 동안 일부분에 집중되어 실시되었다. 2016년 기업의 사회적 책임(CSR)과 관련된 기사를 조사해본 결과 약 46% 정도가 기업의 사회적 책임(CSR)을 사회공헌활동으로 설명하고 있었다. 그도 그럴 것이 기업의 사회적 책임(CSR)에서 S(사회)라는 단어로 인해 사회적인 문제에만 국한하여 공헌해야 한다는 오해가 생겼으며, R(책임)이라는 단어로 인해 기업의 일방적인 사회공헌 실천 의무라는 오해가 생긴 것이다.

2014년 대한민국 CSR 국제 콘퍼런스에서 발표한 한국기업 기업의 사회적 책임(CSR) 실태 조사 결과를 참고하면, 기업의 사회적 책임(CSR)을 통해 달성하고자 하는 사업 목표가 '지역사회 공헌', '기부 및 자선활동', '동반성장', '직원 복지 및 안정', '기업윤리', '공정 거래' 와 같은 내용이 주를 이루었다. 그렇다 보니 기업의 경제적 성장과 사회적 공헌이 마치 반대되는 개념처럼 느껴지게 되었고, 기업이 성장하면서 사회에 환원해야 하는 의무적 사업과 같이 느껴지게 되었다.

과거로부터 기업의 사회적 책임(CSR)의 핵심으로 꾸준히 언급되어온 '지속가능성(Sustainability)'이 다시금 중요하게 자리매김하면서 최근 들어 ESG 개념이 부상하게 되었다. 기업은 생산 및 영업활동 중 사회적인 가치를 함께 추구하여 발전의 지속성을 유지하면서 이윤을 추구해야 한다.

기업의 사회적 책임(CSR)의 개념이 점차 명확하게 정립됨에 따라 기업의 평가도 세분화 되었다. 기업의 책임과 연결 지어 기업의 역할을 경제, 사회, 환경으로 구분한 개념이 바로 지속가능성이다.

지속가능성은 기업의 경제적 성장이 생태계 보존과 미래 세대를 고려한 상태여야 한다는 개념으로 시작하였다. 이런 평가 요소가 고도화되는 가운데 UN은 기업의 환경, 사회, 지배구조가 투자 대상 기업을 선택하는 데 고려 대상이 된다는 내용을 담은 '책임투자원칙'을 발표하면서 ESG 개념이 정립되기 시작한다.

기업의 공유 가치 창출(CSV) 활동은 하버드대학 교수로 재직 중인 포터(M. Porter)와 크래머(M. Kramer)가 2011년에 하버드 비즈니스 리뷰(Harvard Business Review)를 통해 발표한 논문에서 공식적으로 제안한 개념이다. 이보다 5년 전인 2006년에 포터와 크래머는 기업의 사회적 책임(CSR) 활동에 대한 새로운 관점의 해석을 발표하면서, 기업의 사회적 책임(CSR)의 한계를 벗어나 기업과 사회가 상호 win-win할 수 있는 혁신적인 방법론의 단초를 제공하였다. 그들은 당시까지 다분히 당위적, 윤리적 명제로 논의되어 왔던 기업의 사회적 책임(CSR) 활동을 반응적 CSR(responsive CSR)과 전략적 CSR(strategic CSR)의 2종 유형으로 구분하면서, 그때까지 CSR 활동의 주류를 이루었던 반응적 CSR을 벗어나 전략적 CSR로 이행할 것을 주장하였다.

반응적 CSR이란, 1980년대 중반부터 기업의 윤리 의식과 도의적 책임을 강조하는 학계와 사회의 분위기가 거세지고, 대다수의 시민들도 기업을 사회 문제의 해결사로 간주하면서 그에 걸맞은 도덕적 행동을 종용하는 추세가 강화된 속에서, 기업이 그러한 사회, 학계, 시민들의 요구에 대한 수동적 대응 내지 반응의 결과로써, 다양한 방식으로 사회에 대한 보상을 수행하고 사회를 위한 공공의 선행을 베푸는 제반 활동들을 의미한다. 사회에 대한 보상과

선행을 실천하는 과정에서는 기업이 영업 활동을 통해 획득한 이윤도 부분적
으로 사용될 것인데, 따라서 이런 과정이 지속될수록 기업에게는 재정적, 심
리적 부담이 가중될 수밖에 없을 것이다.

2000년대 이전까지만 해도 적지 않은 기업들은 이처럼 CSR 활동을 기업
이 경영활동 외의 영역에서 별도의 비용을 '소모적으로' 지출하면서 부담해
야 하는 반강제적, 윤리적 의무사항으로 받아들였고, 따라서 대부분의 CSR
활동은 기업의 자율적, 능동적 의사가 아니라, 수동적, 타율적인 보여주기식
행위로 진행된 측면을 배제할 수 없었다(문휘창·이연우, 2014). 이로 인해
CSR의 지속가능성이나 타당성에 대한 비판과 회의적 시각이 계속 제기되어
왔다.

이러한 비판과 회의적 시각에도 불구하고 CSR 활동이 끊이지 않고 지속된
것은 다음과 같은 논리와 주장들 때문이었다. 첫째, 기업은 사회의 주요 구성
원이기 때문에 사회에 공헌해야 할 일정한 의무를 지닌다는 주장으로서,
CSR과 관련된 가장 보편적, 전통적인 관점이라고 할 수 있다(배정호, 2017).
기업은 이러한 도덕적 의무에 대한 반응으로서 자의 반, 타의 반으로 CSR
활동을 수행하게 된다.

둘째, 기업이 지속적으로 성장하기 위해서는 사회 전체와 안전과 안정, 조
화로운 발전을 도모하고 사회적 환경을 잘 보존해야 한다는 주장이다. 예컨
대, 제조업 분야에 종사하는 특정 기업이 단기적 이익을 위해 유해 물질을
특수 처리 공정을 거치지 않은 채 함부로 배출하게 되면 주변 환경이 파괴될
것이고, 그렇게 되면 결국 장기적으로는 해당 기업도 막대한 피해를 입을 것
이기 때문에, 기업은 스스로를 지키기 위해서라도 사회 환경을 지속적으로
보호하기 위해 노력해야 한다는 논리이다(배정호·박현숙, 2017). 즉, 기업은
사회 환경과 사회적 시스템을 잘 보존하고 보호하면서 지속적인 성장 동력과
성장 조건을 마련하기 위한 대응적, 반응적 행위로서 CSR 활동을 수행해야
한다는 것이다.

셋째, 사회적 책임을 성실하게 실천하는 기업들은 소비자들이 기업에 대해
갖는 기대나 욕구를 충족시킴으로써 기업의 대외적 이미지를 좋게 구축할 수
있다는 주장이다(배정호, 2017). 따라서 기업은 소비자들의 기대에 대한 반

응으로서 CSR 활동을 수행해야 한다는 것이다.

위의 3종 견해를 종합해 보면, 반응적 CSR은 기업이 사회적 책임을 다하기 위해서는 기업의 이익을 어느 정도 희생하면서 사회의 기대와 요구, 암묵적인 압력 등을 타율적으로 수용할 필요가 있다는 논리를 전제로 하고 있음을 알 수 있다. 이는 결국 사회의 이익과 기업의 이익이 본질적으로 상호 배타적인 관계이기 때문에, 어느 한쪽(사회, 시민)의 이익을 위해서는 다른 한쪽(기업)의 이익을 일부 희생하거나 양보해야 한다는 관점을 토대로 하고 있다. 바로 이러한 관점을 비판하고 반응적 CSR에 대한 전면적인 문제 제기를 하면서 제시된 개념이 전략적 CSR이다.

전략적 CSR의 관점에 따르면, 기업과 사회의 이익은 상호 배타적이거나 상충되는 관계가 아니라, 기업의 전략적 출발점이나 경영 철학에 따라 얼마든지 양자를 조화시키면서 상호 보완적·공생적인 관계로 발전시킬 수 있다는 것이다(문휘창·이연우, 2014). 기업은 시시각각으로 변화하는 사회적 환경에 능동적으로 적응하면서 사회 발전에 기여하는 동시에, 스스로의 이윤을 증대시킬 수 있는 능동적인 조직이어야 한다. 이를 위해 기업은 사회 공공의 이익과 기업의 이익이 일치되고 상호 조화를 이룰 수 있는 전략적인 활동들을 통해 사회적 책임을 자연스럽게 이행하는 방향으로 경영 계획을 수립해야 한다(김덕호·김중화, 2013).

포터와 크래머는 여기에서 더 나아가 CSR에 대한 대안이자 보다 성숙·진화된 개념으로서 공유 가치 창출을 공식 제안하였다(Porter, Kramer, 2011). 공유 가치 창출은 사회 발전에 도움이 되는 '공공 가치', 혹은 사회 구성원들이 모두 동의하고 기대할 만한 '공유 가치'(Shared value)를 기업의 비즈니스 활동과 연계·연동시킴으로써, 기업들이 사업적 이익과 사회적 혜택을 동시에 달성해야 한다는(혹은 달성할 수 있다는) 개념이다.

반대로 한창 성장·개발 중인 신흥 지역에 소재한 기업들은 지역사회의 성장·발달 및 지역 경제 활성화의 영향을 받아 좀 더 용이하게 사업적, 경제적 이윤을 증대시킬 수 있다.

결국 사업적, 경제적 이윤의 극대화만으로 기업의 경쟁력을 유지하고 발전 동력을 확보하는 데에는 구조적 한계가 있을 수밖에 없으며, 따라서 기업이 장기적으로 미래 경쟁력을 확보하면서 지속가능 경영을 수행하기 위해서는 사회가 추구하고 기대하는 공공 원칙과 공유 가치를 적극적으로 실천하고 창출하려는 노력을 기울여야 함을 알 수 있다(이정기·이장우, 2016).

이 같은 사실에 주목하면서 포터와 크래머는 기업의 핵심적인 비즈니스 프로세스와 사회적·환경적 책임을 융합·접목 시킨 참신하고도 혁신적인 방법론으로서 '공유 가치 창출'(CSV) 활동을 제안하였다. 그들에 따르면, 공유 가치 창출 활동에 대한 주도 면밀하고 철저한 전략적 기획을 통해, 기업은 사회의 당면 문제를 해결하고 사회가 요구하는 공공 가치를 창출함과 동시에, 높은 경제적 수익도 함께 얻을 수 있으며, 그와 같은 상생적(相生的), 상보적(相補的) 과정을 통해 기업과 사회 쌍방이 모두 원하는 공통적인 목표를 함께 달성할 수 있다고 설명하였다.

좀 더 구체적으로 살펴보면, 기업이 추구하는 비즈니스 가치 창출(Creating Business Value)은 기업의 장기 경쟁력을 강화하고 지속적, 미래적 성장을 견인할 수 있는 사업 및 투자 활동을 의미하고, 이에 대해 기존의 CSR 활동이 지향한 사회적 가치 창출(Creating Social Value)은 사회적, 환경적 목적을 달성하고 사회 공공에 혜택을 줄 수 있는 사업 및 투자 활동을 의미하는데, 공유 가치 창출(Creating Shared Value) 활동은 양자를 융합하여 기업의 장기 경쟁력 강화, 지속적 성장 동력 창출 및 사회적, 환경적 목적을 함께 달성할 수 있는 사업 및 투자 활동을 지향하면서, 그를 가능하게 하는 방법론을 모색하려는 것이다. 이를 알기 쉽게 도식화해 보면, 다음과 같다.

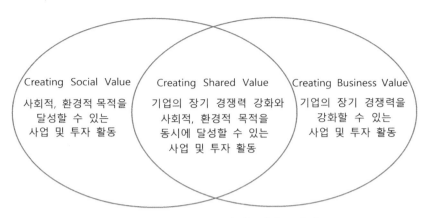

[그림 5-2] 공유 가치 창출 개념도

출처 : 포터와 크래머, 2006 재구성

　이상과 같이 기업의 가치와 사회 공공의 가치를 상생적, 상보적으로 조화·병행하기 위해서는 그것을 가능하게 하는 새로운 사업 및 투자 영역을 개발하거나, 이윤 창출에만 초점이 맞춰져 있었던 기존의 사업·투자 영역의 방향성이나 목표를 수정·보완하는 작업이 필요할 것이다(임채원·김병섭, 2012). 이러한 준비 작업이나 장기적 계획을 통해 기업의 경제적 목표인 사업적, 재무적 이윤 창출과 사회적, 공공적 가치 및 사회적 책임을 동시에 달성하고자 하는 공유 가치 창출 활동은 21세기 이후의 사회적, 기업 환경적 변화에 적응하면서 기업의 목표와 사회 공공의 목표를 상호 충돌이나 모순 없이 효율적, 합리적으로 융합·접목 시키는 방향으로 확장되고 진화되어 온 것이라고 볼 수 있다.

4 기업의 공유 가치 창출 활동의 가치와 효과

공유 가치 창출이라는 새로운 개념을 통해 기업들은 이윤 추구를 목적으로 하는 경제적 가치 활동에 사회 공공의 이익 및 혜택 창출을 목적으로 하는 사회적 가치를 결합시켜 장기적으로 지속가능한 비즈니스 모델을 창출할 수 있게 되었다.

이러한 공유 가치 창출 활동은 기업의 이익 창출만 일방적으로 중시하고 강조했던 20세기 자본주의의 시스템적 문제점을 극복하면서 기업의 바람직한 장기 성장을 가능하게 하는 혁신적인 미래 경영 패러다임으로서, 단기간의 사회적 선행이나 일회성, 이벤트성 자선 활동의 한계에서 벗어나 장기적, 구조적인 기업 경영 성과로 승화될 수 있는 전략이라는 점에서 효율성, 합리성과 진정성을 동시에 확보하게 되었다(나종연 외, 2014).

아울러 사회적 책임은 기업의 일방향적인 자선이나 선행 활동이 주류를 이루면서 그 과정에서 소비자들이 동참하거나 소비자 여론이 반영될 가능성이 극히 제한적이었지만, 공유 가치 창출에서는 소비자들도 기업의 사회적 활동에 적극 동참하여 기업과의 협력·연계 하에 올바른 공공의 가치를 만들어 가는 쌍방향적 활동과 의사 소통이 보다 중시됨으로써, 공유 가치 창출은 사회 구성원들과 기업과의 관계 면에서도 사회적 책임의 한계를 극복할 수 있게 되었다(김재균, 2016).

이처럼 공유 가치 창출 활동은 기업과 사회가 공공의 가치를 중심으로 하나로 수렴되는 전략적 '동반자 관계'를 구축함으로써, 20세기 자본주의의 주류를 이루었던 과열 경쟁 구조를 벗어나서 기업의 비즈니스 능력과 기업을 둘러싼 국가·사회의 성장 동력이 상호 조화와 협력을 이루는 상생 및 동반 성장 구조를 지향하게 된다(정진섭·이민재, 2012). 이러한 구조 변화를 통해 결과적으로 공유 가치 창출 활동은 21세기의 자본주의를 한 단계 성숙·진화시키는 데에도 기여할 것으로 전망된다.

기업과 기업 구성원, 주주, 협력사, 소비자 등 다양한 이해 관계자들이 함께 협력하고 소통하면서 공유 가치를 창출하고, 그 가치가 기업의 경제적 가치와 사회의 공공적 가치로 이상적으로 배분되며, 그를 통해 기업과 사회 모두의 균형적, 상생적 성장을 달성하는 것이 공유 가치 창출 활동의 궁극적인 지향점이라고 할 수 있다(김세중 외, 2012).

아울러 이 같은 공유 가치, 공공 가치는 기업의 순조로운 발전이 주변 환경과 사회의 동반 발전을 가져오고, 환경과 사회의 발전이 다시 기업 발전으로 환원되는 선순환 구조를 창출함으로써, 개별 기업들은 물론, 전체 산업계, 사회, 국가가 모두 더불어 성장하는 포용적, 총체적 성장 국면을 생성하게 된다(박병진·김도희, 2013). 이런 점에서 공유 가치 창출 활동의 미래 지향적인 가치와 효과를 확인할 수 있다.

한편, 공유 가치 창출 활동이 사회적 책임 활동과 구별되는 가장 큰 차이점은 공공 가치와 비즈니스 간의 연계성이다. 사회적 책임 활동은 비즈니스나 마케팅 영역을 통해 획득한 사업적 이윤의 일부를 사회적 선행에 투입·사용하는 구조로서, 그 사회적 선행은 대부분 기업들의 주력 비즈니스 영역과는 무관한 선심성(善心性), 시혜성(施惠性)의 보상 혹은 환원 행위이기 때문에, 이 과정에서 사용되는 기업의 비용은 회수되거나 복원되지 않는 소모성 비용이 된다(문성준, 2015). 이 같은 성격 때문에 사회적 책임 활동의 지속가능 여부 및 기업에 미치는 부정적인 영향과 관련하여 많은 비판이 제기되었던 것이다.

이와는 달리 공유 가치 창출 활동은 사업적 이윤 창출을 사회 공공의 가치와 연동시켜 양자를 동시에 달성하는 방법을 모색하고 실천하는 것이다(Porter, Kramer, 2011). 서론에서 예를 든 것처럼, 필츠 코리아는 B2B 고객들을 대상으로 한 안전 시스템 구축, 안전 컨설팅 등의 주력 비즈니스 영업을 통해 이윤을 거두고 사회의 안전 문화 정착에도 기여하였다. 이처럼 기업은 사회 공공의 가치, 사회 구성원들에 대한 혜택과 편익 등을 보장하면서도 사업적, 경제적 이익도 함께 획득할 수 있는 상생적, 사회 공헌적 사업 및 투자 부문을 지속적으로 개발하고 구축해야 한다(나철희, 2018).

사회적 책임 활동은 사업적 이익의 일부분을 투입하여 사회 구성원들을 위한 혜택과 선행을 베풀고 그를 통해 기업의 사회적 책임을 이행하는 구조이기 때문에, 사회적 책임의 세부 영역과 기업의 핵심 역량 간에는 연관성이 거의 없거나 매우 낮다고 볼 수 있다. 이에 비해 공유 가치 창출 활동은 비즈니스나 마케팅 전략 수립의 초기 단계부터 경제적, 사회적 가치를 함께 고려하기 때문에, 기업 핵심 역량과의 연관성이 매우 높다고 볼 수 있다.

또한, 기업의 사회적 책임 활동은 사업적 이윤의 일부분을 소모적, 일방향적으로 사용해야 하기 때문에 사회적 책임을 위한 '사업 외 예산'을 별도로 편성해야 하고, 따라서 가용 자원도 한정적, 제한적이지만, 공유 가치 창출 활동은 그 자체로 기업 경영 활동의 일부분이기 때문에, 전략 추진과 목표 달성을 위해 많은 인적, 물적 자원과 사업 예산을 편성·투입할 수 있어서 가용 자원이 풍부하고 장기적, 지속적 투입도 가능하다(박희순, 2018). 또한 이렇게 투입된 예산은 새로운 경제적, 사회적 이윤과 가치를 창출함으로써, 지속적인 재투자, 재투입을 보장할 수 있다.

지금까지 살펴본 사회적 책임과 공유 가치 창출 활동의 내용과 효과를 상호 비교해서 정리해 보면, 아래와 같다.

〈표 5-1〉 사회적 책임과 공유 가치 창출의 비교

구분	사회적 책임	공유 가치 창출
추구하는 가치	기업의 사회적 책임, 기업 이윤의 사회 환원 및 보상	기업의 경제적 이윤과 사회의 공공 가치의 조화, 상생.
활동 영역	선심성, 시혜성 자선 활동	경제적, 사회적 가치를 동시에 지닌 미래 지향적 사업 및 투자 활동.
이윤 추구 여부	이윤 추구, 이익 극대화 등과는 무관한 비즈니스 외 활동.	이윤 추구, 이익 극대화를 위한 활동, 기업 비즈니스의 중요한 구성 요소.
결정 과정	사회적, 대외적 요구나 기업 외적인 상황에 의해 활동의 세부 내용이 결정됨.	기업의 내부 상황이나 비즈니적 필요성에 의해 활동의 세부 내용이 결정됨.
비용 편성	경영 활동 등에 의해 사회적 책임에 투입 가능한 비용이 제한됨.	공유 가치 창출 활동을 위해 기업 예산과 자원을 필요한 만큼, 제한 없이, 지속적으로 편성·투입 가능함.
활동 결과	사회적 책임에 투입된 비용은 회수되거나 새로운 이윤을 창출하지 못함.	공유 가치 창출에 투입된 비용으로부터 새로운 경제적, 사회적 이윤을창출 가능.

출처 : Porter, Kramer, 2011을 참조하여 재구성함.

5

기업의 공유 가치 창출
활동의 실천 전략

공유 가치 창출 개념의 창시자인 포터와 크래머는 공유 가치 창출 활동을 위한 세 가지 실천 전략을 제시하였다. 이에 대해 정리해 보면, 다음과 같다.

첫 번째, 기업 경영 활동의 핵심적 요소인 제품과 시장(Products and markets)을 효율적으로 분석하고 파악해야 한다. 기업은 효과적인 공유 가치 창출 활동을 위해 새로운 관점에서 제품과 시장을 관찰하고 해석하며 대응할 필요가 있다. 특히 시장의 충족되지 못한 요구를 정확하게 인지하고 기민하게 수용·해결함으로써, 보다 많은 경제적 가치와 사회 공공의 가치를 구현하고 창출하기 위해 노력해야 한다(최재백, 2016).

과거에는 기업들이 관심을 두지 않았던 다양하고도 참신한 사업들, 즉 저소득층의 니즈를 충족시키는 제품의 개발 및 생산, 지역 소외 계층을 위한 일자리 창출 등을 예로 들 수 있는데, 이처럼 각계각층의 다양한 소비자들에게 적절한 혜택과 편익을 제공하는 과정을 통해 기업은 높은 사회적 가치를 창출하는 동시에 경제적 수익도 획득해야 한다(김성규, 2014).

두 번째, 가치 사슬의 생산성(Productivity in the value chain)을 개선·향상시켜야 한다. 예컨대, 특정 기업이 신제품을 개발하기 위해서는 제품의 기본 성능을 유지하면서도 누구나 부담 없이 구입할 수 있는 합리적인 비용 구조를 구축해야 한다. 이 과정에서 효율적인 자원 활용 및 배분, 운송 비용 절감, 제품 생산 프로세스 혁신, 제품 생산 시간의 단축, 유통 경로 혁신 등 기업의 경제적 가치를 창출하는 세부 절차에 대한 전반적인 혁신과 개혁, 조정 등을 통해 불필요한 비용 소모를 방지함으로써 기업의 가치 사슬의 합리성, 효율성을 재고해야 한다(조형례 외, 2011).

세 번째, 지역 클러스터 개발(Local cluster development)을 촉진해야 한다. 기업이 우수한 경쟁력을 확보하고 사회와 상생하면서 동반 성장하기 위해서는 기업이 위치한 지역사회에서 필요한 정보나 지식, 적절한 인적, 물적 자원을 신속히 공급하고 지원할 수 있는 연구소, 대학, 유통망, 부품업체 등이 복합적으로 융합된 생산 클러스터를 형성함으로써 효율적 산업 운영 인프라를 구성해야 한다(양승훈·김병용, 2015). 이를 통해 불필요한 간접 비용을 제거하고 해당 지역에서 고용 창출과 소득 증대를 이루는 등 경제적 가치와 사회적 가치를 동시에 충족시킬 필요가 있다.

이상과 같은 세 가지 영역의 공유 가치 창출 실천 방안들은 상호 분리된 것이 아니라, 서로 긴밀하게 연결·연계된 방안이라고 볼 수 있다. 즉, 합리적인 지역 클러스터의 개발 및 구축은 가치 사슬 생산성을 전반적으로 향상시키고, 향상된 가치 사슬 생산성은 제품과 시장에 대한 합리적인 인식과 분석에 직접적인 도움을 주게 된다.

이처럼 기업은 제품과 시장에 대한 인식 강화, 기업을 둘러싼 가치 사슬 생산성의 향상 및 지역 클러스터의 개발·구축 등을 통해 공유 가치 창출 활동을 더욱 성공적으로 영위하고 실천할 수 있다.

6 기업의 사회적 책임과 ESG의 비교

　현대사회에서 기업은 사회와 긴밀한 계약 관계를 맺고 있으며, 이 관계의 측면이 자본주의의 확대에 따라 경제적 측면에 더하여 사회적 측면까지 확장하였다. 그러면서 기업의 사회적 책임(CSR)이 요구되기 시작하였고 그 가운데 지속가능성을 중심으로 계속해서 사회적 책임이 확장되어 갔다. 현대사회에서는 기업의 지속가능한 사회적 측면을 판단하는 기준을 다시 환경, 사회, 지배구조로 세분화하였으며 이것이 바로 ESG로 정의되면서 기업을 평가하는 하나의 요소로 활용되기 시작하였다.

　현재 기업의 사회적 책임(CSR)과 ESG를 구분하는데 핵심이 되는 것이 바로 '관점'이다. 기업의 사회적 책임(CSR)과 ESG 둘 다 지속가능성을 중심으로 사회적 계약에 참여한다는 점에서 그 의미가 유사하다고 할 수 있다.

　그러나 기업의 사회적 책임(CSR)은 기업의 이미지 제고 및 평판 향상에 그 효과를 집중시켜 '기업 시민'으로서 자발적인 활동을 한다는 관점을 가진다면, ESG는 투자자가 기업의 환경·사회적 책임·지배구조 활동에 대한 결과를 정량적으로 산출하여 최종 투자를 결정하는 데 비재무적 요소로 활용하는 관점에서 차이가 있다.

제6장
ESG 지배구조 관련 규정

1 기업지배구조의 정의

세계 경제의 글로벌화에 따라 안정적인 국제 투자 관행을 확립하고 기술혁신·자본자유화 등 기업환경의 급속한 변화에 따라 기업지배구조 확립의 필요성이 제기되었다. 경제와 자본시장의 국제화가 가속화되면서 건전한 기업지배구조에 대한 국제규범을 만들어야 한다는 견해로 발전되기도 했다. 이에 따라 ESG에 기업지배구조가 중요한 항목으로 자리를 잡았다.

기업지배구조(Corporate Governance)는 기업 경영에 직접·간접적으로 참여하는 경영진(대주주 포함), 소액주주, 채권자, 근로자 등 이해 집단 간의 이해관계를 조정하고 규율하는 제도적 장치와 운영 메커니즘을 말한다. 즉, 기업을 다스리는 구조가 어떻게 되어 있느냐는 것이다.

기업지배구조는 기업소유구조보다 광의의 개념으로, 기업의 소유구조뿐만 아니라 주주의 권리, 주주의 동등 대우, 기업지배구조에서 이해관계자의 역할, 공시 및 투명성, 이사회의 책임, 기업 내부의 의사결정시스템은 물론 시장에 대한 규제, 금융 감독체계, 관행 및 의식 등을 포괄하고 있다. 기업지배구조는 좁게는 기업경영자가 이해관계자, 특히 주주의 이익을 위해 역할을 다할 수 있도록 감시 통제하는 체계를 의미한다.

기업지배구조 개선 방법으로는 사외 이사제도 도입, 소액주주 권한 강화, 회계 감사제도 강화, 금융감독체계 강화 등이 있다. 우리나라의 경우 기업지배구조 개선작업은 소유와 경영의 분리, 사외 이사제도 도입, 감사의 독립성 제고, 회계제도의 선진화, 주주 권리의 강화, 금융감독체계 강화 등을 중심으로 진행되고 있다.

2 기업지배구조의 역사

　기업지배구조가 등장하게 된 것은 미국을 중심으로 하는 선진국에서 합리적이면서 우수한 기업지배구조가 기업경쟁력의 원천이며 국가 경제의 장기적으로 안정적인 성장을 가져온다는 인식이 확산되었다. 이러한 인식이 세계경제와 자본시장에 널리 퍼지면서 건전하고 합리적인 기업지배구조에 대한 국제규범을 만들어야 한다는 견해로 발하였다.

　이에 따라 1995년에 경제협력개발기구(OECD)에서는 기업지배구조의 중요성을 인식하여 각료이사회에서 기업지배구조원칙을 확정하고 회원국에 기업지배구조원칙을 지켜나가는 정책을 권고하였다. 기업지배구조원칙의 내용은 1) 효과적인 기업지배구조 체계 구축을 위한 기초 강화, 2) 주주권, 주주평등 및 주요 지분 기능, 3) 기관투자자, 주식시장, 기타 중개기관, 4) 기업지배구조 내에서 이해관계자의 역할, 5) 공시와 투명성, 6) 이사회의 책임이라는 6개의 장(章)으로 구성되어 있다.

　한국에서는 1997년 외환위기 때 IMF로부터 구제금융을 받으면서 그 양해각서에 한국 기업지배구조의 개선을 하도록 규정하였으며, 이에 대하여 세계은행(IBRD)은 97년 외환위기 직후 한국 정부에 금융과 기업구조조정을 위한 기술 차관 명목으로 4,800만 달러 차관을 제공했다. 이 가운데 45만 달러는 기업지배구조 개선용으로 지정되어 건전한 기업지배구조의 개선 작업이 진행되었다.

이후부터 정부도 기업경쟁력의 원천이며 국가 경제의 장기적으로 안정적인 성장을 위하여 국내 기업들이 기업지배구조를 개선하기 위하여 개선안 마련, 사외 이사제도 강화, 감사위원회 설치, 집단소송제, 대표소송제 등을 꾸준히 추진해오고 있다.

이후 국제사회에서 기업지배구조에 대한 논의가 더욱 활발하게 이루어져 2016년 8월, 미국 주요 상장기업 및 기관 투자자의 CEO들이 건전하고 장기 지향적인 기업지배구조의 기본 프레임 워크를 제공하는 목적으로 발표한 자료를 한국 딜로이트 안진회계법인 기업지배기구발전센터에서 번역, 정리하여 '기업지배구조의 기본원칙'을 마련해서 모든 기업들은 기업지배구조의 개선을 위해서 노력하고 있다.

이처럼 세계적으로 기업지배구조의 중요성이 높아짐에 따라서 국제통화기금(IMF)과 세계은행(IBRD)도 기업지배구조원칙을 회원국의 정책 권고의 준거로 활용하고 있으며, ESG에도 기업지배구조가 중요한 항목으로 자리를 잡았기 때문에 앞으로는 사실상의 기업이 투자를 받거나 세계화를 위해서는 반드시 지배구조를 해야 하는 구속성을 가진 국제기준이 될 전망이다.

3 기업지배구조 사례

가. SK주식회사의 지배구조 사례

1) 이사회 중심 경영

• 2021년, 여성 사외이사 신규 선임을 통해 이사회 다양성 확대 및 여성에 대한 이해를 바탕으로 한 소통능력 강화

• 월 1회 정기 이사회 개최, 필요시 임시 이사회 수시 개최

• 의결은 재적 이사 과반수 출석과 출석이사 과반수 찬성으로 의결(관련 법령 또는 이사회의 별도 결의요건이 없는 경우)

• 사외이사의 경우 독립성을 보장하기 위해 기본 급여 외 성과 평가에 따른 보수는 별도 지급하지 않음

2) 지배구조 선진화

• 이사회의 효율적이고 체계적인 운영을 위해 2020년 3개에서 2021년 4월 현재 4개의 이사회 산하 위원회 운영

• 독립적 위원회 운영을 위해 대부분 사외이사로 구성

• 2021년부터는 이사회 내 ESG 논의 및 경영 투명성 강화를 위해 ESG 위원회, 인사위원회 신설 등 지배구조 정비

3) 경영진 성과평가 및 보상

• 최고 경영진 보수는 경영성과에 대한 효율적 측정을 거쳐 주주총회의 승인을 얻은 이사 보수 한도 내에서 지급

• 2019년부터 최고 경영진을 포함한 전 임원들의 성과평가(KPI)에 매출, 영업이익, 부채비율, 총 주가수익률, 성장률 등 재무적 요소(50%) 외 ESG 경영관리 수준 및 SV 성과 제고에 대한 항목을 정량화하여 성과 평가에 반영하였음

4) 윤리경영 및 반부패

• SKMS 기반의 윤리규정 제정/개정을 통해 구성원이 직무수행과 관련 윤리적 갈등 상황에 놓이게 될 경우, 윤리규정을 기준으로 판단하고 행동하도록 함

• 윤리규정은 구성원, 고객, 사회, 회사/주주 각각에 대한 윤리와 제보자 보호 영역으로 구성되어 있음

• 각 영역에서는 구체적인 실천 내용을 가이드북을 만들어서 관련자에게 배포하여 공유함

나. 삼성SDS의 지배구조 사례

1) 임직원 커뮤니케이션

① 조직문화 TF 운영

• 삼성SDS는 반기별로 조직문화 TF를 구성 및 운영하여 임직원들의 자발적인 조직문화 개선을 지원하고 있음

② 스마트한 근무 문화 조성

• 변화하는 환경과 문화에 발맞추어 스마트한 근무 문화를 정착시킬 수 있는 다양한 캠페인을 진행하고 있음

• 환경보호와 업무 효율을 동시에 고려한 'Paperless 캠페인'을 전개하였음

• 비대면 업무 상황에서의 에티켓에 대한 '비대면 근무 에티켓 캠페인' 등을 실시함

③ 수평적 조직문화
• 삼성SDS는 2019년 3월부터 수평적, 상호 존중 문화 정착을 위해 '프로' 호칭 사용을 전사로 확대 적용함
• 수평적 조직문화의 정착과 지속적인 개선을 위해 챗봇을 활용하여 임직원들의 의견에 귀 기울이고 있음

2) 건전한 노사관계
① 미래공감협의회(노사협의회)
• 삼성SDS는 건전한 노사관계 구축 및 노사 간 소통을 위해 3년의 임기로 구성된 미래공감협의회를 운영하고 있음
• 사업장 및 프로젝트 방문 총 9회 시행, 해외 출장 복귀 자가격리 임직원 76명 방문, 현장 명절 격려 방문 24개 프로젝트, 간담회 약 200회를 실시함

② Change Agent(CA)
• 회사와 임직원 그리고 부서내 커뮤니케이션의 가교 역할을 수행하며 소통의 스피드와 투명성을 제고하기 위해 부서단위의 Change Agent를 운영하고 있음

③ 일과 삶의 균형
• 삼성SDS는 일과 가정의 양립을 위해 관련 법 기준 이상으로 육아와 가사 참여를 위한 제도들을 적극 도입·운영하고, 사내 어린이집 등의 복지시설 제공 등을 통해 모성보호를 적극 실천하고 있음

④ 모성보호
• 임직원들의 출산과 육아를 적극적으로 지원하여 이직 및 퇴직을 방지하고, 성공적인 일과 가정의 양립이 가능하도록 다양한 제도를 운영하고 있음

⑤ 자율출퇴근제
• 삼성SDS는 혁신적이고 창의적인 조직문화 실현을 위해 근무 시간이 아닌 업무 성과로 평가받는 것을 기본 철학으로 삼고, 출퇴근 시간을 임직원의 자율에 맡기는 '자율출퇴근제'를 2011년부터 시행했음

⑥ 입사 임직원 대상 회사 적응 지원
• 우수 인재 유지는 안정적인 회사 생활 적응에 기반함에 따라서 삼성SDS는 입사하는 모든 임직원들에게 회사 생활 관련 조언을 구할 수 있는 동 직급의 버디 멘토, 경력개발 관련 조언을 구할 수 있는 상사 멘토, 사내 정착을 위한 행정업무를 지원하는 인사 멘토 등 총 세 명의 멘토를 1년간 지정하고 관련 비용을 지원하고 있음

제7장
ESG 평가

1 ESG 평가의 필요성

ESG는 ESG 자체로 사용되기보다는 'ESG 평가', 'ESG 경영', 'ESG 지표' 등의 복합의미로 사용되고 있다. 그러면서 ESG 경영을 위한 조직 내 팀이 신설되고, 각종 연구가 진행되고 있으며 ESG 평가 지표에 대한 국가 수준의 요구가 발생하고 있다.

ESG 이슈가 등장한 이후 전 세계적으로 ESG에 대한 관심이 고조되면서 제도적 규제강화와 투자(공적투자, 민간투자)기관의 ESG 정보공개에 대한 수요가 급증하였으며, 기업들이 대응 노력도 확대되고 있다.

제도적 측면에서는 2006년 UN PRI의 지속가능성장 관련 6대 원칙이 발표된 이후 세계 주요국들은 ESG 정보공개에 대한 의무화, 공급망 실사 등을 통해 ESG 관련 규율을 강화하고 있는 추세이다.

투자 측면에서는 글로벌 연기금 기관들의 ESG를 내재화한 책임 투자가 보편화되고, 자산운용사 및 신용평가사 등 민간투자 기관들도 ESG를 기업의 미래가치로 인식하면서 기업 ESG 정보공개 수요가 급증하고 있다.

민간 측면에서는 기업의 ESG 관련 정보공개 요구가 증가하고 평가가 확대되면서, 평가·컨설팅·자문을 수행하는 평가기관들이 급증하고 있을 뿐만 아니라, 산업 단위의 협·단체 수준에서 목적을 해결하기 위하여 단체를 출범하는 등, 자발적 대응과 노력이 확대되고 있는 추세이다.

국내에서는 2011년을 기점으로 ESG 평가가 시작되었다. 한국ESG기준원은 2003년에 국내 상장기업의 공시자료를 바탕으로 G(지배구조) 부분에 대한 평가를 실시해 왔다. 그러다가 2011년부터는 E(환경) 부분과 S(사회) 부분을 추가하였고, 등급 체계에도 8단계, 5단계 등을 거쳐 현재는 7단계 체계(S, A+, A, B+, B, C, D)로 평가하고 있다.

    2021년 1월 한국거래소에서 ESG 정보공개 가이던스를 제정하면서 상장사가 ESG관련 정보를 공개할 때 참고할 수 있도록 하였다. 금융위원회는 2030년까지 모든 기업의 ESG 공시 의무화를 위해 '기업공시제도 종합 개선방안'을 발표하였다. 이제 모든 기업이 ESG 경영을 고려할 때가 된 것이다.

    2021년 3월 제 48회 상공의 날 기념식에 참석한 문재인 대통령은 "이제 경제 반등의 시간이 다가왔다. 경제 회복이 앞당겨지고 봄이 빨라질 것이다. (중략) 환경(E), 사회(S), 지배구조(G) 같은 비재무적 성과도 중시하는 ESG라는 따뜻한 자본주의의 시대를 열어야 할 때이다."라고 언급하였다. 또한 2021년을 '모두를 위한 기업 정신과 ESG 경영' 확산의 원년으로 삼고 더 많은 기업들이 참여하도록 힘껏 돕겠다고 하면서 지속가능경영보고서 공시제도를 개선하고, ESG 표준 마련과 인센티브 제공도 추진하겠다고 공표하였다.

    민관 합동으로 대통령 직속 탄소중립위원회를 출범하여 기후변화 대응, 탄소중립 실현을 위해 산업계와 긴밀히 소통하고 협력할 것이라며 ESG와 더불어 새로운 자본주의 시대의 도래를 재촉하였다.

2 | ESG의 평가 요소와 동향

    기관투자자들은 주로 기업의 성장 가능성이나 경제적 가치를 추구하는 기업에 관심을 갖고 주가수익률(Price Earning Ratio : PER), 주가순자산비율(Price Book-value Ratio : PBR), 자기자본이익률(Return On Equity : ROE) 등 전통적인 재무지표를 참고하여 투자를 진행하였다.

    그러나 현대사회에 접어들면서 기업의 사회적 책임을 요구하는 문화가 국제 수준에서 형성되고, 재무적 위험 관리 요소뿐만 아니라 비재무적 위험 관리의 필요성이 증대되었다. 또한 지속가능한 기업인지 분별하고자 하는 노력이나 평가가 진행되면서 비재무적 기준이 중시되기 시작하였다. 이는 비재무적 요소들을 잘 다루는 기업이 장기적인 관점에서는 재무성과도 우수했기 때문이다.

    현재 ESG 경영, ESG 평가, ESG 투자에 대한 급속도의 관심이 생기면서 기업의 ESG를 평가하기 위한 ESG 평가기관들이 우후죽순처럼 생겨나고 있다. 그러나 평가기관마다 기준이 상이하다 보니 그 등급의 차이도 심각한 경우가 많다.

    우리나라의 ESG 대표기관인 한국ESG기준원의 ESG 평가 요소는 다음과 같다.

    환경 카테고리에서는 환경경영, 환경성과, 이해관계자 대응을 중심으로, 사회 카테고리에서는 근로자, 협력사 및 경쟁사, 소비자, 지역사회를 중심으로, 지배구조 카테고리에서는 주주 권리 보호, 이사회, 감사기구, 공시를 중심으로 ESG를 분류하고 평가한다. 모든 ESG 평가기관이 이런 분류체계를 따르는 것은 아니나, 전체적으로 의미하는 바나 추구하는 사항은 유사하다.

〈표 7-1〉 ESG와 기업의 장기적 성장

환경(E)	사회(S)	지배구조(G)
[환경경영] 환경조직 목표 및 계획 수립 친환경 공급망 관리 수자원/ 폐기물 관리 기후변화 환경위험 관리 성과평가 및 감사	[근로자] 고용 및 근로건 노사관계 직장 내 안전 및 보건 인력개발 및 지원 직장 내 기본권	[주주권리보호] 주주권리의 보호 주주권 행사의 편의성 소유구조 경영과실 배분 계열회사와의 거래
[환경 성과] 수자원/ 폐기물 관리 기후변화 환경위험 관리 친환경 제품 및 서비스	[협력사 및 경쟁사] 공정거래 부패방지 사회적 책임 촉진	[이사회] 이사회 구성 및 운영 이사회 평가 및 보상
[이해 관계자 대응] 환경 보고 이해관계자 대응 활동	[소비자] 소비자에 대한 공정 거래 소비자 안전 및 보건 소비자 개인정보 보호	[감사기구] 이사회 내 위원회 감사기구 구성 감사기구 운영
	[지역사회] 지역사회 참여 및 사회공헌 지역사회와의 소통	[공시] 공시 일반 홈페이지 정보공개

출처 : 한국ESG기준원, 2020 자료 재구성

ESG 경영은 앞으로도 역사에 근거하여 새로운 세부 전략과제들을 도출할 것이다. 기업 수준을 넘어서서 국가 수준에서 ESG 국가경영이 이루어지고, 더 나아가 ESG 글로벌 아젠다가 수시로 등장할 것이다. 세계 흐름에 따라 ESG 중 특정한 요소가 강화될 수도 있고, 또는 새로운 요소가 추가되거나 대체될 수도 있다. M&A, 투자, 심사, 진단 부분에서 ESG 요소가 핵심적으로 활용될 것이다.

3 ESG 한국형 평가 모델의 필요성

국내에서는 여러 기관들이 ESG 표준 모델의 주도권을 확보하기 위해 경쟁에 나섰다. 한국형 ESG평가 모델을 정교하게 개발하여 보급하려는 발걸음이 빠르다.

법정 민간경제단체인 대한상공회의소는 산업통상자원부와 생산성본부 등과 함께 한국형 ESG 경영 성과 지표를 수립하는 작업에 착수하였고, 2021년 5월 산업통상자원부는 K-ESG 지표의 첫 초안을 공개하였다. 산업통상자원부는 "국외 ESG 지표는 우리나라의 경영환경 및 특수성을 고려하지 않아 국내기업에 역차별을 야기할 가능성이 있다."라고 말하면서 "K-ESG는 우리 업계의 ESG 평가 대응능력 강화에 기여할 것"이라고 밝혔다.

한국경제신문은 한경 ESG 평가 모델을 연세대, IBS컨설팅 등과 공동 개발하였다. 환경(55개), 사회(29개), 지배구조(28개)에 더하여 부문별로 사회적 논란(34개)을 추가한 150여 개의 지표이다.

사회적 논란은 국내에서 중요하게 다뤄지는 이슈를 평가하는데, 예컨대 환경 부문 지표에서 화학물질이나 유독가스 및 독극물 누출에 대한 이슈가 없는지 확인하는 것이다. 사회 부문 지표에서 산업재해가 얼마나 어떻게 발생하였는지 등을 확인할 수 있다. 한경 ESG 평가 모델은 환경과 사회의 비중이 높으며, 업종별 특성에 따라 서로 다른 지표를 잣대로 평가한다.

매경미디어그룹은 2021년 3월 성공적인 한국형 ESG 모델을 만들겠다며 ESG 민간협의체를 발족하였다. 경제단체 5곳, 금융단체 6곳으로 구성된 이 민간협의체는 글로벌 ESG 경영 연구를 통해 한국형 성공 모델을 도출하기 위해 협력한다.

국민연금공단도 『국민연금이 함께하는 ESG의 새로운 길』이라는 책을 출판하면서 한국형 ESG 모델을 마련하겠다고 밝혔다. 국민연금의 ESG 투자 확대는 장기 수익률과 안정성을 높여 국민 노후 자산을 수호하는 공단의 본질적 사명에 잘 부합한다며 국내 ESG 생태계를 활성화 하겠다고 밝혔다.

한국경영자총협회는 삼성전자, 기아, SK, LG, 롯데 등 내로라하는 주요 기업 사장 급으로 구성된 ESG 경영위원회를 출범했으며, 각 사별로 ESG 전담 부서장이 참여하는 실무위원회를 통해 ESG 평가지표 마련에 속도를 내겠다고 하였다.

ESG라는 키워드의 등장에 국내 기관들이 신속하게 움직이는 것처럼 보이지만, 사실상 국내에서는 여전히 생소한 개념으로 존재하고 있으며, 아시아 지역에서도 ESG 도입이 늦은 편에 속한다.

이웃 나라 일본의 경우 2018년 ESG 투자 자산 잔액이 2,700조에 달했다. 일본 기업의 ESG 채권 발행액도 2014년 338억 엔에서 2019년 8,454억 엔으로 5년간 약 25배가량 증가하였다. 중국은 30년간 약 100조 위안(1경 7,000억 원)을 친환경에 투자하고 2060년 탄소중립을 선언하면서 ESG 강자로 합류하고자 한다.

현재 존재하는 대표적인 ESG 평가기관은 모두 독립적인 방식으로 평가하고 있다. 또한 현재 참고하고 있는 평가 등급은 한국ESG기준원을 제외하면 거의 글로벌 기관이 제공한 평가 등급이다. 따라서 한국형 ESG 평가 모델 수립에 심혈을 기울여, 국내 기관의 평가를 국내 실정에 맞게 할 필요가 있다. 더 나아가 글로벌 수준에서도 한국형 ESG 평가 모델을 유연하게 적용할 수 있도록 고려하면서 지표를 개발하는 것이 필요하다.

다행히도 국제회계기준재단(IFRS)이 전 세계적으로 사용할 수 있는 ESG 공시 표준을 제정하기 위해 설립한 국제지속가능성표준위원회(ISSB)가 2022년 3월 말 공시 표준 초안을 발표하였다. ISSB는 초안 공개 후 세계 주요국 전문가 및 관계 당국의 의견 수렴을 거쳐 2023년 하반기에 표준안을 확정 발표할 예정이다.

4 ESG 환경 부문 준수 요구 사항

환경 부문에서 ESG를 도입하기 위해서는 다음과 같은 요구를 준수해야 한다.

가. 환경 경영 목표 수립

- 기업이나 조직이 책임 있는 환경 경영을 수행하기 위하여 환경 경영의 방향성을 명확히 설정하고, 환경 경영이 효과적으로 수행하기 위하여 효율적인 자원 배분이 이루어지고 해야 한다.
- 기업이나 조직이 외부에 미치는 환경에 대한 영향을 최소화하고 내부 환경 성과를 향상시키기 위한 구체적인 계획을 마련해야 한다.
- 기업이나 조직이 수립한 환경 분야 단기/중장기 목표는 이론적이 아니라 구체적이어야 하며, 목표의 실천 가능성에 대한 수준을 확인할 수 있어야 한다.
- 목표는 조직이 의도적으로 달성하고자 하는 상태를 말하며, 조직의 성과와 관련된 업무 활동의 직접적인 선행조건이다. 조직은 내부 성과 관리와 대외신뢰성 관점을 고려하여 다음의 조건을 충족하는 목표를 수립해야 한다.
- 회사에서 에너지 사용량 절감, 재생에너지 투자 확대, 온실가스 배출량 감축, 탄소중립 기술 개발, 폐기물 발생량 저감, 생분해 플라스틱 도입, 재사용 용수 확대, 원자재 효율적 투입, 삼림 및 토양 복원, 생물다양성 증진, 친환경 공급망 구축, 대기/수질/토양 오염 감소, 유해물질 감소, 제품 환경 라벨링 등에 기여해야 한다.

나. 환경 경영 추진체계 구축

- 기업이나 조직이 환경 상태를 향상시키고, 환경 개선 등의 경영활동으로 인하여 환경 영향을 관리하고, 원부자재/에너지/폐기물 등을 효율적으로 관리해야 한다.

- 국제사회 등 이해관계자의 환경 영역에 대한 요구 사항에 대응을 위해 체계적으로 환경 경영을 추진하고 있어야 한다.

- 국내외 규격에서 제시하는 환경 경영 시스템 구성요건을 기준으로 기업이나 조직이 이를 따르거나, 준용하여 환경 경영 추진체계를 갖추고 있어야 한다. 구체적인 환경 경영 추진체계를 보면 다음과 같다.

  1) 조직은 목표 달성과 관련된 제반 업무를 관장하는 거버넌스 및 업무분장 체계를 구축해야 한다.
  2) 목표 달성을 위한 추진과제와 실행계획을 수립해야 한다.
  3) 목표 달성에 필요한 새로운 기술 및 활동을 발굴하고 투자해야 한다.
  4) 목표 대비 이행현황을 점검 및 피드백할 수 있는 기능을 도입해야 한다.
  5) 목표 이행현황은 경영진 및 구성원 성과지표(KPIs)에 반영해야 한다.

다. 원부자재 사용량 관리

- 조직이 이윤을 창출하기 위한 재화를 생산하는 과정에서 자연으로부터 가져온 원부자재를 효율적으로 관리해야 한다.

- 조직 규모 차이(매출액, 생산량 등) 또는 사업 변동(구조조정, 인수합병 등)을 고려하여 상대적 비교 가능성이 높은 '원단위' 개념을 기반으로 원부자재 사용량을 관리해야 한다.

- 원부자재를 효율적으로 관리해야 하는 대상은 원부자재를 가공하여 제품을 대량 생산하는 광업, 제조업, 건설업, 전기/가스/증기업 등의 제조업으로 한정할 수 있으나, 넓은 범위로 보면 서비스 운용/제공하는 과정에서 광물, 종이, 플라스틱 등을 사용하는 도매/소매, 운수/창고, 정보통신, 금융/보험, 기타 전문 서비스업으로 확대할 수 있다.

- 원부자재는 기본적으로 재생가능 여부에 따라 재생 가능한 원부자재,

재생 불가능한 원부자재로 분류되며, 해당 원부자재의 원천(Source)에 따라 재생/재활용 원부자재, 천연 원부자재로 분류된다.

라. 재생 원부자재 비율 증가

* 지속적인 경제 성장으로 인하여 천연자원 고갈 이슈가 증가함에 따라, 원부자재 조달하여 투입하는 방식을 재생 원부자재를 사용하는 자원순환형 체계로 전환해야 한다.
* 기업이 재생 원부자재를 사용한 것은 조직이 생산하는 제품 중 재생 원부자재를 적용할 수 있는 부분을 실제 재생 원부자재로 대체하는 등의 자원순환 이행 성과를 확인할 수 있어야 한다.

$$\text{사용한 재생 원부자재 비율} = \frac{\text{사용한 총 재생 투입 원부자재}}{\text{사용한 총 투입 원부자재}} \times 100$$

마. 온실가스 배출량 감소

* 온실가스 배출량을 감소하기 위해서는 고정연소, 이동연소, 공정배출, 탈루성 배출을 감소시켜야 하며, 생산 과정에서 발생한 폐기물처리를 자체적으로 할 수 있어야 한다.

1) 고정연소 : 열에너지 또는 다른 형태의 에너지로 전환하기 위하여 제공하기 위해 설계된 연소장치로, 에너지원인 화석 연료 등의 연소가 이루어지는 공정을 말한다.

2) 이동연소 : 사업자가 소유하고 통제하는 운송수단으로 인한 연료 연소로 인해 온실가스가 발생하는 과정이다. 이는 자동차, 기차, 선박, 항공기 등 수송차량에서 연료를 소비하는 과정에서 온실가스를 배출하는 설비를 말한다.

3) 공정배출 : 작업이 진행되는 과정에서 대기 · 수질 · 토양을 오염시키거나, 소음 · 진동 · 악취 따위로 국민의 건강과 생활 환경에 피해를 주거나, 그럴 우려가 있는 물질들이 배출되는 것을 말한다.

4) 탈루성 배출 : 화석 연료의 연소를 제외하고, 채취에서 최종 소비에 이르기

까지 여러 단계를 거치는 동안 가스 형태의 연료, 휘발 성분의 물질, 또는 여러 가지 가스가 함유된 물질 따위가 배출되는 것을 말한다.

- 온실가스 배출량 산정방법 = Σ[고정연소, 이동연소, 공정배출, 탈루배출, 폐기물처리, 구매전기, 구매 열(온수, 스팀 등)]
- 조직이 탄소중립(Net-Zero)을 달성하기 위해 물리적 경계 내에서 발생하는 온실가스 배출량뿐만 아니라, 조직의 외부에서 발생하는 온실가스 배출량 감축도 관리해야 한다.
- 온실가스 배출권 거래제, 온실가스 목표 관리제, 기타 온실가스 정보를 기반으로 의사 결정하는 이해관계자가 증가함에 따라, 조직이 대외 공시하는 온실가스 배출량 데이터가 타당성/신뢰성/투명성을 확보하고 있는지 확인할 수 있어야 한다.
- 조직의 온실가스 배출량 데이터에 관해 제3자 기관으로부터 검증받는 경우, 해당 검증 의견이 갖추어야 할 형식적 요건을 점검할 수 있어야 한다.

바. 에너지 사용량 감소

- 기업이나 조직이 소유, 관리, 통제하는 물리적 경계(사업장 등) 내에서 직접 생산하거나, 외부로부터 구매하는 에너지 사용 총량을 절감하고 있어야 한다.
- 기업의 규모 차이(매출액, 생산량 등) 또는 각 기업의 사업 변동(구조 조정, 인수합병 등)을 고려하여 상대적으로 비교가 용이한 단위 당 개념의 '원단위'를 기반으로 에너지 사용량을 확인할 수 있어야 한다.
- 고체, 기체, 액체 연료 에너지 사용량 환산 방법 = 연료 사용량 × 총발열량
- 전기 에너지 사용량 환산 방법 = 전력 사용량 × 발열량(소비)

사. 재생에너지 사용 비율

- 기업이나 조직이 에너지 체계를 재생에너지로 전환하려는 노력이 있

어야 한다.

- 조직의 총에너지 사용량 대비 재생에너지가 차지하는 비율이 증가하고 있어야 한다.
- 국내 '신에너지 및 재생에너지 개발·이용·보급촉진법'에 의하면 2025년까지 대규모 발전소가 공급하는 신재생에너지 공급 의무비율(RPS)은 25%로써 수요 대비 한계가 있으므로, 해당 지표에서 다루는 재생에너지 범위는 '자가 재생에너지 발전', '녹색 프리미엄 요금제 사용', '재생에너지 크레딧 구매', '재생에너지 발전사업 지분 참여', '제3자 전력구매계약' 등을 포괄한다.

사. 용수 사용량

- 기업이나 조직이 용수를 공급받는 취수원을 보호하고 있는지, 또는 사업장이 위치한 지역의 수자원 고갈 리스크에 대비하고 있는지를 간접적으로 점검할 수 있는 항목으로써, 조직이 사용하는 용수 총량(신규 취수량, 내부 재사용량)을 효율적으로 관리하고 있어야 한다.
- 기업이나 조직간 규모 차이(매출액, 생산량 등) 또는 각 조직의 사업 변동(구조조정, 인수합병 등)을 고려하여 상대적 비교 가능성이 높은 '원단위' 개념을 기반으로 용수 사용량을 점검할 수 있어야 한다.

아. 재사용 용수 비율 증가

- 기업이나 조직이 도시화와 산업화 진전으로 인해 발생되는 수자원 부족 문제에 대비하여, 지속가능한 용수 순환 체계를 구축하고 있어야 한다.
- 기업이나 조직이 소유, 관리, 통제하는 물리적 경계(사업장 등) 내에서 중수도, 하폐수 처리수 재이용시설 등을 설치하여 오수(汚水), 하수, 폐수를 효과적으로 순환·재사용해야 한다.

자. 폐기물 배출량 저감

- 기업이나 조직이 소유, 관리, 통제하는 물리적 경계(사업장 등) 내에서 사업 및 영업 활동(ex. 연구개발, 제품생산/가공/포장 등 포함, 소비자가 사용 이후 폐기한 폐제품은 제외)에 따라 발생하는 폐기물을 저감해야 한다.
- 기업이나 조직간 규모 차이(매출액, 생산량 등) 또는 각 조직의 사업 변동(구조조정, 인수합병 등)을 고려하여 상대적 비교 가능성 높은 '원단위' 개념을 기반으로 폐기물 배출량을 저감시켜야 한다.

차. 폐기물 재활용 비율

- 기업이나 조직이 자원순환 경제로 전환에 동참하기 위해, 생산 단계에서부터 발생하는 폐기물을 원천 감량하는 것을 넘어서 폐기물의 순환 이용을 높여야 한다.
- 기업이나 조직이 가공–생산–보관–유통 과정에서 발생하는 폐기물이 생산 과정에 재투입되거나, 조직의 내/외부에서 2차 자원으로 재활용해야 한다.

카. 대기 오염물질 배출량

- 기업이나 조직이 소유, 관리, 통제하는 물리적 경계(사업장 등) 내에서 발생하는 대기오염물질을 지속적으로 저감하는 등 대기환경 개선을 위한 노력을 이행하고 있어야 한다.
- 「대기환경보전법」의 64개 대기오염물질 중 대다수를 구성하는 질소산화물, 황산화물, 미세먼지 배출농도를 기간별, 산업 평균과 비교하는 방식으로 점검할 수 있어야 한다.
- 13) 수질오염물질 배출량
- 기업이나 조직이 소유, 관리, 통제하는 물리적 경계(사업장 등) 내에서 최종 발생하는 수질오염물질을 저감하는 등 수자원 보호를 위한 노력을 이행하고 있어야 한다.

- 「물환경보전법」 상 수질오염물질을 대표하는 생물화학적 산소요구량, 화학적 산소요구량, 부유물질량의 배출농도를 기간별, 산업 평균과 비교하는 방식으로 점검할 수 있어야 한다.

타. 환경법/규제 위반

- 기업이나 조직이 사업을 운영하는 과정에서 준수해야 할 환경 관리법/규제를 명확하게 인식하고, 환경법/규제 리스크 해결을 위한 투자 및 개선 활동이 효과적인지 확인할 수 있어야 한다.
- 환경관련법/규제 위반 사건 중 조직의 재무구조 및 평판 관리에 상당한 영향력을 미치는 사법상 형벌, 행정상 처분(금전적, 비금전적)에 대해 가중치를 달리 적용하는 방식으로 '환경법/규제 위반'을 줄여야 한다.

파. 친환경 인증제품 및 서비스 비율

- 제품의 조달-생산-사용 등 과정에서 자원·에너지 사용, 오염물질 배출, 인체·생태계 독성 등 제품 전 과정의 환경 영향을 파악하며, 제품의 긍정적 환경 영향을 확대하고 부정적 환경 영향은 축소해야 한다.
- ISO 등 국제 인증 표준에 준하거나, 환경부 등 정부 기관에서 시행하고 있는 친환경 인증 획득 제품이 전체 제품에서 차지하는 비율을 점검할 수 있어야 한다.

5 ESG 사회 부문 준수 요구 사항

가. 목표 수립 및 공시

- 기업이 중요하게 생각하는 사회 분야의 이슈에 대하여, 재무적 가치와 사회적 가치의 균형점을 찾는 구체적인 목표를 설정하고, 이를 달성하기 위한 구체적인 노력을 해야 한다.
- ESG(지속가능경영)보고서를 통해 도출된 중요한 사회 분야 이슈에 대해서 정성/정량적인 목표를 투자자, 고객 등 이해관계자에게 공개하고 있어야 한다.

나. 신규 채용 및 고용유지

- 조직이 신규 채용을 통해 지속적 성장에 필요한 인적자본을 축적함과 동시에, 지역사회의 일자리 창출, 고용 안정성 증대에 기여하고 있는지 확인할 수 있어야 한다.
- 조직이 창출한 부가가치를 채용에 투자하고 있는지, 조직의 고용 규모가 안정적인지 점검할 수 있어야 한다.

다. 정규직 비율

- 정규직 근로자의 비율 확대가 조직과 사회의 지속가능성에 긍정적 영향을 미친다는 가정 하에 조직이 정규직 확대를 통해 지역사회의 고용 안정성 증가와 비정규직 근로자 문제에 기여하고 있는 정도를 확인할 수 있어야 한다.

- 조직의 전체 인력 대비 정규직 비율을 점검할 수 있어야 한다.

라. 자발적 이직률

- 조직의 인적자원관리 수준이 산업 평균 대비 적정한 수준을 유지하며 관리되고 있는지 확인할 수 있어야 한다.
- 구성원이 자발적으로 조직을 이동하는 자발적 이직률을 점검(산업적 특성 반영)할 수 있어야 한다.

마. 교육 훈련비

- 조직이 미래 경쟁력 및 지속가능성 확보를 위해 구성원의 교육 및 훈련에 얼마나 투자하고 있는지 확인할 수 있어야 한다.
- 상대적 비교 가능성이 높은 '원단위' 개념을 적용하여 인적자본 관리 기본 진단항목인 구성원 수 기반의 1인당 교육훈련비를 점검할 수 있어야 한다.

바. 복리 후생비

- 조직이 임직원의 업무환경 및 근무조건 개선을 통해 직원 만족도를 높이고 있는지를 점검하는 항목으로 법률상 강제성이 있는 법정 복리후생비를 제외한 조직별 복리후생비를 확인할 수 있어야 한다.
- 상대적 비교 가능성이 높은 '원단위' 개념을 적용하여 인적자본 관리 기본 진단항목인 구성원 수 기반의 1인당 복리후생비를 점검(최근 5개 회계연도의 1인당 복리후생비 추세 고려)할 수 있어야 한다.

사. 결사의 자유 보장

- 조직의 직원이 유엔 세계인권선언 제20조에서 제시하는 결사의 자유를 보장받을 수 있는지, 근로자 이해 대변 및 협력적 노사관계 형성·유지를 위한 협의기구가 있는지 확인할 수 있어야 한다.

1) 결사의 자유 보장 : 근로자가 주체가 되어 자주적으로 단결하여 근로 조건의 유지·개선, 기타 근로자의 경제적·사회적 지위의 향상을 도모함을 목적으로 조직하는 노동조합의 설립 및 정당한 노동조합 활동을 보장하고 있는지를 점검할 수 있어야 한다.

2) 노사협력 : 아울러, 「근로자참여 및 협력증진에 관한 법률」에 따른 노사 협의기구인 노사협의회의 설치 및 실질적인 운영을 통한 노사 파트너십 수준을 점검할 수 있어야 한다.

아. 여성 구성원 비율
- 조직의 중장기적 성장 및 새로운 사업 기회 발굴에 필요한 창조적이고 혁신적인 조직문화를 위해 모든 직급의 구성원 다양성이 관리되고 있는지 확인할 수 있어야 한다.
- 국내 인구 구조적 특성을 고려하여, 다수의 다양성 기준 중 성별에 따른 다양성 현황을 점검하고자 함. 이를 위해, 조직의 남성 구성원 대비 여성 구성원(또는 여성 구성원 대비 남성 구성원)이 차지하는 비율을 직급별로 점검할 수 있어야 한다.

자. 여성 급여 비율(평균 급여액 대비)
- 조직이 다양성 측면에서 소수 계층, 사회적 취약계층, 기타 단순한 신체적 차이를 사유로 급여 지급에 차별을 두는 인사제도, 고용 관행이 있는지 확인할 수 있어야 한다.
- 국내 인구 구조적 특성을 고려하여, 차별이 발생하는 다양한 사례 중 성별에 따른 급여 차이가 발생하는지 점검하고자 함. 조직의 남/녀 구성원 중 평균 급여액 미만의 급여를 받는 집단을 기준으로 급여 차이를 확인하는 항목으로써, 1인 평균 급여액 대비 '여성 1인 평균 급여액'(또는, 남성 1인 평균 급여액) 비율을 점검할 수 있어야 한다.

차. 장애인 고용률

- 장애인은 능력에 따라 보장받고, 고용되어, 유익하고 생산적인 업무를 통해 합리적인 보수를 받을 권리가 있음에 따라, 조직이 해당 권리 향상을 지원하는지 확인할 수 있어야 한다.
- 정부의 장애인 의무 고용률을 기준으로 조직이 해당 사회적 책임을 이행하고 있는지를 점검(매년 고용노동부에서 공시하는 장애인 의무 고용률과 비교)할 수 있어야 한다.

카. 안전보건 추진체계

- 조직이 산업인력 손실, 구성원 사기 저하, 생산성 및 품질 하락, 노사관계 악화 등 경제적 손실과 사회적 비용을 예방하기 위해, 안전 리스크 저감 및 건강·복지 증진 등 안전 보건 성과 개선을 체계적으로 추진하고 있는지 확인할 수 있어야 한다.
- 국내외 규격에서 제시하는 안전보건경영시스템 구성요건을 기준으로, 조직이 이를 따르거나 준용하여 안전 보건 추진체계를 갖추고 있는지 점검할 수 있어야 한다.

타. 산업재해율

- 조직의 안전보건 거버넌스 구축, 중점과제 추진, 업무시스템 구축, 성과점검 및 평가 등 안전보건 추진체계가 효과성을 나타내고 있는지 확인할 수 있어야 한다.
- 조직 구성원의 안전 보건을 위협하는 요인을 지속적으로 관리하고 재해율을 줄이기 위해 노력하고 있는지 점검(국내외 모든 구성원으로부터 발생하는 산업재해율 추이와 산업 평균 비교/분석)할 수 있어야 한다.

파. 인권 정책 수립

- 조직이 UN의 '세계인권선언' 및 '기업과 인권 이행원칙', 'ILO 핵심 협약', 'OECD 책임있는 사업을 위한 실사 가이드 라인' 등에 기반하

여, 인권경영 추진을 선언하는 대외공식적 정책을 제시하고 있는지 확인할 수 있어야 한다.

- 조직이 인권정책(Human Rights Policy)을 통해 인권 보호가 필요한 이슈에 대해 어떠한 정책적 접근하고 있는지 점검할 수 있어야 한다.

하. 인권 리스크 평가

- 조직의 사업운영과 관련되어 있는 구성원(직접고용 임직원, 협력사 근로자, 기타 사업장이 위치한 지역의 원주민 등)이 직면하거나, 또는 해당 구성원에게 잠재되어 있는 인권 리스크를 관리하고 있는지 확인할 수 있어야 한다.
- 조직이 인권 리스크 평가 체계를 구축하고 있으며, 해당 인권 리스크 평가 체계에 따라 실제 인권 리스크를 평가 및 개선하고 있는지 점검할 수 있어야 한다.

거. 협력사 ESG 경영

- 조직이 협력사가 직면한 ESG 관련 리스크를 인지하고 있는지, 협력사에 잠재되어 있는 ESG 리스크가 조직에게 전이되는 상황을 미연에 방지하기 위해 노력하는지 확인할 수 있어야 한다.
- 조직이 협력사 ESG 리스크 관리 체계를 구축하고 있으며, 해당 관리 체계에 따라 실제 협력사 ESG 리스크를 진단-실사-개선하고 있는지 점검할 수 있어야 한다.

너. 협력사 ESG 지원

- 조직이 협력사 ESG 관리에 있어 진단-평가-개선으로 이어지는 일련의 프로세스 외, 협력사가 ESG 역량을 갖출 수 있는 지원 방안을 마련하고 있는지 확인할 수 있어야 한다.
- 조직이 협력사의 ESG 지원에 대한 의지를 선언하는 것과 함께, 협력사 ESG 지원 전략과 계획이 마련되어 있는지 점검할 수 있어야 한다.

단, 조직은 협력사 ESG 지원을 위한 별도 전략 및 실행방안을 수립할 수 있으나, 조직의 일반적인 협력사 지원방안 내 ESG 관련 내용을 포함할 수도 있다.

더. 협력사 ESG 협약 사항

- 조직이 협력사 ESG 지원을 상생 및 동반성장에 필요한 핵심 요소이자, 사회적 책무로 인식하고 있으며, 이를 위해 중장기적으로 협력사의 성장과 혁신에 필요한 지원을 다각적으로 추진하고 있는지 확인할 수 있어야 한다.
- 조직이 중장기적으로 안정적이고 지속가능한 협력사 ESG 지원 의지가 있는지 확인할 수 있는 항목으로써, 협력사와 체결한 협약사항을 점검할 수 있어야 한다.

러. 전략적 사회 공헌

- 조직이 지역사회로부터 사업을 운영할 권리(License to Operate)를 획득함과 동시에, 지역사회 일원으로서 공동의 환경/사회 문제 해결에 필요한 활동에 앞장서는 등 전략적 사회공헌을 추진하고 있는지 확인할 수 있어야 한다.
- 조직이 사업적 필요와 사회적 기대를 충분히 고려한 사회공헌 추진방향을 수립하고 있으며, 해당 방향에 따라 사회공헌 프로그램이 운영되고 있는지 점검할 수 있어야 한다.

머. 구성원 봉사 참여

- 조직이 봉사활동 프로그램을 기획하여 구성원의 강제적 참여를 요구하는 방식에서 벗어나, 봉사활동 참여 의지가 있는 구성원의 니즈를 충족시켜주기 위해 조직이 기여하는 수준을 확인할 수 있어야 한다.
- 구성원의 자율적 봉사활동을 지원하는 인센티브 제도를 운영하고 있는지 점검(다양한 형태의 봉사활동 참여 인센티브 제도가 운영되고

있는지 확인)할 수 있어야 한다.

버. 정보보호 시스템 구축

- 조직이 보유하고 있는 정보통신망 및 기타 정보자산 등의 안정성 이슈가 강조되고 있음. 이에 따라, 정보자산 해킹, 네트워크 침입 등의 외부 공격과, 물리적/인적 오류로 인해 발생하는 장애에 대응할 수 있는 체계를 갖추고 있는지 확인할 수 있어야 한다.
- 정보보호 최고책임자(CISO) 선임, 정보보호 시스템 인증, 모의해킹 등 취약성 분석, 정보보호 공시 이행(의무 또는 자율), 정보보호 시스템 사고에 대비하기 위한 보험가입 여부 등을 점검할 수 있어야 한다.

서. 개인정보 침해 및 구제

- 조직이 관리하고 있는 고객, 협력사 등 다양한 이해관계자의 개인정보 침해에 대한 법/규제 요건을 명확하게 인식하고, 개인정보 침해 사건이 발생하였을 경우 이에 대한 구제 활동을 추진하는지 확인할 수 있어야 한다.
- 정보보호법상 형벌, 행정상 처분(금전적, 비금전적)에 대해 가중치를 달리 적용하는 방식으로 '개인정보 침해 및 구제' 현황을 점검할 수 있어야 한다.

어. 사회법/ 규제위반

- 조직이 재화와 용역을 제공하는 과정에서 준수해야 할 법/규제 요건을 명확하게 인식하고, 법/규제 리스크 해결을 위한 사회영역의 투자/유지/보수 활동을 추진하고 있는지 확인할 수 있어야 한다.
- 사회영역 관련 법/규제 위반 건 중 조직의 재무구조 및 명성 관리에 상당한 영향력을 미치는 사법상 형벌, 행정상 처분(금전적, 비금전적)에 대해 가중치를 달리 적용하는 방식으로 점검할 수 있어야 한다.

6 ESG 지배구조 부문 준수 요구 사항

가. 이사회 내 ESG 안건 상정

- 조직의 최고 의사결정 기구인 이사회 또는 산하 위원회가 ESG 관련 안건을 보고받고 있으며, 특히 중대한 ESG 안건에 대해서는 심의/의결하고 있는지 확인할 수 있어야 한다.
- 이사회 또는 산하 위원회를 통해 조직의 ESG 경영이 효율적으로 관리 및 감독되고 있는지 점검하기 위해 1) 활동 내역, 2) 운영 규정의 2가지를 구비해야 한다.
- 조직은 ESG 안건을 다루기 위해 이사회 산하에 'ESG위원회'를 설립할 수 있으나, 이사회 또는 기존의 산하 위원회(사회책임위원회, 투명경영위원회, 거버너스위원회, 경영위원회, 감사위원회 등)를 통해서도 ESG 안건을 다룰 수 있어야 한다.

나. 사외이사 비율

- 조직이 사외이사 제도를 통해 경영진 및 지배 주주에 대한 견제, 기업 경영 투명성의 제고, 소수 주주의 권리 보호 등의 목적을 달성하고 있는지 확인할 수 있어야 한다.
- 경영진의 의사결정 행위를 견제할 수 있으며, 독립적인 시각에서 기업 발전에 관한 제언을 할 수 있는 사외이사 비율이 충분한지 점검할 수 있어야 한다.

다. 대표이사 이사회의장 분리

- 경영진의 경영활동을 감독하고 견제하는 이사회의 역할을 제대로 수

행하기 위한 독립성 확보 여부를 확인할 수 있어야 한다.
- 이사회의 의장과 경영진의 대표인 대표이사와의 분리 여부 및 선임사
  외이사 임명 등이 있어야 한다.

라. 이사회 성별 다양성

- 이사회가 다양한 이해관계자들의 요구사항을 두루 고려하여 폭넓은
  시각과 경험을 바탕으로 중요한 의사결정에 임할 수 있도록 이사회
  구성원이 다양한 배경을 가지고 있는지 확인할 수 있어야 한다.
- 다양성과 포용성 분야에서 대표적인 분류인 남성 대비 여성 비율(혹
  은 여성 대비 남성 비율)을 높여야 한다.

마. 사외이사 전문성

- 사내 이사와 사외 이사의 정보 비대칭이 존재하는 상황에서 사외이사
  가 조직의 중장기 발전에 관한 충분한 의견을 제공하거나, 경영진의
  의사결정을 견제할 수 있는 전문성을 갖추고 있는지 확인할 수 있어
  야 한다.
- 사외이사가 조직의 사업 방향에 대해 전문적인 의견을 제시할 수 있
  는지 점검(사외이사가 동종산업의 업무경력을 보유하고 있는지 확인)
  할 수 있어야 한다.

바. 전체 이사 출석률

- 사내 이사와 사외이사의 정보 비대칭이 존재하는 상황에서 사외이사
  가 조직의 중장기 발전에 관한 충분한 의견을 제공하거나, 경영진의
  의사결정을 견제할 수 있는 전문성을 갖추고 있는지 확인할 수 있어
  야 한다.

사. 사내 이사 출석률

- 조직의 최고 의사결정 기구인 이사회가 검토/심의/의결 기능을 효과

적으로 수행하기 위해서는 이사회 구성원의 적극적인 참여가 매우 중요하다. 특히, 조직의 사업 운영을 총괄하는 사내 이사가 적극적으로 이사회에 참여하고 있는지 확인할 수 있어야 한다.

- 이사회 구성원 중 전체 사내 이사 출석률이 일정 수준 이상이어야 한다.

아. 이사회 산하 위원회

- 이사회가 효율적으로 운영될 수 있도록 이사회 권한 및 역할의 일부를 산하 위원회에 위임하고 있는지, 각 소위원회는 위임받은 권한 및 역할에 대해 전문적인 시각으로 검토하는지를 확인할 수 있어야 한다.
- 조직마다 이사회 산하 위원회 수와 종류는 다양하며, 각 조직의 경영방식 및 사업환경에 따라 위원회 수를 달리할 수 있어야 한다. 따라서 이사회 산하 위원회 수가 많고 적음을 떠나, 위원회가 체계적이고 효과적으로 운영되어야 한다.

자. 이사회 안건 처리

- 이사회 구성원이 상정된 안건에 대해 독립적/전문적/다양한 시각으로 수정 및 보완 의견을 제시하고 있거나, 특히 조직에 리스크가 될 수 있는 안건에 대해서는 적극적인 반대 의견을 제시했는지에 대하여 확인할 수 있어야 한다.
- 이사회 심의/의결 안건 중 원안대로 가결되지 않은 안건이나 원안에 반대한 이사, 그리고 가결되지 않거나 안건을 반대한 사유를 점검할 수 있어야 한다.

차. 주주총회 소집 공고

- 주주가 주주총회 참석 전 충분하고 합리적인 판단을 내릴 수 있도록, 주주에게 주주총회 개최 일자, 장소, 안건, 기타 재무사항 등의 정보를 담은 주주총회 소집 공고를 다양한 채널로 전달하는지 확인할 수 있어야 한다.

- 조직이 주주총회 소집을 공고하는 방법을 점검할 수 있어야 한다.

카. 주주총회 개최일

- 주주가 주주총회의 안건을 검토하고 분석하기 위한 충분한 시간과 여건이 확보될 수 있도록 주주총회가 개최되고 있는지 확인할 수 있어야 한다.
- 조직이 주주총회 개최일을 지정하는 데 있어, 주주를 포함한 주주총회 관련 내/외부 이해관계자의 의견 수렴 과정을 진행하고 있는지를 점검할 수 있어야 한다.

타. 집중/전자/서면투표제

- 조직의 모든 주주가 의결권을 용이하게 행사할 수 있으며, 소수 주주에게 이해관계를 대변할 수 있는 이사 선임 기회를 제공하고 있는지 확인할 수 있어야 한다.
- 국내 「상법」상 조직의 자율적 의사결정에 따라 선택할 수 있는 소수 주주 보호장치인 '서면투표제', '전자투표제', '집중투표제' 도입 여부를 점검할 수 있어야 한다.

파. 배당정책 및 이행

- 조직이 주주가치 증진 및 투자 의사결정에 필요한 배당 관련 정보를 적시에 충분하게 안내하고, 적절하게 배당을 실시했는지를 확인할 수 있어야 한다.
- 주주에게 배당정책 및 배당계획을 충실히 통지함과 동시에, 배당정책 및 배당계획에 따라 실제 배당을 진행하였는지 점검할 수 있어야 한다.

하. 윤리규범 위반사항 공시

- 조직이 구성원의 윤리 규범 위반 행위(부당한 이익이나 뇌물의 수수, 불공정 경쟁 및 거래, 제품/서비스 책임 소홀, 구성원 상호 간 모독 및

비하, 기타 사회적 책임 등)를 관리·감독함과 동시에, 구성원의 윤리 규범 위반 행위가 재발하지 않도록 내부 개선이 이루어지고 있는지 확인할 수 있어야 한다.

- 이해관계자와의 신뢰성 및 투명성 관점을 고려하여, 조직이 윤리 규범 위반 행위와 개선 활동을 대외 공시하고 있는지 점검할 수 있어야 한다.

거. 내부 감사부서 설치

- 조직의 재무, 회계, 감사 관련 부정 사안, 기타 내부통제 관련 현안 등을 상시적으로 점검하고, 중요한 의사결정 사항 및 관련 정보를 감사위원회에 보고하는 거버넌스 체계가 구축되어 있는지 확인할 수 있어야 한다.
- 조직이 내부 감사부서를 두고 있는지, 내부 감사부서의 독립성, 책임과 역할을 명확히 규정하고 있는지 점검할 수 있어야 한다.

너. 감사기구 전문성(감사기구 내 회계/ 재무 전문가)

- 조직의 감사위원회(또는 감사)가 거시경제 흐름 및 업종동향에 대한 직관, 상법 등 관련 법률 소양, 회계/재무/감사에 관한 전문적 지식을 보유하고 있는지 확인할 수 있어야 한다.
- 국내 법률상 규정되어 있는 감사위원회 전문성 조건을 상회하여, 회계 및 재무 전문가를 감사위원으로 선임하고 있는지 점검할 수 있어야 한다.

더. 지배구조법/ 규제 위반

- 조직이 주주 권리 보호, 이사회 및 경영진 등 최고 거버넌스 운영, 상호출자 등 소유구조, 특수관계인 거래 등과 관련한 법/규제를 명확하게 인식하고, 지배구조 리스크 해결을 위한 제도 및 활동을 도입하고 있는지 확인할 수 있어야 한다.
- 지배구조 관련 법/규제 위반 건 중 조직의 재무구조 및 명성 관리에 상당한 영향력을 미치는 사법상 형벌, 행정상 처분(금전적, 비금전적)에 대해 가중치를 달리 적용해 점검할 수 있어야 한다.

7 ESG 평가의 현실과 문제점

금융투자협회의 2020년 보고에 따르면 2018년 글로벌 ESG 투자 규모는 30조 6830억 달러, 한화 3경 7329조 원이며, 2012년도 대비 3배가량 증가했다고 보고하였다. 국내 설정된 ESG 펀드도 3,869억 원으로 2년 전보다 약 2.5배 이상 증가하였다.

세계 최대 글로벌 자산운용사 블랙록은 기후변화와 지속가능성을 2020년 투자 포트폴리오 최우선 순위로 삼겠다고 발표한 만큼 ESG 경영과 투자에 대한 중요성이 대두되고 있다. 국내에서는 한국투자공사, SK증권, NH투자증권, 이스트스프링자산운용, 신한은행 등이 ESG 투자를 활발히 진행하고 있는데, ESG 투자는 ESG 평가를 바탕으로 진행하고 있다.

글로벌 ESG 평가기관들은 하루에도 여러 곳이 생겨나고 있고, 평가기관마다 기준과 요소가 모두 상이하여 받는 등급이 제각기 다른 실정이다. 현재 세계적으로 ESG에 대한 평가 지표는 약 600개 이상으로 난립하고 있다. 따라서 평가 지표나 평가 모델에 따라서 같은 기업도 평가 결과가 다르게 나타나는 문제가 있다.

실제로 모건스탠리 캐피털 인터네셔널(MSCI), 레피니티브, 한국ESG기준원의 평가 결과를 보면 다음과 같다.

〈표 7-2〉 주요 기업 ESG 경영평가 결과

기업명	모건스탠리캐피털 인터네셔날(MSCI)	레피니티브	한국ESG기준원
삼성전자	A	91	A
현대자동차	B	74	A
기아	CCC	62	A
LG전자	A	90	B+
LG화학	BB	69	B
롯데쇼핑	B	49	A

출처 : 각각의 ESG 평가기관

위 표에서 롯데쇼핑의 경우 세 평가기관의 등급을 나열하면 A, B, 49점이 된다. 딱 봐도 수준이 비슷하지 않으며, 정확한 가이드 라인이 없는 느낌이다. 대표적이고 세계적인 기업도 이렇게 평가 기준이 상이하기 때문에 기업들은 여러 기관에 평가를 의뢰하고 가장 좋은 평가를 준 기관의 등급만을 공개하여 홍보할 수도 있는 노릇이다. 또한 평가기관들은 평가 요소들을 대체로 공개하고 있지만 세부적인 평가 비중이나 평가 절단점은 공개하고 있지 않다.

대외비라는 것이 그 이유인데, 실제 성과 평가를 위해서는 평가 목적과 절차를 구체적으로 공지하는 것이 필요하다. 또한 각 기관들마다 공통된 합의점이 있는 것도 아니며, 더 나아가 ESG의 정의 및 개념이 정확하게 합의되지 않았기 때문에 그 파생된 평가 요소도 서로 다를 수 있다.

특히 한국만의 법, 제도, 문화, 사회적 현안을 반영하지 않은 ESG 지표는 투자자들의 잘못된 의사결정을 불러일으킬 수 있다. 이에 한국형 ESG 평가 모델이 필요하다는 의견에는 대다수의 전문가들이 동의하고 있다.

기업들은 앞다투어 ESG 평가에서 좋은 등급을 받기 위해 고군분투하고 있다. 대기업을 중심으로 ESG 신설 부서가 재빠르게 생겨났고, 국내 ESG 평가 체계를 분석하여 환경, 사회, 지배구조 경영에서 부족한 환경을 개선하고 있다. 기업이 이런 움직임을 보이는 것은 결국 지속가능경영을 실현하는 사랑받는 기업이 되기 위해서이다.

한국ESG기준원은 2003년부터 상장회사들을 대상으로 기업 지배구조 등급을 매기고 있다. 투자자에게 참고 자료 제공을 위해 기업 이사회, 위원회, 주주총회 운영, 공지 사항 등의 항목들을 평가한다.

지난 2011년부터는 사회책임과 환경경영 등이 포함된 ESG 평가도 함께하고 있다. ESG 평가 등급은 S, A+, A, B+, B, C, D 7개 등급으로 분류하고 있다.

〈표 7-3〉 2020년 ESG 등급 부여 현황

등급	2019년	2020년	증감
S	0%	0%	
A+	1.1%	2.1%	▲ 1.0%p
A	6.7%	12.1%	▲ 5.4%p
B+	18.1%	17.6%	▽ 0.5%p
B	34.7%	34.2%	▽ 0.5%p
C	35.7%	31.1%	▽ 4.6%p
D	3.8%	2.9%	▽ 0.9%p

출처 : 한국ESG기준원, 2020

한국ESG기준원에서는 우리나라 상장회사 950사를 대상으로 2020년도 ESG 등급을 발표 및 분석하였다. 분석 방법은 2020년 1월, 4월, 7월에 분기별 등급 조정을 발표하여 10월 최종 등급을 부여하였는데, 전반적으로 등급이 상향 조정되는 모습을 포착할 수 있었다.

A+, A 등급은 6.4% 증가하였고, C, D 등급은 5.4% 감소하였다. 이런 결과는 전체 기업이 ESG 경영에 관심을 갖고 있으며, 실천을 통해 등급을 향상시키고 있다고 볼 수 있다.

A+등급은 환경, 사회, 지배구조의 모범 규준이 제시한 지속가능경영 체계를 충실히 갖추고 있으며, 비재무적 리스크로 인한 주주가치 훼손의 여지가 상당히 적은 경우를 말하는데, 다음과 같은 16사가 선정되었다.

〈표 7-4〉 2020년 ESG A+ 등급을 받은 기업

두산	SK네트웍스	S-Oil	SK텔레콤
풀무원	케이티	효성첨단소재	포스코인터내셔널
신한지주	KB금융	BNK금융지주	DGB금융지주
JB금융지주	효성화학	효성티앤씨	SK

출처 : 한국ESG기준원, 2020

한편 한국능률협회컨설팅에서는 한국에서 가장 존경받는 기업(KMAC; KOREA'S Most Admired Companies) 인증 제도를 운영하며, 기업 전체의 가치영역을 종합적으로 평가하여 조사 결과를 발표하고 있다.

이는 전체 산업을 망라한 국내 기업 중 30대 기업을 선정하는 All Star 조사와 산업별 경쟁 구도를 고려한 산업별 1위 기업을 선정하는 방식으로 진행되며, 산업계 간부, 애널리스트, 일반 소비자를 포함하여 약 1~2만 명 수준에서 조사를 실시한다.

조사항목으로는 지속적인 혁신능력(변화적응을 위한 혁신성 및 경영진의 경영능력)과 주주가치(재무건전성/자산 활용), 직원가치(인재육성/복리후생), 고객가치(제품 및 서비스의 질/고객만족활동), 사회가치(사회공헌/환경 친화 및 윤리경영), 이미지가치(신뢰도/선호도)로 구성되어 있다.

이런 항목들은 ESG와 긴밀하게 연관되어 있다. 예를 들어 사회가치 중 환경 친화는 환경(E)부문에, 혁신능력이나 직원가치의 경우는 ESG의 사회(S)부문에, 주주가치는 지배구조(G)부문과 연관된다.

결국 한국능률협회컨설팅에서 실시한 한국에서 가장 존경받는 기업 조사 방식이 ESG 경영과 별개로 구분되지 않는다는 것을 확인할 수 있다.

반대로 기업은 국민으로부터 존경받는 기업이 되기 위해서는 이윤 창출이라는 1차적 목표를 넘어서서 다차원적인 ESG 경영을 이룩해야 한다는 점을 확인할 수 있다.

다음은 2021년도 All Star 기업으로 선정된 기업들이다.

〈표 7-5〉 2021년 All Star 30대 기업

순위	기업명	순위	기업명
1위	삼성전자	16위	한국전력공사
2위	LG전자	17위	LG생활건강
3위	현대자동차	18위	신세계백화점
4위	유한양행	19위	삼성화재해상보험
5위	유한킴벌리	20위	S-OIL
6위	카카오	21위	서울아산병원
7위	포스코	22위	이마트
8위	LG화학	23위	삼성물산
9위	SK하이닉스	24위	삼성생명보험

10위	네이버	25위	SK이노베이션
11위	SK텔레콤	26위	셀트리온
12위	인천국제공항공사	27위	삼성SDI
13위	신한은행	28위	풀무원
14위	신한카드	29위	CJ제일제당
15위	KT	30위	인텔코리아

출처 : 한국능률협회컨설팅 홈페이지 자료 재구성

제8장
ESG와 지속가능발전

1 지속가능발전의 정의

심각한 환경오염과 기후변화, 자연 자원의 고갈, 빈곤과 가난, 인권 유린과 불평등 등 인류의 지속가능한 삶을 불투명하게 하는 많은 문제가 가시화되자 이러한 전 지구적 문제를 해결하기 위해 세계는 환경 뿐 아니라 경제, 사회 문제를 같이 고려하고자 하는 지속가능발전을 추구하게 되었다.

지속가능발전은 환경의 보전과 경제 성장 간의 조화를 기본으로 하는 개념이다. 즉, 경제 성장을 이루면서 환경의 질도 높게 유지함을 전제로 한다. 이는 자연 자원의 한계와 고갈이 생산 활동을 약화시키고 환경오염이 경제 성장을 지연시키는 것을 의식하는 개념이다. 지속가능발전을 이루기 위해서는 자연 자원의 소모뿐만 아니라 환경오염으로 인한 생태계의 파괴를 충분히 고려해야 한다.

지속가능발전이란 미래 세대가 그들의 필요를 충족할 수 있는 능력을 저해하지 않으면서 현재 세대의 필요를 충족하는 발전을 말한다. 지속가능발전이라는 용어는 1970년대부터 시작되었다. 1972년 스톡홀름에서 개최된 유엔인간환경회의(UNCHE; United Nations Conference on Environment and Development) 이후에 세계는 환경과 사회, 경제적인 요소인 저개발과 빈곤 간의 상호보완적인 관계에 대한 검토의 필요성을 깨달았다. 1980년대에는 환경에 대한 걱정 및 자연에 대한 관심이 커졌고, 사회경제적 발달 간에 균형의 필요성이 대두되면서 새로운 발전과 정치에 대한 지속가능발전이라는 개념이 등장하였다.

1987년 세계 환경 발전위원회에서 브른트란트는 '우리들의 공동의 미래'를 통해 지속가능발전(sustainable development)을 추구해야 한다고 보고함으로 세계적으로 사용하게 되었다.

지속가능발전은 시대적 조류와 국제사회가 공감대를 가지고 공통의 노력을 통해 더욱 구체화되고 있다.

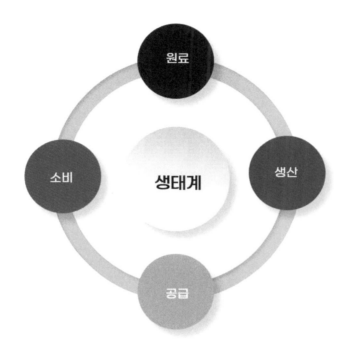

[그림 8-1] 지속가능발전

한국은 2008년 제정된 「지속가능발전법」 제2조에서 지속가능발전에 관하여 정의하고 있다. 「지속가능발전법」 제2조 제1항에서는 지속가능성이란 현재 세대의 필요를 충족시키기 위하여 미래 세대가 사용할 경제·사회·환경 등의 자원을 낭비하거나 여건을 저하(低下)시키지 아니하고 서로 조화와 균형을 이루는 것을 말한다고 규정하고 있다. 그리고 동조 제2항에서 지속가능발전이란 지속가능성에 기초하여 경제의 성장, 사회의 안정과 통합 및 환경의 보전이 균형을 이루는 발전을 말한다고 규정하고 있다.

지속발전 가능성은 삶의 철학과도 밀접한 관련을 맺고 있다. 지속가능성이라는 관점에서 볼 때 한국은 주요 광물을 대부분 수입에 의존하고 있으며, 천연자원의 부족을 교육과 양질의 노동력으로 보완해왔으나 그것만으로 부족하다.

한국에서도 ESG 경영을 도입하기 위해서는 먼저 청정 에너지원 개발, 자원 절약형 기술 개발, 생활 및 소비 행태의 합리적 개선이 절대적으로 필요하고 할 수 있다.

2 지속가능발전의 기원

지속가능성의 문제의식은 1930년대부터 어업 분야에서 어류의 포획이 남발하면서 어류 자원이 점차 고갈되면서 나타났다.

인류는 어류 자원의 고갈을 막기 위하여 미국의 뉴저지주 벨마에서 처음으로 최대 유지 가능 어획량(MSY; Maximum Sustainable Yield)이라는 어업 자원 보호 지침을 만들어 스스로 어획량을 규제하기 시작하면서 인기가 높아졌다. 1946년에는 국제 포경 단속 조약과 1952년 북태평양 어업 협정에서 사용되었다.

한국은 1999년부터 어획량 관리체제인 총허용어획량제도(TAC; Total Allowable Catch, Individual fishing quota)제도를 도입하였다. 총허용어획량제도는 개별 어종(단일 어종)에 대한 연간 총허용어획량을 정하여 그 한도 내에서만 어획을 허용하는 자원관리 제도다.

이 제도는 「UN 해양법」협약 발효에 따른 연안국의 어업 자원에 대한 관할권 강화 및 전통적 어업관리제도의 한계를 보완하기 위해 도입한 제도이다. 그러나 한국은 총허용어획량제도에 해당하는 것이 전체 어획량의 25% 정도 밖에 되지 않아 아직 전통적 관리 체제하에 있기 때문에 총허용어획량제도가 제대로 뿌리내리지 못한 채 수산자원 감소와 이에 따른 어획량 감소를 막아내지 못하고 있다.

지속가능발전이란 단어에 대하여 관심을 갖게 된 것은 1962년 레이첼 카슨이 출간한 『침묵의 봄(Silent Spring)』에서 과학기술이 초래한 환경오염의 위험을 공식적으로 알렸다. 이 책은 DDT 등의 살충제와 농약이 새, 물고기, 야생동물, 인간에게 미치는 파괴적인 결말을 고발하였고, 이를 계기로 미국을 포함한 전 세계인들은 환경 문제를 인식하고 본격적인 관심을 갖게 되었다.

환경오염이 심해져 가는 가운데 1972년 6월 UN은 스웨덴의 스톡홀름에서 인간환경회의(UNCHE; UN Conference on the Human Environment)를 개최하고 '인간환경의 보전과 개선을 위하여 전 세계에 그 시사와 지침을 부여하는 공통의 원칙이다.'라는 환경이 생존권 자체의 본질임을 규정한 인간환경선언(스톡홀름선언)을 선포하여 환경보호의 필요성을 강조하였다.

1972년 12월 제27차 국제연합 총회에서 UN 산하에 지구의 환경 문제를 전담하는 기구인 유엔환경계획(UNEP; UN Environmental Programme)이 발족되었다. 유엔환경계획의 역할은 지구 환경을 감시하고, 각 국가 정부를 비롯한 국제사회가 환경의 변화에 따라 적절한 조치를 취할 수 있도록 돕고, 환경 정책에 대한 국제적 합의를 이끌어내는 것이다.

1980년 이전까지는 지속가능성이란 단어가 환경을 중심으로 하는 이념이었으나 1980년 이후부터는 환경의 이념에 발전을 포괄하는 이념으로 전 분야에 포괄적으로 사용되기 시작하였다.

1992년 6월 3일 브라질 리우데자네이루에서 세계 178개국 대표단과 국제기구 대표 등 8,000여 명이 참석하는 초대형 국제회의가 열렸다. '유엔 환경개발회의'라는 이름으로 개막된 이 회의는 사상 최초로 열린 지구적인 차원의 환경 회의였다. 각국 대표들과 환경운동가, 과학자들은 12일 동안 지구온난화, 삼림 보호, 동식물 보호, 개도국을 위한 환경 기술 이전, 환경을 고려한 개발 등 7가지 의제를 놓고 토론했다. 이 회의는 기후변화 문제를 놓고 처음으로 세계가 머리를 맞댄 역사적인 자리였다.

1997년 5월 10일부터 18일까지 아프리카 케냐의 나이로비에서, 세계 105개국 정부 대표가 참석한 가운데 개최되었던 제19차 UNEP 집행이사회에서 '나이로비 선언'을 채택하였다. 이 회의에서는 특히 인간과 환경 간의 조화를 강조하였다. 또한 '인간 환경에 관한 국제연합 선언'에 대한 지지를 재차 확인하면서 지구 환경 보전을 위한 10년간의 활동을 평가하고, 지구 환경의 현재 상태에 대해 심각한 우려를 표명하면서 지역적 차원과 국내적 차원과 세계적 차원에서 환경을 보호하고 향상시키기 위한 노력을 긴급히 강화해야 한다고 강조하였다.

2000년 5월 29일부터 31일까지 스웨덴 말뫼에서 새롭게 대두되는 중요한 환경 문제들을 재검토하고 앞으로의 계획을 세우기 위해 '말뫼 선언'을 하였다. 국제사회의 많은 성공적이고 지속적인 노력과 얼마간의 성과가 있었음에도 불구하고 지구상의 생명을 위한 환경과 자연 자원이 계속 급속도로 악화되고 있음을 깊이 우려하며, 국제사회, 특히 리우회의에서 정해진 정치적, 법적 의무 사항의 빠른 이행의 중요성을 재확인하며, 국제협력의 정신으로 모든 국가가 신속하고 보안된 노력의 책임이 있음을 확신하였다.

특히 리우원칙에서 기술된 것처럼 현재와 미래 세대에게 이익이 되는 지속가능발전의 환경 관리를 위해 공통적이지만 차별화된 책임의 원칙을 인정하였다.

2002년 남아프리카공화국 요하네스버그에서 지속가능발전 정상회의를 열고 "우리는 모두에 대한 인간 존엄성의 필요성을 인식하면서 인도적이고 공평하며 우호적인 지구사회를 구축할 것을 약속한다."라고 하여 지속가능발전의 필요성에 대하여 재확인하였다.

정상회의 개막식에서 세계의 어린이들은 미래가 그들의 것임을 이야기하였고, 그들이 빈곤, 환경악화, 비지속적인 발전 패턴으로 야기된 모욕(indignity)과 상스러움(indecency)으로부터 벗어난 세계를 상속받을 수 있음을 모두에게 제기하였다.

UN은 2005년부터 2014년까지를 '유엔 지속가능발전 교육 10개년'으로 선포하고, 유네스코를 실행기관으로 지정했다. 유네스코에서는 지속가능발전의 원칙과 가치, 시행 방침을 모든 학습 과정에 통합하기 위해 노력해왔다. 한국도 지속가능발전 교육을 위한 전략과 계획을 수립하고, 다양한 영역에서 지속가능발전 교육을 위한 활동을 실시하였다.

2015년에 열린 제70차 UN총회에서는 지속가능발전 목표(SDGs : Sustainable Development Goals)를 결의하고 2030년까지 지속가능발전의 이념을 실현하기 위하여 '단 한 사람도 소외되지 않는 것(Leave no one behind)'이라는 슬로건과 함께 인간, 지구, 번영, 평화, 파트너십이라는 5개 영역에서 인류가 나아가야 할 방향성을 17개 목표와 169개 세부 목표로 제시하였다.

[그림 8-2] UN이 제시한 인류가 나아가야 할 방향성을 17개 목표

출처 : UN 홈페이지

UN이 제시한 지속가능발전목표(SDGs)는 다양한 국가적 상황에 따라 유연성을 발휘하므로, 각 국가들은 가장 적절하고 관련있는 목표 내 세부 목표와 지표를 골라 척도로 삼을 수 있게 되었다. 이로 인해 세계 각국은 지속가능발전목표(SDGs)를 이행하기 위한 많은 노력을 하고 있으며, 한국은 「지속가능발전법」, 「저탄소 녹색성장기본법」, 「국제개발협력기본법」 등 정부 정책 및 관련법을 통해 UN-SDGs의 개별목표를 이행하고 있다.

3 한국의 지속가능발전의 역사

한국은 1970년대부터 시작된 산업화로 인하여 인구의 증가와 집중, 산업 발전, 소비 증대에 따라 에너지·수자원·토지·각종 자원 등의 수요가 급격히 증대하였다. 경제적 측면에서는 급격한 성장을 이루었지만, 먹고 사는 문제를 해결하는 데 집중하다 보니 환경에서 새롭게 부각되는 문제들을 제대로 인식하지 못했다.

1980년 이래 온산공업단지 부근 울주군 온산면에서는 공단에서 배출된 중금속 분진과 유독 폐수에 의한 대기 오염, 그리고 수질·농산물·해산물 오염으로 인한 중독으로 7개 마을 주민 7,700명 중 약 500명이 팔·다리 부위의 통증을 호소하였다.

1990년대에는 여러 가지 환경 문제들이 발생하기 시작하면서 국민들이 환경의 중요성을 인식하는 계기가 되었다. 결정적으로 환경의 중요성을 깨닫게 된 것은 1992년 3월 구미단지의 두산전자공업에서 대량의 페놀(phenol)이 낙동강에 흘러들어, 이 물을 상수원으로 이용하는 대구 다사수원지에서 염소 소독을 할 때 극심한 크롤페놀의 악취가 발생하여 대구시의 급수가 약 1주일 동안 중단되기도 하였다.

낙동강 페놀 오염 사건으로 전 국민이 환경 문제의 심각성을 깨닫게 되는 계기가 되었다. 크고 작은 환경오염으로 인한 사회문제가 발생하자 환경과 관련된 민간 단체들이 생겨났으며, 이들에 의한 환경운동이 본격적으로 전개되기 시작하였다.

1995년부터 지방자치단체들은 1992년 브라질 리우데자네이루에서 개최된 유엔환경개발회의에서 채택된 '의제21'을 구체적인 활동으로 실천해나가기 위하여 주민, 기업체, 민간 단체가 주체가 되어 의제 실천협의회를 만들어 쾌적한 자연환경의 조성과 지속가능발전, 지구 환경 보전 및 주민의 삶의 질 향상을 위한 활동을 시작하였다. 1996년에는 국가 차원에서 '의제 21 국가 실천 계획'을 수립하고 시행하게 되었다.

2000년 6월 5일 제5회 환경의 날 기념식 대통령 연설문에서 '새천년 국가 환경 비전'을 선언하고 지속가능발전의 개념을 처음 도입하였었다. 이 선언을 실제 정책으로 만들기 위한 후속 조치로 2000년 9월에는 지속가능한 국가 발전에 관한 업무를 총괄하는 대통령 자문 지속가능발전위원회를 출범시켰다.

2001년 1월에는 환경부 주관으로 '새천년 국가 환경 비전' 추진계획을 수립하였다. 부문별 단위 사업으로 환경윤리 정착 및 환경교육 강화, 경제·산업의 녹색화, 환경친화적·계획적인 국토관리, 기초생활환경 개선 기반 확립, 환경과학기술의 발전, 지구 환경 보전에 적극 참여, 녹색 정부 체계의 구현 등에 대한 실행계획을 수립하였다.

2006년 10월에 국내 최초의 경제·사회·환경 분야 통합관리 전략 및 실천계획인 제1차 국가 지속가능발전 전략 및 이행계획을 발표하며 4대 전략, 48개 이행과제, 238개 세부 이행과제를 수립하여 추진하였다.

2007년 8월에는 지속가능발전을 이룩하고, 지속가능발전을 위한 국제사회의 노력에 동참하여 현재 세대와 미래 세대가 보다 나은 삶의 질을 누릴 수 있도록 하기 위하여 「지속가능발전기본법」을 공포하여 지속가능발전을 보장하는 법적 장치가 마련되었다. 이후 매 2년마다 「지속가능발전법」 제14조에 따른 지속가능발전을 평가하는 국가 보고서가 작성되고 있다.

2010년 1월에는 「저탄소 녹색성장 기본법」이 제정되면서 기존의 「지속가능발전기본법」은 「지속가능발전법」으로 명칭이 변경되었고, 환경부 장관 소속으로 지속가능발전위원회를 두게 되었다. 또한 「저탄소 녹색성장 기본법」 제50조에 따라 지속가능발전 관련 국제적 합의를 이행하고 국가의 지속가능발전을 촉진하기 위한 지속가능발전 기본계획을 20년 계획기간으로 5년마다 수립하여 시행하고 있다.

2011년 8월에는 사회적 형평성과 환경 자원의 지속성을 대폭 강화하기 위하여 제2차 지속가능발전 기본계획을 수립하였고, 기후변화 대응 및 적응, 산업경제, 사회·건강, 국토·환경 분야의 4대 전략, 25개 이행과제, 84개 세부 이행과제를 추진하도록 하였다. 2012년에는 국가 지속가능발전 평가 보고서가 발간되었다.

2016년 1월에는 제3차 지속가능발전 기본계획이 수립되었고 4대 목표, 부문별 14개 전략, 50개 이행과제로 구성되어 시행 중에 있다. 2015년 9월 유엔이 전 지구적 지속가능성 확보를 위해 경제, 사회, 환경 등 분야를 아우르는 지속가능발전목표(SDGs; Sustainable Development Goals)를 채택함에 따라, 2018년부터 한국 정부는 한국형 지속가능발전목표인 국가 지속가능발전목표(K-SDGs; Korean Sustainable Developme nt Goals)를 수립하여 지속가능성을 보다 구체적으로 달성하기 위해 노력하고 있다.

한국은 G20에 맞는 국가지속가능 역량을 확보하여 세계 일류 선도국가를 구현하려는 비전을 가지고 성장가능성 발전을 추진하고 있다.

4 지속가능발전의 특징

지속가능발전을 전 세계에서 채택하여 적용하고는 있지만 지속가능발전이라는 개념 자체의 모호성으로 인해 학자들 간의 개념 인식에 대한 입장 차이가 있어서 지속가능발전의 의미는 여러 가지로 해석되고 있다.

발전이라는 단어가 경제적 성장과 동일시되고, 경제적 성장을 성취한 후에만 환경에 대한 관심를 가질 수 있기 때문에 그동안 환경의 파괴는 상당히 이루어진다. 따라서 학계에서는 지속가능발전을 지속가능성과 발전으로 나누어 어느 것에 더 무게를 둘지에 대한 논란이 지속되어 왔다.

지속가능성에 무게를 두면, 환경 부문을 경제 부문보다 우위에 놓게 되며, 이와 반대로 발전에 무게를 두면 환경보다 경제 부문을 우위에 두게 된다. 따라서 경제 성장으로 상징되는 발전을 지속적으로 유지하기 위해 생태주의와의 갈등을 잠재워야 한다. 이를 위하여 물질적 풍요로움을 추구하는 산업사회가 인간과 자연에 해를 끼치는 위해 요인을 제거하여 지속가능발전을 가능하게 해야 한다.

지속가능발전의 달성 목표를 자연 자원의 대체 가능성을 기준으로 약한 지속가능성과 강한 지속가능성으로 나누어 지속가능발전에 대해 다르게 접근하고 있다. 약한 지속가능성은 경제활동에 따른 환경 영향은 과학과 기술의 진보와 혁신으로 조정이 가능하여 어느 정도의 환경 훼손은 과학기술의 발달로 극복할 수 있다는 입장이다. 그러나 강한 지속가능성은 경제가 성장함에 따라 환경오염은 계속 증가할 수밖에 없다고 보고 경제 성장과 환경 보전을 동시에 성취하는 것이 불가능하다고 한다.

　한편으로 지속가능발전은 환경적으로 지속가능한 상태가 유지되는 것을 의미한다. 그러나 지속가능발전은 환경을 넘어선 그 이상에 대한 이해를 필요로 한다. 지속가능발전에서 강조하는 지속가능성이란 지구사회 전체가 건강하고 행복한, 안정된 상태가 미래에도 계속될 수 있는 상태 또는 특성이라고 하는 광의의 의미를 지닌다.

　이는 세대 간 형평성이나 환경 보존, 경제적으로 공평한 분배 등 삶의 질과 연관되며 지구사회라는 광의의 개념에서 인류의 건강하고 행복한 안정된 상태를 지탱하기 위한 가장 필수적인 조건 중 하나가 된다.

　더욱 진화된 지속가능발전의 개념은 인간의 개발과 성장·발전 방식, 정책 수단과 도구 등을 지속가능한 방식으로 전환할 수 있는가에 대한 내용을 다루고 있다. 전통적인 개발, 성장 방식뿐만 아니라 의사결정, 사고방식과 같은 삶의 방식에도 다양성, 순환성, 상호의존성과 같은 생태계적 방법을 적용하는 방향을 지향하는 것이다.

　따라서 지속가능발전은 자연에 대한 시각에 따라 그 개념과 적용 범위가 달라질 수 있는 가변적 특징이 있으며, 정해진 상태나 결과가 아닌 지향점을 향해 나아가는 변화의 과정이라고 정리할 수 있다.

5 지속가능발전의 내용

2002년 요하네스버그에서 열린 지속가능발전을 위한 지구정상회의(WSSD)에서는 지속가능발전의 핵심적 요소로 '빈곤의 근절과 생산 및 소비의 방식 전환'을 꼽았다. 이렇듯 지속가능발전은 경제, 환경, 형평이라는 3요소를 축으로 한다고 이해하는 것이 국제사회의 합의된 바라 할 것이다.

이러한 요소를 바탕으로 일반적으로 지속가능발전은 통합의 원칙, 개발권의 원칙, 지속가능한 이용의 원칙, 형평의 원칙, 개방의 원칙 등의 요소로 구성되어 있다고 본다.

가. 통합의 원칙

통합의 원칙은 경제적·사회적 개발 계획과 이행에 환경적 고려를 통합시키고, 환경적 의무를 설정, 해석, 적용함에 있어서 경제적·사회적 발전의 필요성을 고려해야 한다는 것을 의미한다.

리우선언 원칙 4는 '지속가능발전을 성취하기 위해 환경보호는 발전과정의 중요한 일부를 구성하며 발전과정과 분리시켜 고려해서는 안 된다.'라고 규정함으로써 통합의 원칙을 명시하고 있다.

나. 개발권의 원칙

개발권의 원칙은 각 국가가 자국의 자연 자원을 개발할 권리를 보유한다는 원칙을 말한다. 리우선언 원칙 3은 '개발의 권리는 환경에 대한 현세대와 미래 세대의 필요를 형평성 있게 충족할 수 있도록 실현되어야 한다.'라고 규정함으로써 각 국가의 개발권을 인정하되, 현세대와 미래 세대의 필요를 충족시키는 방향으로 실현할 것을 요구하고 있다.

개도국은 그들의 경제개발에 대하여 환경보호 차원에서 가해지는 여러 가지 국제법상의 조치에 반발하면서, 환경보호를 수용하는 조건으로 선진국에게 재정지원과 기술이전을 요구해 왔다.

따라서 이 원칙은 개발권의 명시적 인정을 요구하는 개발도상국가와 지속가능발전의 증진을 요구하는 선진국 간의 타협안으로서 채택된 것이라고 볼 수 있다. 리우선언 원칙 3은 국제공동체가 개발도상국가의 개념을 인정한 첫 번째 사례이다.

다. 지속가능한 이용의 원칙

지속가능한 이용의 원칙은 자연 자원을 그 재생산능력을 넘지 않는 범위 내에서 이용 내지 개발하여야 한다는 원칙을 말한다. 따라서 지속가능한 이용의 원칙은 자연 자원에 대한 이용을 제한하는 개념으로 작용한다.

리우선언은 지속가능한 이용의 원칙을 직접적으로 정의하는 대신, 원칙 8을 통해 지속가능하지 않은 생산과 소비 패턴의 감소 및 제거, 적절한 인구정책 등에 대해 지속가능성을 적용하고 있다.

라. 형평의 원칙

대부분의 사람들이 환경 문제라고 하면 대량생산과 소비로 인한 부작용 정도로 이해하여 환경 문제를 물질적 풍요와 연결시켰다. 그러나 '의제 21'의 지속가능발전의 이념은 환경 문제를 빈곤이나 빈부격차와 연결시킴으로써 문제의 본질을 더 근원적으로 파악하고 있다는 점은 특기할 만하다.

이것은 잘 사는 계층과 못 사는 계층 사이의 빈부격차 그리고 잘 사는 나라와 못 사는 나라 사이의 빈부격차가 자원 고갈과 환경오염을 가속화시키고 또 지속가능발전을 저해하는 심각한 요인이라는 문제의식이 전면에 깔려 있기 때문이다.

마. 개방의 원칙

구체적인 환경보호 조치를 위해서는 정보의 공개와 공유가 필수적인 요소다. 민주주의의 실현을 위해서는 다원화된 개개의 의사를 통합하여 다수결에 하나의 결론을 얻는 것이 중요하며, 결론에 도달하는 과정에 있어서 충분한 토의가 있어야 하고 충분한 토의는 정보의 공유를 전제로 한다.

지속가능발전에 있어서 모든 사회 구성원들이 환경에 관한 정보 등을 공유하고 있을 때 비로소 최적화된 환경에 관한 의사결정이 가능한 것이다.

6 지속가능발전의 실현 방법

지속가능발전의 실현 방법을 2015년 제70차 UN 총회에서 지속가능발전 목표에서 제시하였다. 지속가능발전목표를 보면 다음과 같다.

- 목표 1. 빈곤 제거 : 모든 곳에 남아 있는 모든 형태의 빈곤을 종식하여 모든 사람의 빈곤을 제거한다.
- 목표 2. 배고픔 제거 : 기아를 종식하기 위하여 식량 안보와 개선된 영양상태를 달성한다. 그리고 지속가능한 농업을 강화하여 생산량을 증가한다.
- 목표 3. 건강과 웰빙 : 모든 연령층을 위한 건강한 삶 보장과 복지를 증진한다.
- 목표 4. 양질의 교육 : 인간의 행복을 위하여 모두를 위한 포용적이고 공평한 양질의 교육을 보장하고, 평생학습의 기회를 증진한다.
- 목표 5. 남녀평등 : 성평등 달성과 모든 여성 및 여아의 권익을 신장한다.
- 목표 6. 깨끗한 물과 위생 : 모두를 위하여 깨끗한 물과 위생의 이용가능성과 지속가능한 관리를 보장한다.
- 목표 7. 저렴하고 깨끗한 에너지 : 저렴한 가격에 신뢰할 수 있고 지속가능한 현대적인 에너지에 대한 접근을 보장한다.
- 목표 8. 양질의 일자리와 경제 성장 : 포용적이고 지속가능한 경제 성장과 함께 완전하고 생산적인 고용을 위하여 모두를 위한 양질의 일

자리를 만든다.

- 목표 9. 산업, 혁신 및 인프라 : 회복력 있는 사회기반시설 구축하고, 포용적이고 지속가능한 산업화를 증진하면서 혁신을 도모한다.
- 목표 10. 감소된 불평등 : 국내 및 국가 간 불평등을 감소시킨다.
- 목표 11. 지속가능한 도시와 지역사회 : 포용적이고 안전하며 회복력 있고, 지속가능한 도시와 주거지를 조성한다.
- 목표 12. 책임 있는 소비와 생산 : 지속가능한 소비와 생산 양식을 보장한다.
- 목표 13. 기후 행동 : 기후변화와 그로 인한 영향에 맞서기 위한 긴급 대응을 한다.
- 목표 14. 수중 생활 : 지속가능발전을 위한 대양, 바다, 해양자원의 보전과 지속가능한 이용을 한다.
- 목표 15. 지상 생활 : 육상 생태계의 지속가능한 보호·복원·증진을 위하여 숲의 지속가능한 관리를 하며, 사막화 방지, 토지황폐화의 중지와 회복, 생물다양성의 손실을 중단한다.
- 목표 16. 평화, 정의, 강력한 제도 : 지속가능발전을 위한 평화롭고 포용적인 사회를 증진하며, 모두에게 정의를 보장하고, 모든 수준에서 효과적이며 책임감 있고 포용적인 제도를 구축한다.
- 목표 17. 목표를 위한 파트너십 : 이행 수단을 강화하고 지속가능발전을 위해서 글로벌 파트너십을 활성화한다.

7 ESG와 지속가능발전

UN은 2015년 9월 지속가능발전 정상회의((Sustainable Development Summit)에서 지속가능발전목표(SDGs; Sustainable Development)를 채택하였다. SDGs는 기존 UN의 달성 과제였던 새천년개발목표(MDGs; Millenium Development Goal)의 후속 의제로 빈곤퇴치, 불평등 해소, 일자리 창출, 경제 성장, 지속가능발전, 기후변화 문제 해결 등을 주된 골자로 하고 있다.

지속가능발전의 이념을 실현하기 위한 인류 공동의 17개 목표로써, '2030 지속가능발전 의제'라고도 한다. SDGs의 슬로건은 '단 한 사람도 소외되지 않는 것(Leave no one behind)'으로 인간, 지구, 번영, 평화, 파트너십이라는 5개 영역으로 세분화되며 인류가 나아가야 할 방향성을 17개 목표와 169개 세부 목표로 제시하고 있다.

우리나라도 국제사회의 일원으로 책임을 지기 위해 한국형 지속가능발전 목표인 K-SDGs를 수립하였다. K-SDGs는 모두가 사람답게 살 수 있는 포용사회 구현, 모든 세대가 누리는 깨끗한 환경 보전, 삶의 질을 향상시키는 경제 성장, 인권 보호와 남북평화구축, 지구촌협력과 같은 5대 전략을 중심으로 구성되어 있다. 또한 SDGs와 같이 이를 실천하기 위한 17개 목표와 119개 세부 목표, 236개의 지표들(제4차 기본계획 기준)을 설정하여 정부 기관, 지자체, 시민단체, 전문가, 이해관계자 등 다양한 관점에서 전략적인 달성을 위해 노력하고 있다.

　기업이 지속가능하다는 것은 지구가 지속가능하다는 의미가 있고, 시장 경쟁에서 살아남는다는 의미도 가지고 있다. 특히 현대사회 및 4차 산업혁명을 기점으로 기업의 시장을 글로벌화 되었다. 기업들은 이제 지역, 사회, 국가를 넘어 글로벌 시장에서 지속가능하기 위해 고군분투해야 한다.

　기업은 글로벌 시장에서 살아남기 위해 경영의 결실을 숫자로 제시한다. 이것이 바로 재무적 지표이다. 투자자들은 지속가능성이 높은 기업, 글로벌 시장에서 살아 나갈 확률이 좋은 기업에 투자한다. 그런데 기업의 사회적 책임이 선명해지면서 몇몇 기업들은 더 많은 투자를 받기 위해 CSR 연례보고서를 제시하기도 한다.

　최근에는 사회적 책임뿐만 아니라 환경, 사회, 지배구조를 통해 기업의 지속가능성을 확인한다. 단순한 재무제표나 CSR 보고서만으로는 어떤 기업이 지속가능 경영을 잘하고 있는지 알 수 없기 때문이다. 기관투자자 뿐만 아니라 주식투자자들도 상장된 기업 가운데 어느 기업이 재무적 성과뿐만 아니라 비재무적 성과를 내고 있는지 확인하려는 시대이다.

　세계적인 컨설팅 회사 맥킨지앤컴퍼니는 "투자자들은 지속가능 경영과 주주가치를 증명할 만한 정보를 갖고 있지 않다. 기업들은 이 관계의 명확성을 증명하지 못하고 있다. 이 때문에 수십조 달러의 움직임이 방해받고 있다."라고 연구 결과를 제시했다.

　이런 갈증을 시원하게 해결해주는 것이 바로 ESG이다. ESG는 기업의 지속가능성을 엿볼 수 있게 도와주는 비재무적 지표이다. 그리고 투자기관들은 이제 ESG 지표들을 바탕으로 투자를 실시하고 있다. 실례로 지속가능성을 위해 미국의 투자기금, 환경단체, 민간그룹들이 결성한 비영리 연합체 세리스(Ceres)의 '기후변화 투자 네트워크 프로젝트'에는 총 11조 달러의 자산이 투자돼 있다. 글로벌 회계법인 EY의 최근 설문조사 결과, 기관 투자자의 90%는 지속가능 경영의 핵심인 환경, 사회, 지배구조 요소(ESG)의 비재무적 성과를 투자 의사 결정의 핵심으로 고려한다고 응답하였다.

특히 SDGs의 17개 목표 중 5번째인 성평등 달성 및 여성 역량 강화, 12번째인 지속가능한 소비와 생산, 13번째인 기후변화 대응은 기업의 ESG 경영과 연관성이 매우 깊다. SDGs에 해당하는 4가지 목표는 ESG의 지배구조 변화를 위한 여성 임원 증대, 비재무적 정보공시 강화, 책임투자 확대, 기업의 지속가능한 사안들과 일맥상통한다.

가. 성평등 달성 및 여성 역량 강화

이 목표는 여성 차별 금지, 동등한 기회 제공, 여성 참여 확대, 여성의 역량 강화, 성평등 의무화에 대한 법안 제정 등의 세부 목표를 가지고 있다.

유럽연합(EU)은 여성 임원 할당제 의무화가 논의되고 있고, 미국에서는 비영리기관을 중심으로 여성 임원 비율을 높이고 있다. 캐나다에서는 성평등 및 여성 역량 강화를 하나의 투자지표로 삼아 기업이 여성 권익을 향상하고 성평등을 지향하면 투자하는 SRI펀드가 출시되기도 하였다.

나. 지속가능한 소비와 생산

이 목표는 지속가능한 경제발전 및 기업의 지속가능성 달성을 위한 것으로 세부 목표로는 지속가능발전에 대한 기업의 전략과 비재무적인 정보를 공시할 수 있도록 권고한다. 2014년 유럽연합(EU)은 비재무적 정보공시 의무화 지침을 통과시켰고, 회원국들이 이 지침을 자국 법에 적용시키도록 했다.

비재무적 정보에는 지속가능경영 보고서, 사업보고서, 통합보고서가 있으며, 더 나아가 재무적 정보와 비재무적 정보를 통합하여 상호 비교하고 파악할 수 있도록 자료를 가공하여 줄 수 있다. 앞으로는 ESG 투자에 따라 비재무적 정보를 다양한 방식으로 가공하여 제공할 필요가 있으며, 구체적이고 다양한 방식으로 자료를 제공할 때 투자자들로부터 긍정적인 의사결정을 받을 수 있을 것이다.

다. 기후변화 대응

이 목표는 기후변화 문제에 대한 조기 대응, 기후변화에 따른 영향 완화와 그에 대한 기업의 대처 능력 강화 등을 세부 목표로 가지고 있다. UN의 기후변화협약은 1992년 브라질 리우데자네이루에서 열린 INC회의에서 채택되었다.

이후 전 세계적으로 진보적으로 논의되는 주제 중 하나로 자리 잡았으며, 2016년 파리기후변화협정에서 다시 한번 국제사회가 뜻을 모았다. 기후변화는 십수 년을 거쳐 온 국제 문제이며 파리협정에서 우리나라는 2030년까지 2017년 대비 온실가스 24.4% 감축 목표를 제시하였다.

SDGs의 여러 가지 목표들은 ESG 활동, 경영, 투자, 평가, 리스크 등과 직접적으로 연관이 되어 있기 때문에 이 둘을 통합적으로 이해하는 것이 필요하다. ESG 경영의 목표가 지속가능발전에 기여하는 의사결정을 하는 경영이라면 SDGs는 이미 글로벌 합의를 이끌어낸 목표이기 때문에 자연스럽게 둘은 아주 긴밀하고도 맞물리는 관계가 되는 것이다.

제9장
관광의 종류

1 생태관광

가. 정의

　생태관광(Ecological Tour)은 생태학(Ecology)과 관광(Tour)의 합성어로 양호한 상태의 자연보존지구를 목적지로 하는 여행을 말한다. 생태관광이란 생태계를 보존, 보호하는 측면의 환경적으로 건전한 형태의 관광이다. 생태관광은 자연 보전을 위한 활동을 주목적으로 하며, 관광객에게 환경 보전의 학습 기회를 제공하고, 관광으로 인한 수익은 지역의 생태계 보전에 사용하는 관광이다.

　한국관광공사(1997)에서는 생태관광을 "관광, 문화, 교육의 불가분성을 이해하면서 책임지는 관광(responsibletourism)으로, 환경과 지역사회 문화에 최소한의 영향을 미치고 최대한의 경제적 혜택과 관광자의 만족 요건을 충족시키는 관광"이라고 정의하고 있다.

　생태관광이란 최근이 아닌 오래전부터 여러 지역에서 다양한 형태로 나타나는 자연환경을 환경 보전적 목적으로 새로이 개발한 관광산업이라 할 수 있다. 이처럼 생태관광은 지속가능한 관광(Sustainable Tourism), 녹색관광(Green Tourism), 자연관광(Nature Tourism) 등의 개념과 일맥상통하는 면이 있다.

　생태관광은 1965년 Hetzer가 관광이 개발도상국에 미치는 여러 가지 영향에 대하여 비판하며, 그 대안으로 생태적 관광(Ecological Tourism)을 제안한 것에서 비롯되었다. 이것이 본격적으로 상품화된 것은 1983년으로, 미국 환경단체 의장인 엑토르 세바요스 라스쿠라인(Ceballos Lascurain)이 유카탄(Yucatan)반도 북부의 유명 관광지 습지들을 홍학 번식지로서 보전하기 위해 생태관광이라는 용어를 처음 사용했다고 알려져 있다.

생태관광이 대두하는 것은 무엇보다 환경문제가 세계의 공동 관심사가 되었고, 관광 자원의 개발에 있어서도 환경과 자연을 생각하여 그 한계를 둠으로써, 관광 자원의 지속성을 보장하려는 노력이 필요하다는 공감대가 형성되었기 때문이다. 생태관광은 건전하고 다양한 자연생태계에 그 기초를 두고 있기 때문에 생물다양성이 풍부할수록 경쟁력이 커지며, 관광수요의 충족과 삶의 질 향상 역시 도모할 수 있게 된다.

나. 관광과 생태관광의 차이

대상면에서 생태관광은 자연환경만을 대상으로 하는 관광인 반면에 대중관광은 자연자원, 문화자원, 역사자원을 포함하는 관광이다. 그리고 규모면에서 생태관광은 주로 소규모의 인원이 참여하는 반면, 대중관광은 대규모의 인원이 참여한다.

참여 형태면에서는 생태관광객들의 경우 일반적으로 환경보호와 관광지의 문화 보전에 관심이 많은 반면에 관광객들은 주로 여행 자체를 즐기려는 사람들이 선택하는 관광이다. 생태관광객들은 생태관광지의 불편한 시설도 기꺼이 감수하려 하지만, 대중 관광객들은 시설의 수준이나 청결도에 민감한 편이다.

〈표 9-1〉 관광과 생태관광의 차이

구분	관광	생태관광
대상	자연 자원, 문화 자원, 역사 자원	자연환경
규모	대규모의 인원	소규모의 인원
참여 형태면	소극적인 관광객	적극적인 관광객
시설	고급 시설	낮은 시설 수준

다. 생태관광의 종류

생태관광에는 지속가능한 관광, 녹색관광, 대안관광, 공정관광 등이 있다.

1) 지속가능한 관광

지속가능한 관광은 환경에 장기적인 손상을 주지 않는 선에서 관광의 개발이나 이용 정도를 다음 세대가 필요로 하는 여건을 훼손하지 않고 현세대의 욕구에 부응하는 수준에서 관광 자원을 개발 또는 이용하는 것과 함께 관광 소비가 해당 관광지의 수용 능력을 초과하지 않도록 계획하는 것을 말한다.

기존에 관광은 가능한 많은 관광객의 유치를 목표로 관광객의 편의 위주로 진행되어 왔으나 이는 결과적으로 대규모 개발을 지지하게 되어 심각한 환경의 훼손과 사회적 부작용을 유발하였다. 이에 따라 자연 친화적이고 지속가능이라는 개념을 담은 여러 형태의 관광을 출현시키게 되었다. 따라서 지속가능한 관광의 개념에는 지속가능발전에서 강조하고 있는 자연 자원 보존, 경제발전 및 지역 주민의 참여와 함께 문화자원에 대한 보호, 관광객의 윤리 의식 등이 포함된다.

2) 녹색관광

녹색관광은 농촌, 어촌, 산촌 등 회색 도시를 벗어난 지방의 녹색 지역을 대상으로 한 관광 형태로 농촌관광이라고도 한다. 녹색관광은 지역 내 관광자원을 활용하여 도시주민들에게 휴양과 농촌 경험의 기회를 제공하며, 지역의 자원과 문화를 개발하고 보존하는 데 목적이 있다.

3) 대안관광

대안관광(Alternative Tourism)은 기존 자연 관광자원을 이용한 관광 개발을 탈피하여 문화를 관광자원의 중요한 요소로 생각하는 것으로 기존 관광의 환경파괴, 교통혼잡, 주민과의 마찰, 방문객의 만족도 저하 등 많은 문제점을 해결하는 방법으로 대두되었다. 대안관광은 자연 파괴적이기보다는 자연 친화적이며, 양적인 차원의 대량관광과는 달리 질적인 차원의 품질관광을 지향하고, 하드웨어 위주의 관광시설 개발보다는 지역이 가지고 있는 관광자원을 활용하여 소프트웨어 위주의 관광상품 개발의 특색을 가지며, 정부나 지자체

주도의 하향식 개발방식보다는 지역 주민이 주도하는 상향식 개발방식을 요구하는 기존 대중관광의 대안관광이라고 할 수 있다.

4) 공정관광

공정관광(Fair Travel)은 공정무역(Fair Trade)에서 따 온 개념으로서 생산자와 소비자가 대등한 관계를 맺는 공정무역처럼 여행자와 여행지의 국민이 평등한 관계를 맺는 여행을 가리킨다. 그래서 공정관광(Fair Travel)은 책임여행(Responsible Tourism), 윤리적 여행(Ethical Tourism) 등과 맥락을 같이한다. 공정관광은 관광객, 지역주민, 관광업체와 자연환경 간의 관계에서, 지역 주민의 삶과 문화를 존중하면서 자연환경을 보전하고 공정한 거래를 하는 지속가능한 관광을 말한다. 예를 들어, 관광객이 지역 주민들의 집에서 민박을 하거나, 지역 생산품을 구매하는 등 지역 경제에 지속적으로 도움이 되게 하는 여행을 말한다.

관광산업은 전 세계적으로 매년 10%씩 성장하지만, 관광의 경제적 이익 대부분은 G7 국가에 속한 다국적 기업에 돌아간다. 경제적 이익이 발생했다 다시 빠져나가는 누손율이 네팔 70%, 태국·코스타리카 각각 60%와 45%로 관광수익의 절반 이상이 나라 밖으로 유출되고 있다.

공정관광은 지속가능한 관광의 등장을 배경으로 그 분위기가 확산되고 있다. 즉, 관광객에게 즐거움, 여가를 주며 지역 주민에게는 수익과 이익을 제공하면서 환경피해를 최소화하는 관광의 형태로 나아가고 있다.

라. 생태관광의 사례

생태관광이란 환경보호와 자연 회복을 위해 조성된 친환경적 공간을 여행하는 것이다. 이런 곳은 모두 산업화, 도시화의 부작용인 환경오염과 자연파괴로부터 다시 녹색공간으로 복원되어서 미래 지향적인 환경사업으로 중요시되고 있는 여행방식이다. 또한 여행지 주민의 복지를 증진시키고, 자원보전에 기여할 수 있도록 책임 있게 행동하는 관광이다. 국내의 대표적인 생태관광지역으로는, 양구 DMZ, 인제 생태마을(용늪), 강릉 가시연습지·경포호, 평창 동강생태관광지, 안산 대부도·대송습지 등이 있다.

2 헬스관광

　헬스관광은 건강증진과 휴양을 목적으로 특정 지역의 아름다운 자연이나 친환경적 공간에서 자연치유를 위한 각종 프로그램을 즐기거나, 진보한 의술, 또는 전통의학 등의 서비스를 받는 상품을 포함한다. 헬스관광이라고도 하며 이미 유럽과 일본에서 많은 인기를 얻고 있는 관광상품이다. 헬스관광은 건강을 유지하거나 회복하기 위하여 다른 지방이나 나라를 여행하는 행위를 일컫는다.

　형태면에서는 휴양, 레저, 문화 활동 등이 결합되어 다채로운 프로그램으로서 존재한다. 여행객은 주최측에서 제공하는 다양한 힐링 프로그램을 제공받으며 심신의 안정을 도모할 수 있는 기회를 얻는다.

　헬스관광은 의료관광과 비슷해 보이지만 의료관광은 주로 해외에서 자국보다 저렴한 비용 또는 수준 높은 양질의 의료 서비스를 받으면서 관광과 휴양을 동시에 즐기는 것을 말하는 반면, 헬스관광은 치료보다는 힐링 위주의 프로그램으로 구성되어 있으며, 볼거리 중심의 일반 관광과 다르게 의료 및 치유가 중심이 된다는 특징이 있다.

　현재 우리나라에서 운영되고 있는 헬스관광 프로그램으로는 꽃마을 헬스관광, 금강송 에코리움, 깊은산속 옹달샘, 미리내 힐빙클럽, 순천 헬스관광, 양평헬스관광, 울산 초락당, 정남진 편백숲 우드랜드, 해양치유 완도, 힐리언스선마을 등이 있다.

　헬스관광은 쌓여가는 스트레스를 자연이 주는 힐링의 효과를 통해 치유하는 것으로, 세계 각국에서 헬스케어 산업과 함께 신성장동력산업으로서 각광받고 있다.

3 의료관광

가. 정의

의료관광(Medical Tourism)은 개인이 자신의 질병을 치료하거나 건강의 유지, 회복, 증진하기 위하여 자신의 거주지를 벗어나 다른 지방이나 외국으로 이동하여 현지의 의료기관이나 요양기관, 휴양기관에 여행하는 상품을 말한다. 즉, 의료관광은 질병의 치료를 위해서 지방이나 외국으로 여행하는 것을 뜻한다.

의료관광을 지칭하는 용어는 건강 관광(Health Tourism), 의료관광(Medical Tourism), 의료 여행(Medical Travel), 웰빙 투어(Well-being Tour), 웰니스 관광(Wellness Tourism), 힐링 투어(Healing Tour) 등 매우 다양하다.

의료관광의 범주도 의료 서비스만을 중심으로 보는 관점부터 자연을 활용한 관광 활동, 정신 수양 활동, 스트레스 관리 및 힐링 목적의 휴양활동, 비의료적인 건강 증진 활동까지 매우 포괄적이다.

의료관광은 전문적인 치료를 필요로 하는 환자들이 주로 하는 여행 형태라는 점에서 상대적으로 이용객의 체류 기간이 길고 비용이 높기 때문에 고부가 가치 산업으로서 많은 주목을 받고 있다.

나. 의료관광 성공 사례

의료관광의 성공 사례에는 태국과 싱가포르를 예로 들 수 있다.

1) 태국

태국은 1997년 금융위기 당시 태국 사립병원의 43%가 존폐 기로에 있을 만큼 대부분 병원들의 경영상태가 악화되었고, 이를 개선하기 위해 정부에서 외국인을 대상으로 하는 의료 서비스를 추진한 것에서 의료관광산업이 시작되었다.

태국 정부는 의료산업 육성을 위해 의료시장을 온전히 개방하는 제도 개혁과 함께 태국의 풍부한 관광자원을 활용한 태국형 의료관광 서비스의 개발로 재기에 성공하였다.

2) 싱가포르

싱가포르는 정부가 주도하여 기존의 물류·금융·관광이 중심인 싱가포르 산업구조 자체를 의료 및 바이오 구조로 전환하였다. 의료관광 활성화를 위해 민간의료기관에 자율성을 부여하는 규제 완화 정책을 추진하였고, 이로 인하여 의료 및 바이오산업의 비중은 지속적으로 성장하고 있다.

다. 우리나라의 의료관광 연혁

우리나라의 의료관광은 2009년 5월과 2010년 1월 의료법이 개정되어 병원에서의 외국인 환자 유치와 의료법인 부대사업으로 숙박을 해결할 수 있는 법적 근거가 마련된 후 본격화되었다.

국내에서는 의료법에 의거한 자체적인 의료기관 인증평가 제도가 2011년 1월 24일부터 실시되어 2021년 3월까지 2,014개 의료기관이 인증을 획득하였다. 이러한 인증을 받은 의료기관은 이용객들로부터 더 큰 신뢰를 받을 수 있을 것으로 예상된다. 인증 결과는 의료기관 평가인증원 홈페이지(www.koiha.or.kr)에서 확인할 수 있다.

[그림 9-1] JCI인증마크　　　　　　　[그림 9-2] 보건복지부 인증마크

　보건복지부의 자료에 의하면 세계 의료관광 시장 규모는 2015년 기준, 517억 달러에서 2022년 1,438억 달러로 성장할 것으로 예상된다. 우리나라는 2015년 기준 의료관광의 생산 유발효과는 5조 1,319억 원, 부가가치 1조 7,007억 원, 취업 47,180명, 고용 29,644명의 효과를 나타냈다. 외국인이 가장 많이 찾는 진료과는 내과 통합이고, 다음으로 성형외과, 피부과 순으로 나타났다.

　정부는 의료관광의 성장 가능성을 높이 평가하여 의료분야의 한류 문화 확대와 국제적 경쟁력 확보를 위해 글로벌 헬스케어 산업 육성을 위한 다양한 정책적 방안을 추진하고 있다.

4 웰니스 관광

가. 정의

웰니스(Wellness)는 well-being + happiness의 합성어로, 육체적 건강 중심의 건강 개념을 정신적, 사회적 만족으로 확장하는 의미를 내포한다.

웰니스 관광은 건강과 힐링을 목적으로 다른 지방에 가서 스파와 휴양, 뷰티(미용), 건강관리 활동 등에 참여하기 위한 관광을 말한다. 의료관광은 진단된 질병을 치료하거나 현재의 질병 상태를 개선하기 위해 하는 것이라면, 웰니스 관광은 건강을 유지하고 여유로운 삶을 추구하기 위한 삶의 질적인 측면에 초점을 맞추고 있다.

세계 경제의 불황 속에서도 만성적인 질병과 스트레스에 노출된 사람들이 심신 상태를 개선하기 위해 웰니스 관광을 추구하고 있다. 웰니스 관광은 성장 잠재력이 높은 관광산업으로서, 계절의 영향을 상대적으로 덜 받고, 개별 관광객의 삶의 질 향상에 기여하는 지역 내 웰니스 요소들을 활용한다는 점에서 전통적인 관광산업의 대안으로 여겨지고 있다.

문화체육관광부는 한국형 웰니스 관광산업을 육성하기 위해 지역관광에 적용 가능한 웰니스 관광 클러스터 모델을 개발하고 있다. 이를 통해 지역관광의 거점을 다각화하여 더 많은 국내외 관광객을 유치하기 위해 노력하고 있다. 대표적인 예로서, 강원도의 동해시, 평창·정선군, 동해 무릉건강숲, 평창 용평리조트, 정선 파크로쉬리조트 등을 들 수 있다.

나. 웰니스 관광 자원

한국문화관광연구원은 힐링관광 자원을 자연 자원, 문화예술자원, 시설자원, 종교자원, 한방자원, 활동자원으로 구분하고 있다.

〈표 9-2〉 웰니스 관광자원

구분		주요내용
자연 자원	산림자원	- 산림욕의 의학적 효과는 수목에서 생성된 피톤치드의 효과임 - 피톤치드 효과 : 자율신경계 안정, 간기능 개선, 숙면효과, 악취제거(소취·탈취효과), 면역기능 강화, 향균·방충효과, 혈압강화 효과 등
	수 자 원	- 온천욕 : 혈액순환, 관절염 등 신경통 완화, 진정·진경 작용, 체중조절, 피부미용(노화방지) 등 - 수영 : 전신운동 효과, 유산소 능력 향상, 폐활량 증가, 혈액순환, 관절염 완화 등
	지형자원	- 둘레길, 산 등의 지형자원을 활용한 힐링활동은 햇빛으로 인한 비타민 D 생성, 유연성 증진, 창의력 향상, 심장질환 예방, 신경근육 완화를 통한 진정 작용, 소화 기능 강화 등의 효과를 가짐
	자연관찰 자원	- 자연관찰은 일상생활에서 자세히 관찰하기 어려운 별자리, 숲, 동물, 자연환경 등을 관찰하면서 심신의 안정, 자연에 대한 고찰, 교육적 효과 등을 가짐
문화 예술 자원	음악자원	- 음악자원은 비언어적 전달 수단으로 언어로 소통되지 못하는 부분을 치료할 수 있는 주요 매개체임 - 치료를 위해 환자가 체계적인 음악활동에 적극적으로 참여하여 언어발달, 정서안정, 사회성 발달 등 신체와 정신기능 향상
	미술자원	- 미술자원은 자발적인 미술 활동으로 자기감정을 발

		견, 이해를 통해 몸과 마음을 정화시켜 주는 주요 매개체임 - 감정표현의 원활화, 스트레스 완화, 타인과의 의사소통 향상, 심리치료 등
	연기예술 자원	연기, 연극치료는 거울 기법, 독백, 역전 전환, 이중 자아 등 연극적 자원을 활용하여 심신불안(장애)을 겪는 이들의 문제탐색 및 갈등 해결에 활용됨 - 피해의식, 불안장애, 성격장애 등 정신적 불균형 완화 - 가정불화, 따돌림 등과 같은 갈등 해결 등
시설자원		- 관광, 의료, 쇼핑 등 다양한 활동 수행이 가능함에 따라 이동에 대한 스트레스 완화 및 자유로운 휴식을 즐길 수 있는 공간을 제공함 - 웰니스 시설자원에서의 체험을 통해, 심신 안정, 자연 친화적 삶에 대한 만족, 농어촌 문화 습득, 자연에 대한 관심도 증대 등의 효과도 있음
종교자원		- 종교 활동지에서의 수행(템플스테이, 서원·피정 스테이 등) 등을 통해 마음수련, 스트레스 완화 등의 효과 및 종교유물·유적지의 관광 활동 등으로 인한 교육적 효과가 있음
한방자원		- 동양철학을 기반으로 하는 한방자원은 긴장감 완화, 정신적 스트레스 해소, 질병 제거, 건강 유지, 치유력 증가 등의 효과가 있음
활동자 원	음식자원	- 자연 재료를 사용한 음식을 섭취함으로써 자연의 풍미를 느끼고 해독작용 등을 통한 심신 정화의 효과를 가짐
	운동자원	- 명상/요가 등의 운동을 통해 심신의 안정, 집중력 강화, 스트레스 완화 등의 효과를 가짐 - 아쿠아로빅 등과 같은 활동형 운동자원은 노폐물 배출

자료) 한국문화관광연구원, 『웰니스 관광산업분류 구축방안』, 2018.

다. 웰니스 관광산업 유형

튀르키예와 그리스의 경우 전통적인 의료관광산업이 나날이 다각화하는 관광객의 욕구를 충족시키기 위해 점차 웰니스 관광산업으로 확장되고 있으며, 특히 치유 효과가 탁월한 온천수를 활용한 상품이 큰 인기를 얻고 있다.

튀르키예 스파 협회에서 제시한 웰니스 관광산업 유형을 살펴보면, 튀르키예 전통 목욕탕, 튀르키예 스파, 튀르키예식 열온천, 천연온천 등이 있으며, 그리스의 경우, 열의학용 스파, 스파 웰니스, 지중해 다이어트, 웰니스 생활지원, 성형외과, 물리치료, 피부미용, 치과, 인공수정, 신장센터 등으로 나뉜다.

관광의 형태만 보아서는 의료관광과 웰니스 관광산업의 구분이 모호한데 이는 의료관광산업과 웰니스 관광산업이 상호 의존적인 성격을 가지고 있기 때문이다.

웰니스 관광산업을 구분해 보면 다음과 같다.

<표 9-3> 웰니스 관광산업

구분		주요 내용
핵심 웰니스 관광산업	웰니스 관련 관광산업	- 호텔업, 휴양콘도업, 웰니스 리조트업, 여행사업, 여행 보조 및 예약 서비스업, 식물원 및 동물원 운영업, 자연공원 운영업, 기타 유사 여가 관련 서비스업 등
	웰니스 뷰티 산업	- 피부미용업, 기타미용업, 욕탕업, 마사지업, 체형 등 기타 신체 관리 서비스업 등
	피트니스, 레저산업	- 종합스포츠시설 운영업, 체력단련시설 운영업, 골프장 운영업, 수영장 운영업, 유사 의료업 등
	식이, 영양 관리 산업	- 한식 일반음식점업, 한식 면요리 전문점, 한식 육류요리 전문점, 한식 해산물 요리 전문점, 중식 음식점업, 일식 음식점업, 서양식 음식점업, 기타 외국식 음식점업, 기타 비알콜 음료점업 등

연계 웰니스 관광산업	연계 웰니스 관광산업	- 화장품 관련 제조업, 체력단련용 장비/기기 제조업, 웰니스 관련 건강식품 제조업 등 웰 니스 관광 관련 제조산업
	웰니스 관광 유통업	- 면세점, 화장품 유통업, 체력단련용 장비/ 기기 유통업, 웰니스 관련 건강식품 유통업, 기념품 유통업 등 웰니스 관광 관련 유통업소 통 향상, 심리치료 등
	웰니스 관광 의료산업	- 웰니스 관련 병·의원(경증 의료기관만 포함), 웰니스 관련 의료 진단 장비 제조업 등 의료관광산업 중 웰니스 관련 의료산업
	웰니스 관광 서비스업	- 웰니스 관광 관련 정보제공 산업, 웰니스 관광 관련 전문인력 양성 산업, 웰니스 관광 관련 통역 서비스업 등
지원 웰니스 관광산업	관광 숙박업	- 여관, 민박업, 게스트하우스 등 관광 숙박 업
	관광여객 운송업	- 관광철도, 육상, 수상, 항공 등 관광여객 운 송업
	웰니스 관광 단체 및 기관	- 웰니스 관광 관련 연구개발업, 공공기관, 교육 서비스업, 관련 단체 등 웰니스 관광을 지원하는 관련 단체 및 기관

출처) 한국관광공사, 『웰니스 관광산업분류 구축방안 연구』, 2019.

5 슬로관광

가. 정의

슬로관광(Slow Tour)은 슬로우 리트릿(Slow Retreat)이라고도 하며, 동남아 등에서 유행하는 체류형 힐링관광을 벤치마킹하여 느림의 철학을 바탕으로 자연 생태 환경과 전통문화를 지키는 슬로시티에서 체류하면서 힐링하는 관광을 말한다.

슬로시티 라이프는 공해 없는 자연 속에서 전통과 자연 생태를 슬기롭게 보전하면서 느림의 미학을 기반으로 무한 속도경쟁의 디지털 시대보다 여유로운 아날로그적 삶을 추구하는 접근법을 의미한다. 즉 공해 없는 자연 속에서 그 지역에 생산되는 음식을 먹고, 그 지역의 문화를 공유하며, 자유로운 옛날의 농경시대로 돌아가는 느림의 삶을 추구하는 운동을 말한다.

나. 역사

1986년, 이탈리아 로마에 패스트푸드의 대명사인 맥도날드가 매장을 열자 이탈리아 사람들은 큰 충격을 받았고, 지역 고유의 전통 음식을 지키려는 모임이 곳곳에서 생겨나기 시작했다. 슬로푸드 운동의 세가 확장되어 1999년 10월, 그레베 인 키안티(Greve in Chianti)의 파올로 사투르니니(Paolo Saturnini) 전 시장 등이 모여 풍요로운 마을이라는 '치따슬로(cittaslow)', 즉 슬로시티(slow city)운동을 출범시켰다.

슬로시티의 슬로(Slow)는 단순히 패스트(Fast)의 반대 의미로 "느리다"는 의미라기보다는, 개인과 공동체의 소중한 가치에 대해 재인식 하고, 여유와 균형 그리고 조화를 찾아보자는 의미다. 이는 결코 현대 문명을 부정하거나 반대하는 것이 아니며, 지역의 정체성을 찾고, 옛것과 새것의 조화를 위해 현대의 기술을 활용하는 것을 지향하고 있다.

슬로시티는 도시의 전통문화와 산업, 자연환경, 지역 예술을 지키고자 지역민이 참여하는 지역 공동체 운동이며, 지역 특산물 및 전통음식의 가치 재발견, 생산성 지상주의의 탈피, 환경을 위협하는 대량소비와 무분별한 바쁜 생활 태도의 배격, 자연에 대한 인간의 기다림 등의 철학을 실천하는 운동이다.

인구가 5만 명 이하이고, 도시와 환경을 고려한 정책이 실시되고 있으며 전통문화와 음식을 보존하려 노력하는 등 일정 조건을 갖춰야 슬로시티로 가입할 수 있다.

슬로시티는 2023년 기준 전 세계 33개국 288개 도시가 가입되어 있는데, 아시아 지역은 우리나라가 처음으로 전남 4곳(완도군 청산도, 신안군 증도, 담양군 창평면, 장흥군 유치면)이 슬로시티 국제연맹의 실사를 거쳐 2007년 12월 1일 슬로시티로 지정되었다. 2023년까지 전국에 19개가 지정되어 운영되고 있다.

〈표 9-4〉 슬로시티 지정현황

구분	지정
2007	완도군 청산도, 신안군 증도, 담양군 창평면, 장흥군 유치면
2009	경남 하동군, 충남 예산군
2010	경기도 남양주시, 전북 전주시
2011	경북 상주시, 청송군
2012	강원도 영월군, 충북 제천시
2017	충남 태안군, 경북 영양군
2018	경남 김해시, 충남 서천군
2019	전남 목포시
2021	강원 춘천시
2022	전남 장흥군

출처) 한국슬로우시티 본부

6 종교관광

가. 정의

종교관광(Religious Tour)은 교회와 수도원, 특정 종교의 성지 및 그 주변의 시설 등을 관광하는 것으로, 교회에서의 수련회, 절에서의 템플 스테이 등도 일종의 종교관광이라 볼 수 있다. 종교관광은 종종 성지순례 (pilgrimage) 개념과 혼용되어 쓰이고 있다. 그러나 성지순례는 종교적으로 의미 있는 곳을 방문하여 역사적 의의 등을 학습하는 형태에 한정되는 반면, 종교관광은 위에서도 언급했듯이 템플 스테이나 주변 관광지를 적극적으로 탐방하는 활동 등을 모두 포함한다.

일반적으로 종교인들은 특정 종교 성인의 유품이나 신체의 일부분이 존재하는 장소, 성스러운 의미를 지닌 사건이 일어났던 장소, 영적 감동을 주기 위해 건설된 건축물이나 정원, 영적 의미가 부여된 장소, 종교적인 에너지가 있다고 믿어지는 장소 등을 방문하고자 한다. 이러한 활동을 통해 영적으로 치유되는 경험을 할 수 있다.

종교관광에 참가하는 주된 동기는 종교적인 의무 수행, 개인적인 희망 혹은 소원의 실천, 사업 성공의 욕망, 행운, 건강 기원, 치유, 치료 목적 등이다.

나. 특징

종교관광상품의 구성과 판매를 보면 다음과 같은 특징이 나타난다.

① 단체 종교관광의 경우 해박한 지식을 갖춘 관광안내원이 대동해야 하며, 대개 이런 가이드의 역할은 목사나 신부가 맡게 된다.

② 종교관광 목적면에서 나이가 많을수록 신앙 목적이 높게 나타나며, 연령이 낮을수록 신앙과 관광을 겸하는 관광이 많다.

③ 종교관광상품을 기획하기 위해서는 해당 종교에 대한 전문적인 지식이 필요하다.

④ 해당 종교의 전문적인 지식이란 종교의 역사, 성지, 사원 등의 물리적인 자원은 물론 종교의례, 축제, 관습, 특이 사항 등 무형자원에 대한 완벽한 이해가 필요하다. 이는 여행객이 해당 종교에 대해 전문가 수준 이상의 지식을 가지고 있는 경우가 많기 때문에 이에 상응하는 상품을 제시해야 관광에 참여하고자 하는 의사가 생길 수 있기 때문이다.

다. 종교관광의 역사

종교관광은 인류의 역사상 가장 오래된 관광이라고 할 수 있다. 역사적으로 고대에는 관광이 일부 상류층의 전유물이었고, 종교가 생기면서 순례와 관광이 동일시하게 취급되었기 때문이다. 즉, 종교가 생기면서 종교 지도자를 따라다니거나 전도를 하러 다니는 것이 종교관광의 시작이라고 할 수 있다. 중세의 종교관광은 주로 성지순례의 형태를 지니고 있었는데, 종교의 탄생지나 수도원, 교회 등을 방문하면서 신앙심을 높였다.

현대에 와서는 교통이 편리해지고 경제적으로 여유가 생기면서 성지순례에 대한 수요가 증가하고 있으며, 여행이 대중화됨에 따라 종교관광 시장도 점점 커지고 있다.

7 힐링관광

가. 정의

힐링관광은 2012년부터 관련 서적들이 나오기 시작하면서 대중들에게 중요한 여행의 한 분야로서 인식되고 있다. 그리고 정부와 지자체 등에서 힐링관광이라는 명목 하에 다양한 관광지와 관광상품을 개발하고 있다. 하지만 아직 힐링관광이 무엇인지 명확히 정의된 바는 없다.

비록 개념 정의는 명확히 되지 않았지만, 여행 중 자연환경을 활용하여 정신적, 육체적 스트레스를 해소하고 심리적 안정감을 찾아 심신의 건강을 회복하고자 하는 현대인들이 증가하고 있다. 심리적 만족감, 스트레스 해소, 우울증 해소 및 신체적 건강 향상에 여행이 긍정적인 영향을 미칠 수 있음이 입증되면서 힐링관광의 중요성이 더욱 커지고 있다.

힐링관광(Healing Tour)은 힐링(Healing)과 여행(Tour)의 합성어이다. 즉, 문자 그대로 힐링여행을 해석해 본다면, 관광을 하면서 심신을 치유하고, 마음을 정화하는 활동으로 정의할 수 있다. 힐링관광도 비슷한 의미로 사용되고 있지만, 주로 힐링 개념을 휴양, 레저, 문화 활동에 접목하여 만든 관광상품에 참여하는 행위를 통칭한다. 힐링관광은 특히 정부나 지자체에서 적극적으로 도입하고 있는데, 지역의 관광상품을 건강, 치유, 휴양, 레저, 문화활동 등과 연계하여 새로운 상품으로 제공하고 있다.

최근에는 힐링관광이 의료관광, 생태관광, 종교관광 등을 포함하는 포괄적인 개념으로서 확대하고 있어, 그 시장성이 더욱 커질 것으로 예상된다.

나. 힐링관광과 관광의 차이점

힐링관광과 관광의 차이는 다음과 같다.

① 여행의 주체면에서 힐링관광은 자신의 힐링을 위해서 스스로 계획을 세워 여행하는 것을 의미하고, 관광은 정부, 지자체, 업체, 개인 등이 만든 관광상품에 참여하는 것이라 할 수 있다.

② 여행의 참여도면에서 힐링관광은 자신이 원하는 여행을 하는 것이기 때문에 능동적이라 할 수 있는 반면, 관광은 만들어진 관광상품에 참여하는 것이기 때문에 수동적인 형태로 볼 수 있다.

③ 여행의 선택면에서 힐링관광은 일정이나 여행의 볼거리 선정 자체가 자유롭지만, 관광은 이미 계획된 일정에 따라야 하기 때문에 상대적으로 선택이 자유롭지 못하다.

④ 여행의 형태면에서는 힐링관광은 주로 휴식형 관광이 많고, 관광은 체험형이 많다.

⑤ 여행지는 힐링관광은 어디든 가고 싶은 곳을 선택할 수 있지만, 관광은 여행의 목적을 이룰 수 있는 시설 등이 갖춰진 곳을 선택해야 한다.

〈표 9-5〉 힐링관광과 관광의 차이

구분	힐링관광	관광
주체	스스로 여행계획을 세워서 여행	정부, 지자체, 업체, 개인 등이 만든 관광상품에 참여
참여도	일정이나 여행의 볼거리 선정 자체가 자유롭게 선택	수동적으로 참여
선택	능동적인 관광객	계획대로 따라서 하기 때문에 선택이 자유롭지 못함
형태	휴식형 관광	체험형 관광
여행지	가고 싶은 곳을 선택	힐링시설, 의료시설, 여행의 목적을 이룰 수 있는 시설 등이 갖춰진 곳

8 여행치료

  자연환경을 이용한 인간 본연의 회복력을 발휘해 현대사회에서 받는 정신적, 육체적 스트레스를 해소하고 심리적 안정감을 찾아 건강을 회복하고자 하는 현대인들이 증가하고 있다. 심리적 만족감과 스트레스 해소, 우울증 해소, 신체적 건강과 면역력을 향상시키는 여행의 효과가 입증되면서 여행치료의 중요성이 커지고 있는 것이다.

  여행치료(Tour Therapy)는 여행(Tour)과 치료(Therapy)의 합성어이다. 여행은 일이나 구경을 목적으로 다른 고장이나 외국에 가는 일을 의미한다. 이렇게 볼 때 여행치료는 여행이 가진 장점을 활용해 내담자와 동행하는 여행을 매개로 내면의 정신적, 심리적 문제를 치료하는 것을 말한다. 여행치료는 일반적인 여행보다는 치유를 목적으로 하는 경향이 강한데 공감과 치유, 위로를 핵심으로 하는 관광이며, 특정 질병이나 증상의 치료를 목표로 한다.

  여행치료는 내담자가 여행을 통해 자신의 정서적 상태를 긍정적으로 변화시키거나 심리적 문제를 치유하기 위한 다양한 형태의 체험을 제공하는 심리 상담기법이다. 치유 여행은 내담자의 정신적, 심리적 문제에 따라 여행지를 선택하고 여행 과정에서 치유될 수 있도록 한다. 따라서 여행치료는 개인이 가지고 있는 여러 정신적 외상이 활동 과정에서 표현됨으로써 긴장과 불안을 해소하게 한다. 더불어 정신적, 신체적 문제를 극복하고 해결하는 데에 도움을 주는 심리학적 치료법 중 하나라 할 수 있다.

  심리 치료의 일종인 여행치료는 여행을 통해 감정과 내면세계를 표현하고 여행이 주는 정서적 장점을 활용해 자연스럽게 심리적 문제를 해결하고 치료하는 방법이다.

  말로 표현하기 어려운 생각이나 느낌을 여행에서 표현함으로써 안도감과 감정 정화를 경험하게 하고, 내면을 돌아봄으로써 자아 성장을 촉진하는 치료법인 것이다. 이러한 심리치료가 가능한 것은 자신이 가진 문제를 여행의 즐거움 속에서 능동적으로 치료할 수 있다는 데에 있다. 이러한 능동성으로 인해 더 강력한 효과를 기대할 수 있다.

일반적으로 치료와 힐링은 유사한 개념으로 혼용되고 있지만 엄밀하게 말하면 다른 의미이다. 힐링(Healing)은 개인이 능동적으로 좋은 심리 상황을 경험하는 것으로, '마음의 평온', '심리적 안정', '정신적 위로' 등을 의미한다. 반면 치료는 의료기관에서 검사, 진료를 받는 등 직접적이고 적극적인 의료 행위를 포함해 병이나 장애, 문제를 완화하고 완치하기 위한 계획적 체계를 수립하는 과정과 활동을 뜻한다.

힐링관광은 '여행의 장점으로 정신적, 심리적 문제를 치유하는 여행'을 의미하며, 치유 여행이라고 부르기도 한다. 하지만 여행치료는 여행심리상담자가 내담자의 정신적, 심리적 문제와 상황에 맞는 여행 목적과 장소를 계획하여 함께 여행하며 그 문제를 해결하는 것을 의미한다.

힐링관광과 여행치료의 공통점은 여행의 장점을 활용하기 위해 계획을 수립하고 이행한다는 점이다. 하지만 힐링관광은 전문가를 대동하지 않고 혼자, 혹은 다른 사람들과 여행을 하며 문제를 치유하는 반면 여행치료는 반드시 여행심리상담사가 동행해 심리상담을 받으면서 문제를 치료한다는 데에서 차이를 보인다.

또 한 가지의 차이는 치유의 성과에 있다. 힐링관광은 여행 과정에서 풍경이나 문화 등을 통해 힐링을 경험하며 수동적으로 문제를 치유하는 것으로 목적 달성이 담보되지 않는다. 하지만 여행치료는 전문가가 동행하며 자연스럽게 심리상담을 진행하기에 일정 수준 이상의 치료 효과를 기대할 수 있다.

제10장
관광산업

1 관광산업의 정의

관광업(Tourism) 또는 관광산업(Tourist industry)이란 영리를 목적으로 관광객에 재화와 서비스를 제공하되 영업을 기반으로 하는 업체를 말한다. 「관광진흥법」에서는 관광산업은 관광객을 위하여 운송·숙박·음식·운동·오락·휴양 또는 용역을 제공하거나 그 밖에 관광에 딸린 시설을 갖추어 이를 이용하게 하는 업(業)이라고 정의하였다. 그리고 관광산업을 운영하는 관광사업자는 관광사업을 경영하기 위하여 정부나 지자체로부터 등록·허가 또는 지정받거나 신고를 한 자를 말한다.

관광산업에는 여행업, 관광숙박업(호텔업, 휴양 콘도미니엄업), 관광객 이용시설업(관광객을 위하여 음식·운동·오락·휴양·문화·예술 또는 레저 등에 적합한 시설을 갖추어 이를 관광객에게 이용하게 하는 업), 야영장업, 국제회의업(세미나·토론회·전시회·기업회의 등을 하는 업), 카지노업(전문 영업장을 갖추고 주사위·트럼프·슬롯머신 등 특정한 기구 등을 이용하여 우연의 결과에 따라 특정인에게 재산상의 이익을 주고 다른 참가자에게 손실을 주는 행위 등을 하는 업), 유원시설업(이용자에게 재미, 즐거움, 스릴을 제공할 목적으로 기계·전기·전자 장치 등을 활용하여 일정 공간 내에서 정형화된 방법으로 이용하도록 설치된 시설 또 기구) 등이 있다.

관광산업은 교통업, 숙박업, 항공업, 요식업 등의 광범위한 각종 관련 산업과의 관련되어 있기 때문에 복합산업이라고도 하며, 관광만 독립한 단독 산업은 아니다.

2 관광산업의 장점과 중요성

　오늘날 사회발전과 경제적인 능력의 향상에 따라서 관광을 요구하는 인구의 증가에 따라 관광의 대중화와 일반화로 이어지고 있다. 관광객은 관광을 통해서 숙박비, 음식비, 오락비, 입장료, 관광세 등의 다양한 형태로 지출함으로써 관광이 가져오는 경제적 효과가 매우 커서 관광업을 '보이지 않는 무역', '굴뚝 없는 공장' 등으로 비유하여 고부가가치 산업이라 인식하고 있다.

　관광산업은 다른 나라와 통상마찰이 없이 외화를 벌어들여 국가 경제에 도움이 되며, 국제화에 기여한다는 점에서 21세기 신성장 동력산업으로서 중요성이 커지고 있다. 관광산업의 장점은 다음과 같다.

가. 경제적 이점

　관광산업은 지역 경제에 큰 기여를 한다. 관광객은 숙박, 식사, 교통, 쇼핑 등을 포함한 많은 지출을 하기 때문이다. 이를 통해 지역 내 소상공인이나 호텔, 레스토랑 등과 같은 산업 분야의 발전이 가능하며, 관광산업은 지역 경제 활성화와 일자리 창출에도 기여한다. 호텔, 레스토랑, 교통 등 관광 산업의 각 분야에서 일자리가 창출되며, 이는 지역 내 경제활동과 발전에도 큰 기여를 한다.

나. 문화 교류

　관광객은 방문하는 지역의 문화, 역사, 전통 등을 체험하고 배울 수 있다. 이를 통해 서로 다른 문화 사이의 교류와 이해가 가능해지며, 상호 간의 인식이 좋아진다.

다. 지역 사회 발전

　관광산업은 지역 내 사회 발전에도 기여한다. 관광객들은 지역의 문화, 역사, 전통 등을 배우고 이해하는 과정에서 지역 사회와의 상호작용이 이루어지게 된다. 또한, 관광객을 위한 혁신적인 관광상품과 서비스를 개발하고 이를 지역 경제 활성화에 활용할 수 있다. 그리고 관광산업이 발전하면서 지역의 발전에도 큰 기여를 한다.

라. 자연 보호

관광산업은 지역의 자연 환경보호에도 도움을 줄 수 있다. 관광산업은 지역의 자연환경을 유지하고 보존하면서 관광객들에게 자연 체험을 제공한다. 따라서 관광객들은 자연과 농경지를 감상하고 즐기는 경험을 통해 지역의 자연 생태계를 이해하고 존중하게 되며 이를 통해 지속 가능한 관광산업을 유지할 수 있다. 또한, 지속 가능한 관광 산업을 유지하기 위해 친환경적인 방법과 기술을 도입하여 지구촌적인 환경 문제에 대한 대응에도 기여할 수 있다.

마. 국제적 인식 상승

관광산업의 발전은 국제적으로 지역의 인식과 이미지를 높여준다. 관광객들이 방문한 지역에서 좋은 경험을 하면 이를 소문으로 널리 알리고 다시 방문하려는 움직임이 생길 수 있다. 이는 전 세계에 좋은 인상을 주며, 지역의 브랜드 가치를 높일 수 있다.

바. 문화 유산 보존

관광산업은 지역의 문화 유산 보존에도 기여한다. 지역의 유적지, 역사적 건축물, 전통 예술 등을 관광객들에게 소개하고 보존하면서, 이를 통해 지역의 역사와 문화 유산을 보존할 수 있다. 또한, 이를 통해 지역의 문화 유산을 인식하고 지역 주민들의 자부심과 일자리 창출에도 도움을 줄 수 있다.

따라서 각국 정부는 사활을 걸고 여행객의 유입을 위하여 안전하고 놀라운 경험을 할 수 있는 관광 실현을 위해 다양한 관광 프로그램을 개발하여 출시하고 있으며, 관광객의 유입을 통한 관광산업의 발전을 위하여 국제적인 홍보를 경쟁적으로 하고 있다.

3 관광산업의 특징

관광산업의 특성은 복합성, 입지 의존성, 변동성, 공익성, 서비스성 등이 있다.

가. 복합성

관광산업은 공적 기관 및 민간 기업 등 그 사업의 주체가 매우 다양하다. 뿐만 아니라, 공적 기관 및 민간 기업이 역할을 분담하여 공동으로 추진하는 사업이 많다. 예를 들어 정부에서 '한국관광의 해' 같은 행사를 개최하면 그에 따른 방문객에 대한 서비스는 민간 기업이 제공한다.

그리고 관광산업의 업무는 여러 형태로 분화되어 있어, 여러 관련업종이 개입하여 하나의 관광이 성립된다. 관광을 위해서는 교통업, 요식업, 숙박업 등의 다양한 업종이 개입해야 한다. 따라서 다양한 사업의 주체와 관광업체들이 복합적으로 움직여야 관광이 된다.

나. 입지 의존성

관광지는 유형·무형의 관광자원을 가지고 고유의 특성에 따라 관광지로 관심을 불러일으킨다. 즉, 유적 관광지, 휴양 관광지, 산악 관광지 등으로 관광객에게 흥미를 준다. 따라서 관광산업은 관광지의 유형, 기후조건 및 관광자원, 교통 여건 등 입지적 요인에 크게 영향을 받게 된다.

다. 변동성

관광은 외부 여건에 따라 매우 민감하게 영향을 받는다. 관광산업이 변동성을 갖는 요인으로 다음과 같다.

- 사회적 요인 : 사회 및 국제정세의 변화, 정치 불안, 폭동, 테러, 질병 발생, 신체적 정신적 불안감을 주는 요인
- 경제적 요인 : 경제불황, 소득의 불안정, 환율변동, 운임변동 등
- 자연적 요인 : 기후, 지진, 태풍, 폭설 등
- 계절적 요인 : 성수기와 비수기

4) 공익성

관광산업은 공적인 사업과 사적인 사업으로 이루어진 복합체적 성격을 내포하고 있다. 관광기업은 영리 추구만 집착하는 경영은 허용되지 않는다. 관광산업은 공익성을 위하여 국체 친선 증진을 통한 국위선양, 국제문화의 교류, 근로 의욕 고취, 국민건강증진 및 교양 향상, 외화획득, 기술협력, 국제무역증진, 국가 경제발전, 지역 소득 증대, 고용 등에 기여한다.

5) 서비스성

관광상품은 무형의 상품을 판매하는 것이기에 서비스를 판매하는 것과 같다. 관광은 경험을 통해서 만족감을 판매하는 것이기 때문에, 관광산업을 꿈을 파는(selling dreams) 사업이라고 부르기도 한다.

4 관광산업 관련 법규

우리나라의 현행 관광 관련 법규로는 관광 진흥의 방향과 시책의 기본을 규정함으로써 국제 친선의 증진과 국민 관광의 발전을 도모하기 위한 「관광기본법」, 관광사업을 건전하게 지도, 육성함으로써 관광 진흥에 기여함을 목적으로 하는 「관광진흥법」이 있다.

가. 「관광기본법」

「관광기본법」은 관광진흥의 방향과 시책의 기본을 규정함으로써 국제친선의 증진과 국민경제의 향상을 기하고 건전한 국민 관광의 발전을 도모함을 목적으로 하는 법률이다(1975. 12. 31. 법률 제2877호).

정부는 관광 진흥에 관한 기본적이고 종합적인 시책을 강구하여야 한다. 정부는 국무총리 소속 하의 관광정책심의위원회의 심의를 거쳐 관광 진흥 장기계획 및 연도별 계획을 수립하고, 법제상·재정상·행정상 필요한 조치를 강구하여야 하며, 매년 관광 진흥에 관한 시책과 동향에 대한 보고서를 정기국회 개시 전까지 국회에 제출하여야 한다.

「관광기본법」은 14조와 부칙으로 되어 있으며, 정부는 외국 관광객의 유치, 시설의 개선, 관광 자원의 보호, 관광사업의 지도육성, 관광종사자의 자질 향상, 국민 관광의 발전을 필요한 시책을 강구하여야 하며, 지방자치단체는 관광에 관한 국가시책에 관하여 필요한 시책을 강구하여야 한다. 정부는 관광에 적합한 지역을 관광지로 지정하여 필요한 개발을 하여야 하며, 관광진흥개발기금을 설치하여야 한다.(2000년 1월 12일 개정)

나. 「관광진흥법」

「관광진흥법」은 관광 진흥을 위하여 관광 자원을 개발하고 관광산업을 육성하는 데에 필요한 사항을 정한 법률(법률 제18982호 공포일 2022.09.27). 「관광진흥법」은 관광 여건을 조성하고 관광 자원을 개발하며 관광사업을 육성함으로써 관광 진흥에 이바지함을 목적으로 하는 법률이다. 「관광진흥법」은 7장 86조와 부칙으로 되어 있다.

관광사업의 종류는 여행업, 관광 숙박업, 관광객 이용시설업, 국제회의업, 카지노업, 유원시설업, 관광편의시설업으로 하며, 업종에 따라 시·도지사 또는 문화체육관광부 장관의 허가·지정·신고·등록이 필요하다. 관광사업자는 사업과 관련하여 보험 또는 공제에 가입하거나 영업 보증금을 예치하여야 한다.

관광사업자는 사업장에 관광 표지를 붙일 수 있다. 여행업자는 내국인의 국외여행에는 적합한 인솔자를 두어야 한다. 관광 숙박업은 문화체육관광부장관이 등급을 정할 수 있다. 카지노업은 일정한 시설 및 기구를 갖추어야 하며, 일정 매출액을 관광 진흥개발기금에 납부하여야 한다. 유원시설업자는 안전성검사를 받아야 한다.

관광 종사원은 문화관광부장관이 실시하는 시험에 합격한 후 등록하고 교육을 받아야 한다. 관할 등록기관 등의 장은 관광 사업자에게 관광 종사원의 자격을 가진 자가 종사하도록 권고할 수 있다.

지역별 관광협회 및 업종별 관광협회는 관광사업의 건전한 발전을 위하여 관광업계를 대표하는 한국관광협회중앙회를 설립할 수 있다. 문화체육관광부 장관은 관광과 관련된 국제기구와의 협력을 증진하며, 시·도지사와 함께 국내외 관광 홍보 활동을 조정하거나 기타 필요한 사항을 지원할 수 있다. 문화체육관광부 장관은 관광정책 심의위원회의 의결을 거쳐 전국의 관광개발 기본 계획을 수립하여야 하고, 시·도지사는 권역별 관광개발계획을 수립하여야 한다.

관광지 및 관광단지와 관광특구는 시·도지사가 지정한다. 관광지 등의 조성 사업 시행자는 이용자 분담금 및 원인자 부담금을 부과할 수 있으며, 입장료·관람료 또는 이용료를 징수할 수 있다.

다. 「관광진흥법 시행령」

「관광진흥법 시행령」은 「관광진흥법」에서 위임된 사항과 그 시행에 필요한 사항을 규정함을 목적으로 한다. 「관광진흥법 시행령」은 본문 67조와 부칙 9조로 되어 있으며 대통령령 제33366호이며 시행일은 2023.03.28. 이다.

제2조는 관광사업의 종류에 대하여 설명하고 있으며, 제3조 관광 사업에 대한 등록 절차를 제시하였으며, 제4조 관광 사업에 대한 등록증의 발급에 대해서 규정하고 있다. 제5조 휴양 콘도미니엄업과 전문휴양업 중 온천장 및 농어촌 휴양시설의 등록기준이며, 제6조 관광 사업 계획의 변경 등록을 다루고 있으며, 제7조는 대통령령으로 정하는 유원시설업은 허가 대상이며, 제8조에서는 관광사업자가 아닌 자는 명칭을 포함하는 상호를 사용할 수 없다고 하였다.

제9조는 관광숙박업의 사업계획 변경에 관한 승인을 받아야 하는 경우를 제시하였으며, 제10조는 관광사업의 사업계획(이하 "사업계획"이라 한다) 승인을 받으려는 자는 문화체육관광부령으로 정하는 바에 따라 사업계획 승인신청서를 특별자치시장·특별자치도지사·시장·군수·구청장에게 제출하여야 한다. 제11조는 특별자치시장·특별자치도지사·시장·군수·구청장은 신청한 사업계획 또는 사업계획의 변경을 승인하는 경우에는 사업계획승인 또는 변경 승인을 신청한 자에게 지체 없이 통보하여야 한다고 하였다.

제12조 사업계획승인의 대상은 관광객 이용시설업, 국제회의업이라고 하였으며, 제13조는 사업계획에 대한 승인 기준을 제시하였다. 제14조는 관광숙박시설을 건축할 수 있는 지역을 규정하고 있으며, 제15조부터 제19조까지는 관광숙박업 및 관광객 이용시설업 등록심의위원회의 규정에 대해서 설명하고 있다. 제20조는 등록심의대상 관광사업에 대해서, 제21조는 인·허가 등을 받은 것으로 보는 영업에 대해서 설명하고 있다.

제22조는 호텔업의 등급 결정에 대한 기준을 제시하고 있으며, 제23조부터 26조까지는 휴양 콘도미니엄업 및 종합휴양업에 대한 분양 및 회원 모집 관광사업에 대하여 규정하고 있다. 제27조부터 29조까지는 카지노업의 허가요건과 종사원의 범위 관광진흥개발기금으로의 납부금 등을 설명하고 있다.

제31조 유원시설업의 조건부 영업허가 기간과 유기시설 등에 의한 중대한 사

고 다루고 있으며, 제32조는 사업계획 승인시설의 착공 및 준공 기간을 다루고, 제33조는 행정처분의 기준 등을 다루고, 제34조와 제35조는 과징금을 부과할 위반행위의 종류와 과징금의 금액의 부과 및 납부 방법을 다루고 있다. 제36조와 제37조는 자격을 필요로 하는 관광 업무 자격 기준에 대하여 규정하고 있다.

제38조 한국관광협회중앙회의 설립요건을 다루고, 제39조와 제40조는 공제사업의 허가와 공제사업의 내용을 다루고 있다. 제41조는 지역별 또는 업종별 관광협회의 설립을 다루고, 제42조는 관광개발계획의 수립시기, 제43조는 경미한 권역계획의 변경, 제44조는 경미한 면적 변경, 제45조는 관광지 등의 지정·고시, 제46조는 조성계획의 승인신청, 제47조는 경미한 조성계획의 변경, 제48조 조성사업의 시행허가, 제49조는 용지매수 및 보상업무의 위탁, 제50조는 인·허가 등의 의제 등을 다루고 있다.

라. 「관광진흥법 시행규칙」

「관광진흥법 시행규칙」은 「관광진흥법」 및 같은 법 시행령에서 위임된 사항과 그 시행에 필요한 사항을 규정함을 목적으로 한다. 「관광진흥법 시행규칙」은 본문 73조와 부칙 4조로 구성되어 있으며, 문화체육관광부령으로 시행일 2023.02.02.일이다.

5 여행업 관련 용어

가. 개별자유관광(FIT - Foreign Independent Tour)

여행 안내원 없이 외국인이 개인적으로 여행하는 형태로 우리나라 인바운드 시장의 약 60% 이상을 FIT 여행객이 차지하고 있다.

나. 그룹포괄여행(GIT - Group Inclusive Tour)

그룹포괄여행을 뜻하는 말로써 여행 그룹을 위해 특별항공요금에 미리 가격을 지불한 여행이다. 이 여행에서 요구되는 사항은 그룹의 모든 구성원은 같은 왕복항공기로 여행해야 하고, 함께 유람하여야 한다는 것이다.

다. 여행인솔자동반 관광(FCT - Foreign Conducted Tour)

여행시작부터 완료까지 Tour Conductor가 동행하는 형태로 주로 단체여행을 의미한다.

라. 인바운드 관광(Inbound)

한국을 방문하는 외국 여행자들을 대상으로 하는 관광업

마. 아웃바운드 관광(Outbound)

외국을 방문하는 한국 관광객들을 대상으로 하는 관광업이다.

바. 종합여행업(General travel)

국내외를 여행하는 내외국인을 대상으로 하는 여행업으로 자본금 5천만 원 이상이 있어야 한다.

6 관광산업의 발전 방향

    관광산업은 항공, 철도 등 교통산업을 비롯하여 문화예술, 이벤트 공연 등의 문화산업, 스키, 골프, 요트 등 체육 관련 사업, 호텔을 중심으로 한 숙박업, 요식업, 쇼핑업 등 광범위한 분야와 밀접히 연관되어 있다. 따라서 관광산업은 여러 산업에 영향을 미치는 플랫폼 산업으로서 최대의 산업으로 인식되고 있다.

    관광산업은 지금까지 돈을 쓰는 소비산업이라는 인식에서 벗어나 생산성이 매우 높으며, 외화를 획득할 수 있는 생산적인 산업이라는 인식으로 변화하였다. 따라서 이러한 인식의 변화로 인하여 각국은 정부 주도의 관광정책을 만들어 마케팅에 노력을 기울이고 있다.

    각국의 관광정책을 살펴보면 개발도상국은 관광 인프라를 늘리기 위하여 주로 관광 기반 시설 확충에 역점을 두면서 외래관광객의 유치와 외화획득에 비중을 두고 있다. 반면에 선진국은 관광에 대한 충분한 인프라를 갖추고 있기 때문에 해외 홍보와 마케팅에 비중을 두고 있다.

    따라서 우리나라도 관광산업을 통하여 경제적 수입의 증가와 외화획득을 위해서는 열악한 국내 관광 기반 시설을 확충해야 하며, 우리만이 가지고 있는 관광 자원을 활용한 관광소프트웨어의 개발, 외국 관광객에게 제공할 수 있는 다양한 관광 소프트웨어를 제공해줘야 한다.

    또한 중앙정부와 자치단체, 민간 부문이 긴밀히 협력하는 가운데, 특히 정부관광기구는 민간과 지방정부가 수행하지 못하는 기능을 담당하고 이들의 활동을 지원하고 조정하는 역할에 중점을 두어야 할 것이다.

제11장
관광산업의 종류

1 여행업

여행업은 여행자 또는 운송시설·숙박시설, 그 밖에 여행에 딸리는 시설의 경영자 등을 위하여 그 시설 이용 알선이나 계약 체결의 대리, 여행에 관한 안내, 그 밖의 여행 편의를 제공하는 업을 말한다.

구체적인 업무로는 여행자를 위해 운송·숙박 기타 여행에 부수되는 알선이나 대리 계약을 체결하는 행위, 또는 그러한 사업을 경영하는 자를 위하여 여행자의 알선이나 대리 계약을 체결하는 행위, 타인이 경영하는 운송·숙박 기타 여행에 부수되는 시설을 이용하여 여행자에게 편의를 제공하는 행위, 여행자를 위해 여권 및 사증(査證)을 받는 절차를 대행하는 행위를 전부 포함한다.

여행업은 관광진흥법 시행령 제2조에 따라 종합여행업, 국내외여행업, 국내여행업으로 규정되어 있다.

1) 종합여행업

국내외를 여행하는 내국인 및 외국인을 대상으로 하는 여행업을 말한다. (사증을 받는 절차를 대행하는 행위 포함)

2) 국내외여행업

국내외를 여행하는 내국인을 대상으로 하는 여행업을 말한다.(사증을 받는 절차를 대행하는 행위 포함)

3) 국내여행업

국내를 여행하는 내국인을 대상으로 하는 여행업을 말한다.

2 호텔업

호텔업은 관광 숙박업이라고도 하며, 관광객의 숙박에 적합한 구조 및 설비를 갖추어 관광객으로 하여금 숙박 시설을 이용하게 하고 음식을 제공하는 것으로서, 관광호텔업·청소년 호텔업·수상관광호텔업·한국전통호텔업 ·가족호텔업· 호스텔업 등으로 세분된다.

1) 관광호텔업

관광객의 숙박에 적합한 시설을 갖추어 관광객에게 이용하게 하고 숙박에 딸린 음식·운동·오락·휴양·공연 또는 연수에 적합한 시설 등(이하 부대시설이라 한다)을 함께 갖추어 관광객에게 이용하게 하는 업(業)을 말한다.

2) 수상관광호텔업

수상에 구조물 또는 선박을 고정하거나 매어 놓고 관광객의 숙박에 적합한 시설을 갖추거나 부대시설을 함께 갖추어 관광객에게 이용하게 하는 업을 말한다.

3) 한국전통호텔업

한국 전통의 건축물에 관광객의 숙박에 적합한 시설을 갖추거나 부대시설을 함께 갖추어 관광객에게 이용하게 하는 업을 말한다.

4) 가족호텔업

가족 단위 관광객의 숙박에 적합한 시설 및 취사 도구를 갖추어 관광객에게 이용하게 하거나 숙박에 딸린 부대 시설을 함께 갖추어 관광객에게 이용하게 하는 업을 말한다.

5) 호스텔업

배낭여행객 등 개별 관광객의 숙박에 적합한 시설로서 샤워장, 취사장 등의 편의시설과 외국인 및 내국인 관광객을 위한 문화·정보 교류시설 등을 함께 갖추어 이용하게 하는 업을 말한다.

〈표 11-1〉 관광 숙박업 현황

구분	「관광진흥법」					계
	호텔업	휴양콘도미니엄업	관광펜션업	한옥체험업	외국인관광도시민박업	
2012	786	180	297	516	257	2,036
2017	1,617	227	410	1,265	1,689	5,208
2019	1,983	235	604	1,359	2,049	6,230
2021	2,130	242	602	1,505	1,874	6,353

구분	공중위생법		농어촌정비법	청소년활동진흥법	제주특별법	계
	일반숙박업	생활숙박업	농어촌민박업	유스호스텔	휴양펜션업	
2012	25,453	866	18,398	108	59	44,884
2017	26,256	2,351	25,974	108	98	54,787
2019	25,308	2,965	28,244	106	104	56,727
2021	29,656	3,870	28,702	82	110	62,420

출처 : 2021년 문화체육부 통계자료

3 관광객 이용시설업

관광객 이용시설업이란 관광객을 위하여 기념품을 판매하거나, 운동·오락·음식·휴양 등에 적합한 구조 및 시설을 갖추어 관광객에게 편의를 제공하는 것이다.

여기에는 골프장업·유흥 음식점업·관광 사진업 및 일정한 장소에 민속문화자원의 소개나 스키장의 개장 또는 휴식 시설을 제공하고 운동·오락·음식·숙박 등의 시설 가운데 1개 이상을 복합하여 운영하는 종합휴양업 등이 있다.

1) 전문휴양업

관광객의 휴양이나 여가 선용을 위하여 숙박업 시설(「공중위생관리법 시행령」 제2조 제1항 제1호 및 제2호의 시설을 포함하며, 「식품위생법 시행령」 제21조 제8호가목·나목 또는 바목에 따른 휴게음식점영업, 일반음식점영업 또는 제과점영업의 신고에 필요한 시설을 갖추고 별표 1 제4호 가목(2)(가)부터 (거)까지의 규정에 따른 시설 중 한 종류의 시설을 갖추어 관광객에게 이용하게 하는 업을 말한다.

2) 종합휴양업

① 제1종 종합휴양업 : 관광객의 휴양이나 여가 선용을 위하여 숙박시설 또는 음식점시설을 갖추고 전문 휴양시설 중 두 종류 이상의 시설을 갖추어 관광객에게 이용하게 하는 업이나, 숙박시설 또는 음식점시설을 갖추고 전문 휴양시설 중 한 종류 이상의 시설과 종합유원시설업의 시설을 갖추어 관광객에게 이용하게 하는 업을 말한다.

② 제2종 종합휴양업 : 관광객의 휴양이나 여가 선용을 위하여 관광숙박업의 등록에 필요한 시설과 제1종 종합휴양업의 등록에 필요한 전문휴양시설 중 두 종류 이상의 시설 또는 전문휴양시설 중 한 종류 이상의 시설 및 종합유원시설업의 시설을 함께 갖추어 관광객에게 이용하게 하는 업을 말한다.

3) 자동차 야영장업

자동차를 이용하는 여행자의 야영·취사 및 주차에 적합한 시설을 갖추어 관광객에게 이용하게 하는 업을 말한다.

4) 관광 유람선업

① 일반관광유람선업 : 「해운법」에 따른 해상여객운송사업의 면허를 받은 자나 「유선 및 도선사업법」에 따른 유선사업의 면허를 받거나 신고한 자가 선박을 이용하여 관광객에게 관광을 할 수 있도록 하는 업을 말한다.

② 크루즈업 : 「해운법」에 따른 순항(順航) 여객운송사업이나 복합 해상여객운송사업의 면허를 받은 자가 해당 선박 안에 숙박시설, 위락시설 등 편의시설을 갖춘 선박을 이용하여 관광객에게 관광을 할 수 있도록 하는 업을 말한다.

5) 관광 공연장업

관광객을 위하여 적합한 공연시설을 갖추고 공연물을 공연하면서 관광객에게 식사와 주류를 판매하는 업을 말한다.

6) 외국인 전용 관광기념품 판매업

외국인 관광객(출국 예정 사실이 확인되는 내국인을 포함한다)에게 물품을 판매하기에 적합한 시설을 갖추어 국내에서 생산되는 주원료를 이용하여 제조하거나 가공된 물품을 판매하는 업을 말한다.

4 국제회의업

국제회의업은 대규모 관광 수요를 유발하여 관광산업 진흥에 기여하는 국제회의(세미나 · 토론회 · 전시회 · 기업 회의 등을 포함한다.)를 개최할 수 있는 시설을 설치 · 운영하거나 국제회의의 기획 · 준비 · 진행 및 그 밖에 이와 관련된 업무를 위탁받아 대행하는 업을 말한다.

1) 국제회의 시설업

대규모 관광 수요를 유발하는 국제회의를 개최할 수 있는 시설을 설치하여 운영하는 업을 말한다.

2) 국제회의 기획업

대규모 관광 수요를 유발하는 국제회의의 계획·준비·진행 등의 업무를 위탁받아 대행하는 업을 말한다.

국제회의업을 경영하려는 자는 특별자치시장 · 특별자치도지사 · 시장 · 군수 · 구청장(자치구의 구청장을 말한다. 이하 같다)에게 등록하여야 한다. 등록을 하려는 자는 대통령령으로 정하는 자본금 · 시설 및 설비 등을 갖추어야 한다. 등록한 사항 중 대통령령으로 정하는 중요 사항을 변경하려면 변경 등록을 하여야 한다.
등록 또는 변경 등록의 절차 등에 필요한 사항은 문화체육관광부령으로 정한다.

5 유원시설업

유원시설업(遊園施設業)은 유기시설이나 유기기구를 갖추어 이를 관광객에게 이용하게 하는 유원시설업의 시설을 말한다. 유원시설업은 다른 영업을 경영하면서 관광객의 유치 또는 광고 등을 목적으로 유기시설이나 유기기구를 설치하여 이를 이용하게 하는 경우를 포함하며, 다음과 같이 세분할 수 있다.

1) 종합유원시설업

유기시설이나 유기기구를 갖추어 관광객에게 이용하게 하는 업으로서 대규모의 대지 또는 실내에서 법 제33조에 따른 안전성검사 대상 유기시설 또는 유기기구 여섯 종류 이상을 설치하여 운영하는 업을 말한다.

2) 일반유원시설업

유기시설이나 유기기구를 갖추어 관광객에게 이용하게 하는 업으로서 법 제33조에 따른 안전성 검사 대상 유기시설 또는 유기기구 한 종류 이상을 설치하여 운영하는 업을 말한다.

3) 기타 유원시설업

유기시설이나 유기기구를 갖추어 관광객에게 이용하게 하는 업으로서 법 제33조에 따른 안전성 검사 대상이 아닌 유기시설 또는 유기기구를 설치하여 운영하는 업을 말한다.

6 관광편의시설업

관광편의시설업은 관광산업의 한 종류로, 관광 진흥에 이바지할 수 있다고 인정되는 사업이나 시설 등을 운영하는 업을 말한다. 이는 관광유흥음식점업, 관광극장유흥업, 외국인전용 유흥음식점업, 관광식당업, 관광순환버스업, 관광사진업, 여객자동차터미널시설업, 관광펜션업, 관광궤도업, 관광면세업, 관광지원서비스업, 외국인관광도시민박업 등으로 세분된다.

1) 관광유흥음식점업

식품위생 법령에 따른 유흥주점 영업의 허가를 받은 자가 관광객이 이용하기 적합한 한국 전통 분위기의 시설을 갖추어 주류와 음식을 팔고 관광객의 유흥을 위하여 노래와 연주, 춤 등을 제공하는 업을 말한다.

2) 관광극장유흥업

식품위생 법령에 따른 유흥주점 영업의 허가를 받은 자가 관광객이 이용하기 적합한 무도(舞蹈)시설을 갖추어 음식 제공 및 노래와 춤을 감상 또는 춤을 출 수 있는 공간을 제공하는 업을 말한다.

3) 외국인전용 유흥음식점업

식품위생 법령에 따른 유흥주점 영업의 허가를 받은 자가 주류와 음식을 팔고 외국 관광객의 유흥을 위하여 노래와 연주, 춤 공연을 할 수 있도록 무대와 특수 조명설치를 제공하는 업을 말한다. 외국인 대상으로 영업해야 한다.

4) 관광식당업

식품위생 법령에 따른 일반음식점영업의 허가를 받은 자가 한국 전통 음식 및 외국 전문 음식을 제공하는 경우 해당 조리사 자격증 소지자 또는 조리교육을 이수한 자를 두어야 한다. 최소 한 개 이상의 외국어로 음식의 이름과 관련 정보가 명기된 메뉴판을 갖추고 출입구가 분리된 남.녀 화장실을 갖추어야 하는 업을 말한다.

5) 관광순환버스업

「여객자동차 운수사업법」에 따른 여객자동차운송사업의 면허를 받거나 등록을 한 자가 버스를 이용하여 관광객에게 시내와 그 주변 관광지를 정기적으로 순회하면서 관광할 수 있도록 하는 업을 말한다.

6) 관광사진업

외국인 관광객과 동행하며 기념사진을 촬영하여 판매하는 업을 말한다.

7) 여객자동차터미널시설업

「여객자동차 운수사업법」에 따른 여객자동차터미널사업의 면허를 받은 자가 관광객이 이용하기 적합한 여객 자동차 터미널시설을 갖추고 이들에게 휴게시설·안내시설 등 편익 시설을 제공하는 업을 말한다.

8) 관광펜션업

숙박시설을 운영하고 있는 자가 자연·문화 체험관광에 적합한 시설을 갖추어 관광객에게 이용하게 하는 업을 말한다.

9) 관광궤도업

「궤도운송법」에 따른 궤도사업의 허가를 받은 자가 주변 관람과 운송에 적합한 시설을 갖추어 관광객에게 이용하게 하는 업을 말한다.

10) 한옥체험업

한옥(주요 구조부가 목조구조로서 한식 기와 등을 사용한 건축물 중 고유의 전통미를 간직하고 있는 건축물과 그 부속시설을 말한다)에 숙박 체험에 적합한 시설을 갖추어 관광객에게 이용하게 하는 업을 말한다.

11) 관광면세업

관세법에 따른 보세판매장의 특허를 받은 자나 외국인 관광객 등에 대한 부가가 치세 및 개별소비세 특례규정 제5조에 따라 면세판매장의 지정을 받은 자가 판매 시설을 갖추고 관광객에게 면세 물품을 판매하는 업을 말한다.

12) 관광지원서비스업

주로 관광객 또는 관광사업자 등을 위해 사업이나 시설 등을 운영하는 업으로서, 문화체육관광부 장관이 통계법 제22조 제2항 단서에 따라 관광 관련 산업으로 분 류한 쇼핑업, 운수업, 숙박업, 음식점업, 문화 · 오락 · 레저스포츠업, 건설업, 자동 차임대업 및 교육서비스업 등을 말한다.

13) 외국인관광 도시민박업

「국토의 계획 및 이용에 관한 법률」 제6조 제1호에 따른 도시지역(「농 어촌정비법」 에 따른 농어촌지역 및 준농어촌지역은 제외한다)의 주민이 거 주하고 있는 단독주택·다가구주택·아파트·연립주택·다세대주택을 이용하여 을 이용하여 외국인 관광객에게 한국의 가정문화를 체험할 수 있도록 숙식 등을 제공하는 업을 말한다.

7 카지노업

　카지노는 룰렛·트럼프·슬롯머신 등의 도박이 공인된 곳을 말한다. 처음에는 대중적 사교장이었으나, 오늘날은 해변가 ·온천지 ·휴양지 등에 있는 일반 옥내 도박장을 말한다. 나라에 따라서 과세 ·관광시설 ·외화획득의 목적으로 개설을 공인한 데도 있다. 한국도 관광업의 발전을 위해서, 국내 외국인이나 관광객용으로 서울 ·부산 ·제주 등의 관광호텔에 개설되었다.

　현재 우리나라에서는 카지노업에 대해서는 「관광진흥법」에 의하여 설립 허가에 대하여 다음과 같이 정하고 있다.

　카지노업에 대한 허가는 국제공항이나 국제여객선터미널이 있는 특별시 · 광역시 · 특별자치시 · 도 · 특별자치도에 있거나 관광특구에 있는 관광숙박업 중 호텔업 시설(관광숙박업의 등급 중 최상 등급을 받은 시설만 해당하며, 시 · 도에 최상 등급의 시설이 없는 경우에는 그 다음 등급의 시설만 해당한다)에만 설치가 가능하다. 또는 대통령령으로 정하는 국제회의업 시설의 부대시설에서 카지노업을 하려는 경우로 대통령령으로 정하는 요건에 맞는 경우에 허가할 수 있다. 그리고 우리나라와 외국을 왕래하는 여객선에서 카지노업을 하려는 경우로 대통령령으로 정하는 요건에 맞는 경우에도 허가할 수 있다.

제12장
관광 마케팅

1 관광 마케팅의 정의

마케팅(Marketing)은 경영학의 일종으로, 고객들과의 관계를 관리하고, 시장을 구축하는 기법을 연구하는 학문, 혹은 그런 직무를 말한다. 마케팅은 시장을 의미하는 마켓(Market)에서 파생된 말로 20세기 초에 자본주의 시장경제가 발전하는 과정에서 미국에서 본격적으로 시작하였다.

미국의 경영학자 피터 드러커(Peter Ferdinand Drucker)는 "마케팅의 목적은 소비자들의 충족되지 못한 욕구를 발견하고, 그것을 충족시킬 방법을 마련하여 판매를 필수 불가결하게 하는 것"이라고 하였다.

한국마케팅학회(2002)에서는 "조직이나 개인이 자신의 목적을 달성시키는 교환을 창출하고 유지할 수 있도록 시장을 정의, 관리하는 과정"이라고 하였다.

관광경영에서 마케팅 개념이 도입된 것은 관광에 대한 요구가 증가하면서 관광산업이 형성되면서 부터다. 관광산업에서는 자신의 회사에서 만든 상품을 판매하고 관리할 필요가 생기면서 자연적으로 관광 분야에서도 마케팅이 개념을 도입하게 되었다. 우리나라에서 관광 분야에 마케팅의 개념을 도입하게 된 것은 관광이 본격화되기 시작하는 1980년대로 보고 있다.

관광 마케팅에 대한 정의를 보면 밀과 모리슨(Mill & Morrison)은 관광의 구성요소를 관광 시장, 관광상품, 관광 목적지, 관광 마케팅 4가지로 설명하면서 "관광 마케팅은 관광 목적지와 개별 관광상품 공급자들이 효과적인 유통경로를 중시하면서 그들의 상품과 서비스가 잠재고객 시장에 제시되어 판매되는 과정에 대한 검토가 요구되는 것"으로 정의하였다.

모르간(Morgan)은 "관광 마케팅은 관광업체의 목표와 관광객의 욕구 사이에 균형을 잡아주는 목표 지향적 활동"이라고 정의하였다.

　WTO에 의하면 관광 마케팅은 "최대의 편익을 얻으려는 관광조직의 목적에 부합하기 위하여 관광수요의 측면에서 시장조사·예측·선택을 통하여 자사의 관광상품을 시장에서 가장 좋은 위치를 차지하도록 노력하려는 경영철학"이라고 하였다.

　이상의 관광 마케팅에 대한 정의를 종합해보면 관광 마케팅이란 관광객들을 위해서 관광상품의 가치를 창조하고, 소통하고, 전달하며, 서로에게 이익이 되도록 고객과의 관계를 관리하는 기능이라고 할 수 있다. 즉, 관광업체에서 만든 고객을 위한 관광상품을 고객에게 판매하기 위하여 관광업체나 판매자가 행하는 모든 의사결정과 행동이라고 할 수 있다.

　관광 마케팅은 기존의 관광상품 판매와는 구별되는 것으로 판매는 관광객이 상품을 구입하기 위해 돈을 지불하거나 관광상품을 구입한 자체만을 의미하나 관광 마케팅은 소비자에게 관광상품을 구매하고 싶은 욕구를 불러일으키는 것까지 포함시킨 넓은 의미다.

　관광 마케팅은 호텔업과 레저산업 같은 곳에서 자사의 관광상품을 판매하기 위한 방법으로 시작되었지만, 지금은 관광산업 전반에 걸쳐 보편적으로 도입되었다.

2 관광 마케팅의 역할

관광 마케팅의 역할은 다음과 같다.

첫째, 관광 마케팅은 고객의 욕구 및 선호 파악을 한다.

관광업체가 수행하는 마케팅은 관광 시장을 구성하는 관광객의 욕구·선호를 파악하는 것으로부터 시작하여 관광객에게 만족을 실질적으로 전달하는 기능과 역할을 담당하고 있다.

둘째, 타 관광업체와 조화롭게 한다. 관광객에게 만족을 주기 위하여 필요한 시장조사, 연구개발, 제품·서비스 창출, 정보제공 등의 기업활동을 전사적으로 추구할 수 있도록 마케팅은 관광업체 내부 및 외부의 타 부문 활동들과 적절한 조화가 이루어져야 한다.

셋째, 경제효과가 생긴다. 관광객 지향적인 경영을 강조하는 관광업체의 마케팅은 생산과 더불어 이러한 경제효과를 높이는 데 중요한 역할을 한다.

넷째, 마케팅 자원관리를 하게 한다. 마케팅은 표적 관광객을 위해 특정 관광상품이나 서비스를 어떤 수준에서 생산하고 특정 유통 경로 및 과정을 통하여 적합한 가격에 판매할 것인가 등을 결정하는 데 중추적 역할을 담당한다. 따라서 마케팅은 관광업체의 여러 부서와 기능에 걸친 자원 배분 및 이익획득과정과 그 결과로 나타나는 이익과 성장에 직접적인 영향을 준다.

다섯째, 환경 및 변화경영에 대응하게 한다. 마케팅은 국제 비즈니스 마케팅환경 변화에 능동적으로 대응하고 상호작용하는 기능과 역할을 수행한다.

3 관광 마케팅의 특성

관광 마케팅은 일반적인 소비재 상품이나 일반 서비스와는 차이가 있다. 관광 마케팅의 특징을 보면 다음과 같다.

가. 신속한 대응의 어려움

관광상품의 관광객이 상품을 선택하기 전에 만들어진 것이며, 상품을 구매한 후에 제공되는 것이기에 관광객의 성향 변화에 신속히 대응하기 어렵다. 일반 소비재는 고객의 요구에 대하여 현장에서 신속하게 해결할 수 있지만 관광상품은 이미 계약된대로 시행하는 것이기 때문에 현장에서 변경이 어렵다. 이로 인해 관광객 욕구에 대한 정확한 서비스의 개발과 마케팅 의사결정에 많은 제약 요소가 따른다.

나. 탄력적인 관광 수요

관광수요는 경기나 코로나 19 펜데믹과 같은 사회적 현상에 민감하게 영향을 받아 수요가 매우 탄력적인 사업이다. 따라서 다른 업종에 비하여 수요를 예측하기 어려우며, 탄력이 심할수록 관광산업 전체에 미치는 파급력이 매우 강하다. 실제로 코로나 19 펜데믹으로 많은 여행사, 항공사, 호텔들이 폐업하였으며, 관광업에 종사하는 종사원들은 휴직 상태에 놓이게 되었다.

다. 재고가 없음

관광상품은 무형의 상품으로 주로 서비스로 구성되어 있기 때문에 관광 현장에서 즉시 소비된다. 따라서 미래 수요를 위해 재고를 남겨 둘 수 없기 때문에 재고가 없다. 예를 들어 호텔 객실은 해당 일과 항공 좌석은 운항편에서 모두 판매되지 않으면 생산성이 소멸되기 때문에 재고가 없다.

라. 서비스의 종합체

항공사, 기타 운송업체, 호텔, 여행사, 식당, 판매점 등은 자체의 개별 서비스가 합쳐진 종합 서비스를 판매하는 것이다. 따라서 일반 서비스는 서비스를 제공하는 사람이나 행위에 대해서만 만족감을 느끼지만, 관광상품은 다양한 서비스가 합쳐져서 종합적으로 관광객을 만족시켜야 한다. 이는 곧 관광상품은 단일한 서비스의 제공만으로는 관광객의 만족을 가져오기 불가능함을 시사해 준다.

마. 오랜 기간 유지되는 만족감

소비재 상품은 유형의 상품으로 소비자가 구매하자마자 만족감을 느껴 비교적 만족감이 유지되는 기간이 짧지만, 관광상품은 무형의 상품으로 관광을 다녀와야만 느낄 수 있는 것이다. 또한 일반 서비스는 제공받을 때만 소비자의 만족에 영향을 미치지만, 관광은 관광상품을 구입하고, 관광을 다니고, 관광을 마치고 왔을 때도 관광객의 만족에 영향을 미치기 때문에 상당히 오랜 기간 영향을 미친다.

바. 상품의 지식

소비재 상품은 소비자가 상품에 대해서 어느 정도의 지식을 가지고 선택하였기 때문에 상품의 구매와 함께 마케팅 활동은 중단된다. 그러나 관광은 관광객이 방문하려는 국가나 그 국가 내에서 자기가 선택한 지역에 대한 완전하고 정확한 정보가 필요하다. 만약 관광객이 관광지에 대해 사전에 익숙하지 않다면 구입하기 전에 샘플을 보고 조사할 수 있는 유형의 상품이 아닌 일종의 기대를 구입하는 것이 된다.

4 관광 마케팅의 구성 요소

관광 마케팅의 효율적인 운영은 관광업체의 경영 목표와 지속적인 성장을 가져오게 한다. 따라서 모든 관광업체는 관광 마케팅을 도입하여 추진하고 있다. 관광 마케팅을 추진하기 위해서는 관광 마케팅을 구성하고 있는 욕구, 수요, 가치, 상품, 교환 등의 구성 요소에 대한 이해가 필요하다. 관광 마케팅의 구성 요소는 다음과 같다.

가. 욕구

욕구(needs)는 사람이 무엇인가 부족함을 느끼고 있는 상태를 말한다. 욕구는 근본적인 생리적인 욕구와 무엇인가가 필요하여 느끼는 구체적인 욕구가 있다. 관광 마케팅은 이러한 구체적인 욕구를 만족시키는 행위이다.

관광 마케팅은 관광객의 욕구와 회사의 목표와 관광지의 상황을 적절히 연계하여 각각의 욕구를 만족시켜 균형을 이루게 하려는 사고방식이다. 관광객의 욕구를 정확히 인식하기 위해서는 관광객의 욕구에 대한 시장조사를 바탕으로 해야 한다.

나. 수요

수요(demand)는 재화나 용역에 대한 단순한 욕구가 아닌 구매력이 수반된 욕구를 말한다. 일반적으로 수요는 어떤 상품에 대하여 구매자가 구입하고자 하는 수요량을 말한다. 따라서 관광 마케팅에서 사용하는 수요는 관광상품 시장에서 관광상품을 구입하려는 수요량을 말한다. 관광상품이 판매되기 위해서는 시장에서의 수요가 뒷받침되어야 한다. 수요가 없는 관광상품은 의미가 없기 때문에 관광상품의 개발과 판매에는 반드시 수요를 고려해야 한다.

다. 가치

가치란 인간 행동에 영향을 주는 어떠한 바람직한 것, 또는 인간의 지적·감정적·의지적인 욕구를 만족시킬 수 있는 대상이나 그 대상의 성질을 의미한다. 따라서 관광업체에서 제공하려는 관광상품이 관광객의 욕구를 만족시킬 수 있느냐에 따라 관광상품의 가치가 결정된다.

관광객은 관광상품을 살 때 관광지, 관광 기간, 관광 비용, 관광 가치 등을 고려한다. 과거에는 주로 관광 비용을 가장 많이 고려했지만, 삶의 질이 증가한 현대에는 관광 가치가 높은 상품을 선택하는 추세로 바뀌어 가고 있다.

관광상품의 가치가 높을수록 관광상품을 구매하는 데 들어가는 비용을 많이 지불하려는 관광객의 심리가 있으므로 가치는 비용과 서로 상쇄되는 관계에 있다.

라. 교환

교환(exchange)은 관광객이 관광상품에 대한 비용을 지불하고 그 대가로 자기가 원하는 것을 획득하는 것을 말한다. 따라서 관광상품으로써 성공하기 위해서는 반드시 관광상품을 구매한 관광객이 원하는 만족을 얻어야 한다. 즉, 관광상품은 관광객의 욕구를 충족시킬 수 있어야 한다.

5 관광 마케팅의 기능

관광업체가 목표에 도달하고 지속적인 성장을 위해서 가장 중요한 것은 마케팅이다. 마케팅을 통하여 관광객을 많이 유치할수록 수입이 증가하고 발전하게 된다.

그러나 관광이 성립되려면 관광 시장에서 관광객의 수요와 관광업체의 공급이 적절히 결합되어야 한다. 이처럼 관광 시장에서 수요와 공급을 조절하는 일을 수행하는 것을 관광 마케팅의 기능이라고 한다.

관광 서비스를 제공하는 공급자가 관광객이 요구하는 관광 서비스를 원활히 제공하기까지에는 상품화 계획, 요금 결정, 유통경로, 판매 방법, 홍보, 판매촉진, 정보수집 등 여러 가지 활동이 필요하다. 이와 같은 활동을 수행하는 관광 마케팅의 기능은 관광 시장 계획과 관광 시장 홍보의 두 가지로 크게 나눌 수 있다.

관광 시장 계획은 관광객이 구입할 가능성이 있는 것을 상품화하는 활동에 해당하며, 관광 시장 홍보는 언론이나 광고 등을 사용하여 관광 정보를 관광객에게 전달하여 관광상품을 구매하게 하는 활동에 해당된다. 따라서 관광 시장 계획이나 관광 시장 홍보는 모두가 관광객의 수요 증가를 위해서 실시된다.

관광 시장 계획은 관광 시장에 있어서 관광객에게 충분한 만족을 줄 수 있도록 각종의 시장계획을 수립하여 이것을 실천하는 기능이며, 관광 시장 홍보는 수요시장에 있는 예상 관광객에 대하여 각종의 관광 정보를 제공하여 설득함으로써 관광수요를 늘리는 기능이다.

6 관광 시장 세분화

현대 관광 시장의 특성은 수요 및 공급의 다양화에 있으며, 관광업체는 다양한 소비자의 욕구에 부응하기 위한 방법으로 관광 시장 세분화와 관광상품 차별화를 도입하고 있다.

일반적으로 관광 시장 세분화는 시장을 일정한 기준에 의거하여 몇 개의 동질적인 하위시장으로 나누는 것을 말하는 것으로, 현대 마케팅의 핵심이라 할 수 있다. 관광 시장은 다수의 여행자로 구성되어 있지만, 이들은 성별·기호·취미·직업·소득·성격·행동 특성 등 다양한 부분에서 차이가 있다. 이러한 관광객의 특성을 고려하여 시장을 나누는 것을 시장 세분화라고 한다.

그러나 현실적인 관광 시장은 관광객의 개별적인 특징에 맞는 상품을 개발하여 판매하기보다는 하나의 관광상품을 만들어 취향이 비슷한 관광객을 모으는 방식으로 형성되어 있다.

관광 시장 세분화는 표적 마케팅의 핵심을 이루는 것으로 특정 관광상품의 마케팅활동에 대하여 예상 반응이 유사한 잠재 관광객끼리 집단화하는 것이 가능하여 관광상품의 판매를 증가시킬 수 있다. 또한 오늘날처럼 관광객의 욕구가 다양해지는 시점에 시장 세분화는 반드시 필요한 것이라고 할 수 있다.

시장세분화는 단일한 관광상품의 개발에서 벗어나 다양한 관광상품을 개발하는 효과가 있어 관광객들의 다양한 욕구를 충족시켜 관광상품의 구매를 증가시킬 수 있다. 그리고 잠재고객의 관광 욕구를 자극할 수 있는 관광상품의 개발을 촉진시켜 관광객의 요구에 따른 맞춤형 관광상품을 개발하는 효과가 있다.

7 관광상품 차별화

관광상품 차별화란 한 관광업체의 관광상품과 경쟁자들의 관광상품 사이의 차이를 개발하고 인식시키는 것을 말한다. 관광상품 차별화는 상품에 대한 고가로 구입할 수 있다는 심리를 자극함으로써 경쟁자와의 가격경쟁에서 탈피할 수 있도록 도와준다.

통상적으로 관광상품이 비슷하면 관광객은 동일한 관광상품이라고 인식하게 된다. 따라서 관광객의 심리적 차별화를 유도하기 위해서는 관광상품을 개발할 때는 기존의 관광상품과 다른 차별화를 염두에 두고 개발해야 한다.

관광상품 차별화 방법에는 물리적 차별화와 심리적 차별화의 두 가지 방법이 있다. 첫째, 물리적 차별화란 관광상품의 유형, 기간, 관광지, 교통 수단, 관광 방법, 식사, 옵션 등의 질과 서비스 면에서의 차별화를 의미한다. 둘째, 심리적 차별화란 관광상품 홍보를 통하여 소비자가 가지고 있는 고정관념이나 인지의 변화를 통한 차별화를 말한다.

관광상품 차별화는 공급자의 의지에서 수요를 맞추려는 활동이다. 그러나 관광업체가 오직 시장을 확대하기 위해서만 관광상품 차별화 전략을 구사하는 것은 나중에 수요가 감소하여 결국 난관에 봉착하게 된다. 따라서 지속적인 성장을 위해서는 관광객의 요구를 반영한 관광상품 차별화 전략을 추진해야 한다.

관광 시장 세분화와 관광상품 차별화 전략을 동시에 사용될 수도 있으나 통상 시장 여건의 변화에 부응하여 교대로 사용된다.

8 포지셔닝

포지셔닝(positioning)은 관광객의 마음 속에 자사의 관광상품이나 관광업체를 가장 유리한 위치에 있도록 노력하는 과정을 말한다. 즉, 목표시장을 형성하고 있는 관광객들의 마음속에 특별한 자리를 차지하기 위하여 서비스를 개발하는 것이다.

포지셔닝은 잠재고객들에게 적절한 서비스를 제공하고 홍보함으로써 일정한 이미지를 창출하기 시작하게 된다. 포지셔닝이 필요한 이유는 다음과 같다.

첫째, 지각 방어 때문이다. 인간은 지각을 통하여 주변의 정보를 받아들이는데 이때 불필요한 정보에 대해서는 기억으로 저장되지 않도록 지각을 방어하게 된다. 따라서 인간은 수많은 홍보의 홍수 속에서 자신에게 필요 없는 정보는 받아들이지 않는다. 이를 피하기 위하여 지속적인 홍보를 통해 기억에 남기기 위하여 포지셔닝이 필요하다.

둘째, 심한 경쟁 때문이다. 관광업체가 포화상태이기 때문에 동종의 업체들과 심한 경쟁으로 인하여 관광객은 관광상품 선택에 어려움이 있다. 이럴때 포지셔닝은 경쟁자와는 아주 다른 이미지를 관광상품에 심어 주기 때문에 포지셔닝이 필요하다.

셋째, 넘치는 상업광고 때문이다. 모든 사람들은 하루에도 수백 건의 상업광고를 접하게 되는데, 수많은 광고 가운데 관광객의 주의를 얻으려면 효과적인 포지셔닝이 요구된다.

9 관광 정보의 정의

관광 정보란 관광객이 관광을 선택하는 데 도움이 되는 모든 정보를 말한다. 관광을 선택하는 데 있어서 정보란 교통수단과 함께 관광의 주체인 관광객과 관광의 객체인 관광 대상을 연결시켜 주는 관광 매체 역할을 한다.

이명진(1994)은 "관광객들이 관광을 선택·결정하는데 필요로 하는 정보를 제공할 목적으로 관광 경험에 관한 정보를 수집하고 가치를 평가하여 이를 근거로 관광지와 관광지 내에서의 여가 활동에 대한 정확하고 유익한 정보를 제공하고 안내 및 해설을 통하여 관광객들의 만족 수준을 높임은 물론, 관광지의 관리도 용이하게 하는 것"이라고 정의하였다.

김천중(1998)은 "관광객에게 관광 욕구를 충족시키고, 관광 결정에 유익한 정보, 관광사업자와 관광 기관에게 관광수요와 공급 그리고 관광객 행동에 관한 가치있는 정보"라고 정의하였다.

전통적으로 관광 정보는 주로 친구, 친척, 관광안내책자, 컴퓨터를 통해 전달되는데, 타 경로보다도 친구나 친척, 동료로부터 입수하는 것이 일반적인 정보 입수 형태로 되어 있었다. 그러나 요즘에는 인터넷이나 스마트폰의 보급에 따른 정보 매체의 발달은 관광객들에게 관광에 대한 정보를 용이하게 얻을 수 있도록 해주며, 여행에 관한 정보의 보급은 사람들의 관광에 대한 욕구를 높이도록 해주고 있다.

따라서 관광 정보는 관광 매력물과 관광객을 연결시켜 주는 매개 역할을 하여 마케팅 효과를 담당한다. 그리고 관광객에게 역사, 문화, 사회적 배경과 가치를 전달하는 교육 기능을 한다.

10 관광 정보의 유형

가. 한국관광공사에서 제공하는 관광 정보

한국관광공사가 운영하는 콜센터 1330은 연중무휴 24시간 8개국 언어(한국어, 영어, 일본어, 중국어, 러시아어, 베트남어, 태국어, 말레이인도네시아어)로 한국관광 안내 서비스를 제공하고 있는 명실상부한 한국대표 관광통역 안내전화이다.

사용자가 해외에서 1330에 전화를 걸거나 한국 여행 중 해외에서 사용하던 핸드폰으로 이용해도 유무선 전화와 전용 앱을 통해 방한 외래 관광객 뿐 아니라 전 세계 어디서나 요금 부담 없이 1330으로 한국 관광 안내를 받을 수 있는 서비스다.

1330 무료 통화 서비스는 공사가 운영하는 비지트 코리아(Visit Korea)앱(이하 VK 앱)을 다운로드하여 사용할 수 있으며, 와이파이(Wi-Fi) 존에 연결되어 있을 경우 통화요금이 부과되지 않는다. VK앱은 영어, 일어, 중국어(간체)로 플레이스토어나 앱스토어에서 다운로드할 수 있다.

국내에서는 1330으로, 해외에서는 82-2-1330 연결하면 된다. 또한, 1330은 관광 정보 안내뿐 아니라 관광 통역, 관광 불편신고·접수, 공공부문 안내 전화(112,119,1339 등) 3자 통역지원 업무도 수행하고 있다. 3자 통역서비스를 이용하려면 1339로 연결 후 4번을 누르면 실시간 3자 통역서비스 이용이 가능하다.

나. 인터넷과 스마트폰의 관광 정보

인터넷과 스마트폰을 통해 관광 관련 업체들이 자사의 관광 관련 정보를 고객에게 제공하는 것은 물론 예약까지 받고 있다. 인터넷과 스마트폰을 통해 제공되는 관광 정보는 매우 다양하고 방대하며, 앞으로 스마트폰을 활용한 관광 정보의 활용이 가장 중요한 역할을 수행할 것으로 예상된다.

국내외의 호텔이나 여행사 등과 같은 관광 관련 업체들의 대부분은 이미 인터넷과 스마트폰에 자사의 홈페이지를 구축하였으며, 광고 및 홍보용으로도 적극 활용하고 있다.

다. SNS의 관광 정보

SNS(Social Network Service)는 웹상에서 이용자들이 인적 네트워크를 형성할 수 있게 해주는 서비스를 말한다. SNS는 특정한 관심이나 활동을 공유하는 사람들 사이의 관계망을 구축해 주는 온라인 서비스다. 페이스북과 트위터, 인스타그램, 블로그, 카페 등의 폭발적 성장에 따라 사회적·학문적인 관심의 대상으로 부상했다. SNS는 컴퓨터 네트워크의 역사와 같이할 만큼 역사가 오래되었지만, 현대적인 SNS는 1990년대 이후 월드와이드웹 발전의 산물이다.

현재 관광을 선택하기 위해서 SNS에서 제공하는 관광 정보에 의존하는 사람이 증가하고 있다. 관광을 계획하고 있는 관광객들은 SNS를 통해 자신이 필요한 관광에 대한 정보를 검색할 수 있으며, 게시할 수 있고, 의견을 나눌 수 있다. 그리고 자신이 알고 싶은 관광 정보를 요구하여 선택적으로 제공받을 수 있으며, 실시간으로 외국의 정보를 얻을 수 있어 앞으로 활용 기회는 더욱 증가할 것이다.

제13장
관광 인적자원관리

1 관광 인적자원관리의 정의

관광업체를 효과적으로 운영하기 위해서는 기본적으로 인적자원(manpower), 물적자원(material), 재정자원(money), 정보자원(information) 등의 4가지 요소를 적절하게 활용할 줄 알아야 한다. 4가지 요소는 모두 관광경영의 활성화를 위해서 모두 중요한 것이다.

그중에서도 관광은 사람의 노동력에 의해서 서비스를 제공하여 관광객의 만족감을 높여야 하는 일이기에 인적자원관리는 물건을 생산해서 판매하는 다른 업종에 비하여 매우 중요하다고 할 수 있다.

인적자원관리(HRM : Human Resource Management)는 조직의 목표 달성을 위해 미래의 인적자원 수요 예측을 바탕으로 인적자원을 확보·개발, 배치, 평가하는 일련의 업무를 말한다. 따라서 관광 인적자원관리는 관광업체의 목표 달성을 위하여 수요 예측을 통하여 직원을 확보·개발, 배치, 평가하고 관리하는 경영관리 활동으로 정의할 수 있다.

직원을 확보하는 것은 관광업체의 목표 달성을 위하여 필요한 직원을 선발하는 것을 말하며, 개발은 직원의 능력에 맞게 활용하고, 능력을 개발하여 조직의 목표에 달성하도록 하는 것이다. 배치는 직원의 능력에 맞는 업무에 맞게 배정하여 업무의 효율성을 높이는 것이다. 그리고 평가는 직원의 능력이 업무에 미친 영향과 직원의 능력이나 성과에 걸맞은 물리적, 심리적 보상을 해주는 것을 말한다.

결국 관광 인적자원관리라는 것은 조직의 목표 달성을 위하여 직원들의 능력에 맞는 일을 할 수 있도록 해주고, 능력 개발을 해주며, 이를 효과적으로 하기 위해서 적절한 배치와 평가를 통하여 개인적인 능률을 높이는 것을 의미한다.

관광기업이 목표를 달성하기 위해서는 여러 가지 경영활동의 전개가 요청되며, 제각기 경영의 기능 분야를 형성하고 있다. 이윤추구를 목적으로 하는 제조업의 경우, 먼저 제조하고자 하는 제품에 필요한 기계와 설비를 갖추어야 하고 원료를 구입할 자금과 노동력이 있어야 한다. 그러나 관광기업은 그 자체만으로는 움직일 수 없기 때문에 사람의 손과 두뇌의 작용이 있어야만 비로소 관광 서비스가 가능한 것이다. 그러므로 경영의 가장 중요한 기능으로서 인적자원관리의 기능을 중요시하지 않을 수 없다.

따라서 관광 인적자원관리의 핵심은 직원의 능력개발로 관광업체의 목표를 달성하도록 공헌하고, 공헌에 대한 다양한 보상을 제공하는 데 중점을 두고 있다. 현대에 들어서는 인적자원관리에 직원들의 인간적인 존중도 중요하게 대두되어 노사 관계관리도 관광 인적자원관리에서 중요한 부분으로 포함되었다.

인간은 대부분의 일정한 직업을 갖고 그 직무를 수행함으로써 삶의 보람을 찾고 그 대가로 생활을 영위해 나간다. 따라서 인간의 생활은 환경요인에 의해 영향을 받게 되기 때문에 조직구성원들은 관리자로부터 종업원에 이르기까지 관광업체를 중심으로 상호 의존하여 서로 발전해야 하기 때문에 현대 사회에서 관광 인적자원관리는 매우 중요한 업무이다.

2 관광 인적자원관리의 목표

관광업체가 경영 목표를 달성하고 지속적인 성장을 위해서는 구체적인 경영 목표가 필요하다. 그리고 관광업체가 지속적으로 발전해 나가기 위해서는 관광을 둘러싼 환경변화에 맞도록 경영 목표나 목적을 변경할 필요가 있다. 이와 같은 환경변화에 대한 적응 활동의 변화와 경영 목표와 목적의 변화를 적절히 해야만 회사를 지속적으로 발전시킬 수 있다.

이때 경영 목표를 수립하거나 변경할 때는 극대화 원리와 만족화 원리라는 두 가지 원리를 고려해야 한다.

가. 극대화 원리

극대화 원리는 경영 목표가 높을수록 직원들은 목표를 향해 지칠 줄 모르는 업무를 수행할 수 있다는 것이다. 경영 목표가 낮으면 직원들은 목표에 도달하면 더 이상 업무를 수행하려 하지 않기 때문이다. 따라서 경영 목표가 높을수록 직원들은 자신의 역량을 최대한 발휘하여 목표에 도달하려는 심리적인 작용이 일어나 회사가 발전할 수 있게 된다.

그러나 경영의 목표가 높다고 해도 직원들이 특정한 상황 속에서 달성할 수 있는 가능한 최고의 수준이어야 한다, 즉 달성도는 직원들이 달성할 수 있는 현실적인 목표여야 한다.

만약 직원들의 역량에 비해 너무 높은 목표를 설정하게 되면 직원들은 목표에 대한 한계를 느껴 자포자기할 수도 있기 때문이다. 따라서 경영 목표는 직원의 역량에 맞는 목표를 설정해야 하기 때문에 경영 목표의 최대화 원리 또는 최적화 원리라고도 한다.

나. 만족화 원리

관광업체의 경영 목표에 도달했을 때는 경영자만 만족스러운 것이 아니라 직원들 전체도 만족할 수 있어야 한다. 따라서 바람직한 경영 목표에 대한 도달 수준을 설정하고, 이에 도달할 때는 상응하는 보상이나 피드백을 제공해야 한다.

직원들은 자신의 노력에 의하여 회사의 목표 달성이 이루어져서 만족하고, 거기에 보상이나 피드백까지 받을 수 있다면 최대의 만족을 얻을 수 있다. 이러한 보상이나 피드백은 직원들에게 더욱 큰 만족을 위하여 더욱 열심히 업무를 수행하게 하는 역할을 한다.

그러나 목표 달성에 따른 자신의 역할에 대한 어떠한 보상이나 피드백이 주어지지 않으면 직원들은 만족감을 갖지 못하고, 업무 수행을 기피하게 만들어 결국 회사의 경영 목표를 달성할 수 없게 된다.

따라서 관광업체의 경영 목표는 직원들의 만족감을 최대로 올릴 수 있도록 설정하거나 변경해야 한다.

3 관광 인적자원관리의 영역

관광산업은 다른 어떤 산업에 비하여 사람이 가장 중요한 업종이다. 따라서 관광산업에서 인적자원관리는 크게 인적관리의 영역과 노사관계관리 영역 등 두 가지 영역으로 구성되어 있다.

가. 인적관리

인적관리는 개별 종업원에 대한 각종 보상관리를 의미하는 인적자원관리를 말한다. 인적 관리에서는 임금, 승진, 직무 등 세 가지 영역을 중심으로 보상을 전개하고 있다. 이때, 돈과 관련되는 임금, 자리와 관련되는 승진은 외재적 보상으로, 일과 관련되는 직무는 내재적 보상으로 일컫는다.

나. 노사관계관리

노사관계관리는 노조와의 관계를 관리하는 인적자원관리다. 노사관계는 산업화가 발전하면서 나타난 제도로 개별 근로자와 사용자간의 관계에서 맺어진 계약이다.

노사관계는 생산수단을 소유한 사용자가 유리한 근로조건을 형성할 가능성이 많기에 근로자는 다른 근로자와 단결하여 노동조합을 만들고, 노동조합을 통해 사용자와 대등한 힘을 형성하여 교섭함으로써 보다 나은 근로조건을 개선하고자 하는 관계다.

산업사회는 물질적인 풍요를 통해 인간 생활의 가치를 증가시킨 측면도 있지만, 사회적으로 약자인 근로자 계층을 양산하였다. 이에 사회적으로 나타난 갈등을 해결하는 노사관계관리가 필요하다.

인적관리와 노사관계관리는 대상, 목적, 관계 등에 있어 차이가 있다.

관리의 대상 측면에서 인적관리는 개별적인 사람을 중심 영역으로 삼는 반면, 노사관계관리는 사람들의 집단을 중심 영역으로 삼는다.

목적 측면에서는 인적관리는 생산성 향상, 즉 효율성 · 효과성 · 능률성을 강조하는 것이며, 노사관계관리는 산업 평화와 행복한 직장을 만들기 위하여 노사가 공존공영, 즉 민주성 · 균등성을 강조한다.

관계 측면에서는 경영 목표를 달성하기 위하여 경영자의 경영권을 존중하는 반면에, 노사관계관리는 산업 평화와 행복한 직장을 만들기 위하여 노사 간의 대등한 관계를 유지하고, 노동권을 존중하여 관리해야 한다.

4 인적자원관리를 위한 직무분석

직무분석(Job Analysis)은 직무를 수행하기 위해 종업원에게 요구되는 적성 정보를 수집하고 분석하는 것을 말한다. 직무분석은 인사관리나 조직관리의 기초를 세우기 위하여 꼭 필요한 업무다.

직무분석은 1960년경부터 미국에서 시작되었다. 미국은 유럽과 달리 산업이 급속도로 자동기계화 또는 단순화됨에 따라 종래의 기능공 중심의 직종이 분해되어 다양한 직종이 생겨나면서 직종에 맞는 자원을 발굴하고 배치하기 위하여 직무분석을 하게 된 것이다.

직무분석 방법은 나라에 따라서 학자에 따라 매우 다양하다. 그러나 일반적인 방법으로는 면접방식, 질문서 방식, 관찰방식, 체험방식, 임상적 면접법, 질문법, 종합적 방식 등이 있다.

직무분석의 결과는 직무를 수행하거나 감독할 모든 사람이 직무의 성격, 내용, 수행 방법 등을 쉽게 파악할 수 있도록 직무기술서와 직무명세서로 작성된다. 직무기술서와 직무명세서로는 모두 문서로 정리, 기록되었다는 점에서는 공통점이 있으나 다음과 같은 차이가 있다.

직무기술서는 과업 중심적인 직무분석에 의하여 얻어지며, 직무분석의 결과로 개선해야 할 점을 개선하고 정리한 후에 그 요점을 기술한 문서이다. 직무명세서는 사람 중심적인 직무분석에 의하여 얻어지며, 보다 구체적이고 인적자원관리의 성격에 맞도록 세분화시켜 기술한 문서이다. 또한 직무기술서는 직무의 내용과 직무의 요건에 동일한 비중을 두고 있는데 반하여, 직무명세서는 직무내용보다 직무요건에, 또 직무요건 중에서도 인적 요건에 큰 비중을 두고 있다.

5 인적자원관리 계획

관광업체의 목표 달성을 위해서 인적자원관리는 단순한 고용의 차원을 벗어나 직원의 모집, 교육, 개발, 보상 등에 가치를 두어야 한다. 따라서 인적자원관리를 효율적으로 하기 위해서는 인적자원관리 계획을 세워야 한다.

인적자원관리 계획은 변화하는 사회에서 관광업체의 목표 달성과 지속적인 성장을 위해 직원 채용 계획, 배치 계획, 개발 계획, 보상 계획을 미리 세우는 것을 말한다.

인적자원관리 계획이란 관광업체가 미래의 일정 기간 동안에 추구해야 할 목적을 설정하고 그 목적을 달성하기 위해 필요한 인적자원의 양과 질을 미리 계획하는 과정이다. 따라서 계획에는 회사의 목적이나 목표, 이러한 목적을 달성하기 위한 전반적인 전략, 각 활동의 단계적인 조정과 통합 등의 개념이 동시에 포함되어 있다.

인적자원관리 계획에서 채용 계획과 배치 계획은 관광업체의 적재적소에 적정한 수의 인력을 선발하고 배치하고 것을 말한다. 적정한 수라는 것은 생산성을 위하여 필요한 최소의 인원을 말하며, 적재적소의 배치는 직원의 능력과 경험을 고려하여 적당한 직무를 부여하는 것이다.

직무는 관광업체의 업무에 요구되는 것들을 결정하기 위하여 철저한 분석을 통해 만들어진 업무를 의미한다. 이러한 인적자원관리 계획은 회사 운영에 있어서 최소의 인원으로 최대의 효과를 보는 효율성을 높여 회사의 생산성을 높이는 데 큰 기여를 하며, 회사를 지속적으로 성장하게 하는 원동력이 된다.

인적자원관리 계획은 시간적으로 단기적인지, 장기적인지에 따라서, 구체적이냐 아니면 방향성만 제시하는 것이냐에 따라서, 전략적이냐 일반적이냐에 따라서, 일회만 사용할 것인지, 계속 사용할 것인지 등에 따라 다르게 계획을 세우는 것으로 구분할 수 있다.

그러나 이러한 계획의 유형 구분이 서로 완전히 독립적이지는 않고 때로는 중첩하여 계획을 세우기도 한다. 예를 들면, 단기적 계획은 방향성만 제시하는 일반적인 계획과 관련이 있다. 그리고 장기적 계획은 전략적이면서 구체적인 계획과 매우 밀접히 관련이 있다.

오늘날 산업사회의 발전과 더불어 기업의 발전과 세분화는 급성장해 왔다. 그러나 인적자원관리는 이러한 급성장에 적응하지 못하고 지체되고 있다. 이처럼 변화하는 사회에서 관광업체의 목표 달성과 지속적인 성장을 위해서는 인적자원관리에서 인적자원관리 계획의 중요성은 점차 커지고 있다.

6 인적자원 개발

관광업체의 목표 달성과 지속적인 성장을 위해서는 직원의 선발과 배치만이 중요한 것이 아니라 직원들의 인적자원 개발과 관리도 중요하다. 인적자원을 개발하는 방법은 다음과 같다.

가. 경력관리

경력관리는 인적자원의 합리적인 개발을 통한 조직의 효율성 증대와 생산성을 향상시키기 위하여 직원의 경력을 관리하는 것을 말한다. 즉, 경력관리는 직원의 일생에 걸친 직업생활을 통해 자아실현의 목표와 회사 발전이라는 조직 목표를 통합하여 직원 각자의 잠재 능력개발과 성장을 촉진할 수 있도록 담당업무, 배치이동, 교육훈련 등을 관리하는 것을 말한다.

경력관리는 회사에만 좋은 것이 아니라 직원의 자기완성 및 자아실현의 욕구 충족을 동시에 만족시켜주는 역할을 한다. 경력관리의 목적은 합리적인 인사관리와 효율적인 승진관리의 목표 달성에 그 기반을 두고 있다.

나. 교육훈련

직원의 능력 개발을 위한 교육훈련은 기술혁신과 인재 육성의 원동력이 되고 회사의 목표 달성과 지속적인 성장에 기여하게 된다. 특히 오늘날처럼 기술 및 지식의 라이프 사이클이 단축되고 있는 정보화 사회에서는 직원의 역량 강화를 위한 교육훈련은 절실한 것이라고 할 수 있다.

직원의 능력이나 근무태도는 기업의 체계적인 교육훈련 프로그램을 통해 개발되고 변화될 수 있다. 그러나 교육훈련을 실시하기 위해서는 반드시 필요성 분석이 선행되어야 한다. 필요성 분석은 시장이 요구하는 것인가와 직원들의 동의가 필요한 것인가를 따지는 것이다. 필요성 분석이 제대로 시행될 때 교육훈련의 목적 및 내용이 구체화될 수 있으며, 교육의 효과가 높다. 그러나 필요성 분석이 없는 교육훈련은 오히려 자원을 낭비하는 결과가 있으며, 직무수행에 도움이 되지 않으며, 직원들의 불만을 살 수 있다.

다. 인사고과

인사고과는 직원들의 현재 또는 미래의 능력과 업적을 비교·평가함으로써 직원의 근무 성적, 능력, 성격, 적성, 장래성, 태도 습관, 진보, 개발 정도 등의 상대적 가치를 사실에 입각하여 체계적, 객관적으로 평가하여 인사정책에 필요한 정보를 획득하고 활용하는 것을 말한다. 이러한 인사고과는 승진, 승급, 징계 등의 상벌 결정과 직원의 업무에 대한 동기부여와 직장에서 올바른 근무태도 형성 그리고 능력 개발에 매우 중요한 요소로써 활용된다.

인사고과의 목적은 종업원의 가치를 객관적으로 정확히 측정하여 합리적인 인적자원관리의 기초를 부여함과 동시에 직원이 지닌 잠재적 능력과 개발 가능성에 대한 동기유발을 형성하는 데 있다.

라. 인사이동

인사이동은 회사에서 직위의 위치를 수직적 수평적으로 변경시키는 것을 말한다. 인사이동은 선호하는 업무와 임금에 영향을 미치기 때문에 직원들에게 가장 큰 관심의 대상이 되는 인적자원관리 방법이다.

인사이동은 수직적 이동과 수평적 이동으로 나눌 수 있는데 수직적 이동은 현재의 직위가 올라가는 승진과 직위가 내려가는 강등이 있다. 수평적 이동은 같은 직위에서 업무만 바뀌거나 근무지만 바뀌는 것을 말한다.

마. 보상관리

보상관리는 임금의 차등 지급이나 인센티브를 이용하여 인적자원을 관리하는 것을 말한다.

제14장
ESG 관광사례

1 몽골의 홉스골 호수

몽골은 세계를 정복한 놀라운 역사를 가지고 있으며, 가는 곳마다 몽골의 전통문화를 체험할 수 있는 신비한 나라다. 또한 광활한 초원을 가지고 있어 관광객을 편안하게 해주며, 태고의 신비를 지닌 자연환경으로 인하여 인간으로서 경건함을 가지게 하는 광활한 나라다.

몽골의 경제는 넓은 영토를 가지고 있음에도 대부분 광업 부문의 수출에 크게 의존하고 있었다. 이러한 상황에서 몽골 정부는 경제 발전을 위하여 관광산업을 육성해 2024년까지 100만 명의 외국인 관광객 유치, 관광 수입 10억 달러(한화 약 1조 3,275억 원) 달성을 목표로 내세웠다. 이를 위해 몽골은 생태관광 활성화를 통해 관광산업의 지속가능성에 초점을 맞추고 있다.

현재 몽골은 인간과 환경에 해가 되는 환경 문제가 많이 발생하고 있는데, 자연적 요인과 인위적 요인이 중첩되어 있다. 기후변화로 인한 사막화, 자연재해, 토지 황폐화 등은 물론, 무모한 개발과 공해 발생, 화재 등도 큰 영향을 미쳤다. 이런 이유로 몽골의 사막화가 빨라지면서 대기도 점점 더 건조해지고 있으며, 일부 동식물은 멸종 위기에 처해 있기도 하다.

게다가 몽골의 수도인 울란바토르에는 인구 밀집과 급격한 산업화 현상이 발생함에 따라 대기 및 수질 오염 문제가 더욱 심각한 상황이다. 이에 몽골 정부에서는 울란바토르의 환경 조건과 주민 삶의 질 개선을 위해 녹색 인프라 프로젝트를 시행했다. 이 프로젝트로 녹색 지붕, 녹색 벽을 쉽게 만나볼 수 있으며, 건물마다 태양열 발전시설을 설치했다. 이는 도시의 열섬 현상 감소 효과가 있으며, 관광객은 지속가능한 생태환경을 직접 보고 배우는 기회를 얻게 된다.

몽골의 아름다운 초원　　　　공해가 발생하는 울란바토르

　　몽골관광부는 지속가능발전을 위한 생태관광 상품을 개발해 환경뿐 아니라 지역 사회와 국가 경제에 보탬이 되기 위해 노력 중이다. 즉, 몽골 여행은 자연환경보호, 천연자원 및 생물 다양성의 보전을 위한 지속가능한 생태관광을 직접 체험하는 특별한 기회가 될 수 있다.

　　몽골에서 가장 주목할 만한 지속가능한 관광 프로젝트 중 하나로는 홉스골(Khovsgol) 지방의 지역사회기반 생태관광을 꼽을 수 있다. 홉스골 호수는 몽골에서 가장 큰 담수호이자 면적으로는 두 번째로 크다. 러시아의 바이칼 호수 남쪽 끝에서 서쪽으로 약 200km(124마일) 거리로, 몽골의 북쪽 국경 근처에 있다.

홉스골 호수　　　　몽골의 미신 제오포(祭敖包)

　　또한, 부피로 보면 전 세계에서 16번째로 큰 담수호로 지구 담수의 1%, 몽골 전체 담수의 70%를 담고 있다. 자매 호수라고 할 수 있는 바이칼 호수의 가장 큰 공급원이자 영구동토층으로 완전히 둘러싸인 유일한 호수이기도

하다. 바다와 인접하지 않은 몽골에서는 가장 중요한 식수 매장지다.

홉스골 호수 유역은 모두 고지대의 툰드라와 고산 숲, 그리고 타이가 숲과 대초원, 개울, 습지, 연못을 통해 계단식으로 연결된 생태계의 보호를 받는다. 호수는 타이가 숲의 상징이라고도 할 수 있는 오래된 시베리아 낙엽송에 둘러싸여 있으며, 거주했던 여러 부족의 샤머니즘 관습으로도 유명하다.

이처럼 깨끗한 자연환경을 지닌 홉스골 호수는 1992년 주변 지역과 함께 몽골의 국립공원으로 지정되었다. 호수에는 민물 연어를 비롯한 각종 어류가 서식하며, 주변의 삼림에는 큰뿔양·야생염소·사슴·순록·사향노루·큰곰(갈색 곰)·스라소니·비버·늑대·말코손바닥사슴 등 68종의 포유류와 244종의 조류, 60여 종의 약용식물을 포함해 750여 종의 식물이 서식한다. 말 그대로 생태의 보고인 셈이다.

하지만 이 국립공원은 뛰어나고 매력적인 자연 생태계를 지닌 관광지임에도 불구하고 교통 접근성이 떨어져 여행자들의 방문이 어려웠다. 하지만 홉스골 호수를 중심으로 개발한 생태관광 상품이 출시되자 몽골에서 가장 많은 관광객이 방문하는 지역으로 거듭났다.

홉스골 생태관광은 민간 단체와 정부가 협력해 운영하는 관광상품이다. 관광객은 유목민 가족의 게르에서 함께 머물며 지역 고유의 생태계 보전을 지원하며 이들의 전통을 배울 수 있다. 이 관광상품을 통해 홉스골 호수와 인근 지역의 깨끗한 환경에서 체험하는 승마, 하이킹, 낚시 등의 액티비티와 더불어 전통 공예를 배우는 등 문화 의식에도 참여할 수 있다.

자유로운 말

행복한 몽골 아이들

홉스골 호수 관광은 차량 대신 오직 트레킹과 말을 이용한 이동만 가능하며, 지역사회의 자원을 지키기 위해 높은 환경보호 수준을 적용하고 있다. 관광객의 배설물 관리를 통해 수자원을 보호하며, 말은 자연에 방목하며 최대한 행복한 생활을 보장하는 등의 방식이다.

관광객의 숙박을 위한 게르는 이동과 구축이 편리한 친환경 숙박 시설로, 버드나무나 느릅나무의 가지로 형태를 세운 뒤 짐승의 털로 만든 천을 덮고 밧줄을 둘러 만든다. 관광객은 게르에서 생활하며 낮에는 드넓은 초원과 나무가 우거진 숲을, 밤에는 은하수와 별이 쏟아지는 듯한 밤하늘을 볼 수 있다. 또한, 사막의 야생동물을 관찰하고 보호하는 보전 활동에 참여하며 전통적인 유목 생활과 지역 경제 발전 지원 방안을 자연스럽게 익히게 된다.

아름다운 초원

몽골 늑대

2 몽골의 고비사막

몽골과 중국의 국경에 있는 고비사막은 동서 1,500km, 남북 800km, 면적 129만 5천km에 이르는 암석 사막이다. 환경이 척박해 사람이 살 수 없을 듯 하지만, 유목민이 거주해 왔고 쌍봉낙타·늑대·가젤·산양·곰·당나귀 등 야생동물도 많이 서식하는 지역이다.

전술한 바와 같이 몽골은 사막화 현상이 급격히 진행되고 있으며 고비사막 주변의 숲과 초지도 매년 줄어드는 상황이다. 이에 피해가 극심한 몽골 정부는 사막 주변에 그린벨트를 지정하고 댐, 수력발전소 등을 지어 사막화에 대응하고 있다. 또한, 인접한 중국과 한국 등 지역에도 황사 피해를 안길 수 있기에 이에 대처하기 위한 동북아 환경 협력체 구성도 추진 중이다.

고비 사막

암석 사막이 대부분인 고비사막은 거친 모래로 이루어져 있어 황무지처럼 보인다. 하지만 모래 산이 솟은 형태의 홍고린엘스(Khongoryn Els) 지역은 '사막'이라는 단어에 연상되는 경이로운 모래사막으로 유명한 관광지다. 초원

지대도 존재하기에 모래와 초원의 조화로운 풍경은 물론 일부 지역에는 늪도 자리하고 있어 다양한 환경을 체험하기 좋다.

홍고린엘스

게르

이런 고비사막의 훼손에 심각한 문제성을 인식한 몽골은 환경의 중요성을 강조하기 위해 고비사막 체험 관광상품을 출시했다. 관광객은 몽골의 전통가옥인 게르에서 숙박할 수 있다. 이 게르 체험 프로젝트는 지역 내 NGO가 지역사회와 협력해 운영하는데, 자연 친화적 시설인 게르에 머물며 환경에 미치는 영향을 최소화하며 다양한 자연 현상 체험이 가능하다. 게르는 태양열 난방으로 화석 연료 사용을 줄였고, 지역의 천연자원을 활용해 구축했기에 생활 쓰레기 배출 방지와 환경보호에도 효과가 있다.

낙타 트레킹

늪지 체험

고비사막에서는 낙타와 말을 타고 이동하는 친환경 관광을 추구한다. 더불어 유목민 집에 배달하는 우유, 마유주, 아롤 등 몽골 고유의 음식인 유제품을 시식하며 몽골의 식습관을 체험할 수 있다. 맨발로 사막 걷기, 모래썰매, 사막 낙타 트레킹, 승마 등 다양한 액티비티는 물론 밤하늘의 별을 감상하는 사막 야영도 프로그램에 포함되어 있다.

몽골의 생태관광은 잘 보존된 자연환경과 생태에 관심 있는 관광객들에게 몽골을 매력적인 관광지로 만드는 역할을 하고 있다. 또한, 몽골 고유의 문화와 자연의 아름다움을 관광객에게 경험하게 하는 동시에 지역사회 지원을 통해 보전 노력을 촉진하게 한다. 이처럼 몽골의 생태관광은 지역 관광산업에 긍정적으로 기여하는 동시에 관광객에게는 매혹적인 지역을 탐험하는 기회를 제공한다.

몽골의 지속가능한 생태관광은 관광객에게 몽골이 지닌 놀라운 문화유산을 경험하는 기회를 제공한다는 장점이 있다. 몽골 정부는 칭기즈칸과 관련된 성지 보존 프로젝트(Sacred Sites Preservation Project)를 추진하며 몽골의 문화유산과 성지를 보호하고 체험할 수 있도록 하고 있다. 이 프로젝트는 환경 보전을 지원하는 지역 원주민 중 전문가를 선발해 관광객들이 유목민의 생활을 직접 체험하고 몽골의 문화적 중요성에 대한 통찰력을 제공하는 효과가 있다.

3 태국의 마야 베이

　미소의 나라 태국은 세계적으로 가장 인기 있는 관광지 중 하나로 확고히 입지를 다졌다. 코로나19 대유행 직전인 2019년에는 3,900만 명의 관광객이 태국을 방문했다. 태국이 마법같이 놀라운 나라임을 반증하는 지표다.

　태국관광협회(TCT, Tourism Council of Thailand)에 따르면 2022년 태국을 방문한 해외관광객 수는 1,180만 명이었다. 태국관광협회 회장은 태국 관광산업이 회복세를 보임에 따라 2023년에는 2천만여 명의 관광객을 유치할 수 있을 것으로 전망했다.

태국의 수도 방콕의 야경과 왕궁

　태국은 전국 각지에 나름의 특색을 살린 관광지가 있으며, 항상 온난한 여름 기후이기에 아름다운 해변을 중심으로 다양한 액티비티를 즐길 수 있다. 이런 장점 때문에 동남아시아에서 가장 많은 관광객이 몰리는 국가이기도 하다. 바람에 흔들리는 야자수, 백사장, 친절한 현지인, 맛있는 음식 등이 있는 아름다운 태국 해변은 지친 여행객의 심신을 위로해 준다. 또한, 치앙마이, 치앙라이 등지를 중심으로는 원주민의 삶을 체험할 수 있는 트레킹 프로그램이 있어 현대인이 힐링을 받을 수 있는 관광지로 거듭나고 있다.

푸켓의 아름다운 해변

전통문화가 살아 있는 치앙마이

태국은 '야누스의 나라'라는 별칭이 있을 정도로 방문할 때마다 새로운 나라라고 느껴질 정도로 신선함과 즐거움을 준다. 게다가 현지인은 방문객들에게 자신들의 문화와 관습을 친절하게 보여주며, 관광업에 종사하는 사람들은 늘 관광객을 환영하는 분위기다.

하지만 재정에 막대한 수입을 안기는 태국의 관광산업은 국가에 항상 긍정적인 영향만 미치는 것은 아니었다. 매년 관광객이 증가함에 따라 많은 문제가 발생한 것이다. 수많은 관광객이 방문함에 따라 관광지는 훼손되었으며, 무분별한 개발로 인해 태국의 아름다운 국토도 망가지고 있다. 또한, 관광객의 볼거리를 위해 코끼리, 악어, 호랑이 등을 남획해 공연을 연출함에 따라 부상이나 학대로 인해 죽거나 유기되는 동물도 늘어났다.

훈련하는 코끼리

태국의 전통 문화

관광산업의 양면을 모두 경험한 정부는 부정적인 측면을 방관할 수 없게 되었다. 이에 태국 왕실과 정부는 지속가능한 관광산업의 발전과 생태계 보호를 위해 확고한 태도를 보였다. 피피섬(Koh Phi Phi)과 가까운 마야 베이 (Maya Bay)가 과도한 관광객 유입으로 심각하게 훼손되자 폐쇄한 태국의 국립공원부(Department of National Parks)의 조치가 대표적인 예다.

피피섬

마야 베이

태국의 피피섬은 레오나르도 디카프리오 주연의 영화 〈더 비치(The Beach)〉의 배경으로 등장하면서 아름다운 경관으로 유명해졌다. 이를 계기로 전 세계의 관심이 집중되었고, 이후 빠른 속도로 관광객이 늘어났다.

피피섬은 태국 남부에서 가장 큰 섬 푸껫과 안다만해 사이에 있는 끄라비 주의 작은 군도 중 하나다. 푸껫 타운까지는 스피드 보트로 약 1시간 30분이 소요되는 피피섬은 사람이 거주하는 큰 섬 '피피 돈'과 작은 무인도 '피피 레'로 이루어져 있다. 보통 피피섬은 피피 돈을 일컫는다. 피피섬 바로 앞에 보이는 마야 베이는 전 세계의 관광객에게 환상적인 풍경을 제공하며 수영과 스노클링, 스킨스쿠버의 낙원이 되었다.

하지만 푸른 바다와 순백의 해변을 자랑하던 마야 베이는 관광객이 급증함에 따라 온갖 쓰레기로 넘쳐나게 되었다. 게다가 잦은 선박 출입으로 섬 인근의 산호초를 비롯한 해양생물이 사라지고 물이 오염되는 등 생태계에 심각한 피해가 야기되었다. 그러자 태국 정부는 2018년 6월 자연환경 복구와 해양생물 보전 필요성을 이유로 관광객과 선박의 마야 베이 접근을 폐쇄 조치했다. 이 조치는 피피섬에서 소규모 숙박업과 카페 등 사업을 영위하며 생계를 이어가던 현지인들의 반발을 불러왔다. 하지만 태국 정부는 강력한 의지를 피력하며 결정을 밀어붙였다. 원래는 6월부터 9월까지 한시적으로 폐쇄한 뒤 10월에 재개방하려 했던 마야 베이는 결국 무기한 폐쇄 결정이 내려졌다. 이미 파괴된 생태계를 복원하기에 4개월의 휴식기는 부족했기 때문이었다.

넘쳐나는 선박   정박된 선박들

그리고 6개월이 지나자 자연 복원력 덕분에 산호초를 비롯한 자연환경이 회복되었고, 태국 정부는 다시 마야 베이를 관광객에게 개방했다. 마야 베이의 재개장을 기다리던 관광객들은 재생된 마야 베이를 다시 찾기 시작했다. 하지만 마야 베이의 자연환경을 보호하기 위해 해안에 선박의 정박을 규제하는 방안이 검토 중이다.

관광지의 폐쇄가 효과가 있음을 확인한 태국 정부는 관광객에게 인기 있는 일부 해변에서의 흡연 행위를 전면 금지했다. 담배꽁초의 무단 투기나 무분별한 흡연으로 인해 환경오염과 간접흡연 등의 건강 문제가 발생하는 것을 해결하기 위함이었다. 이 금지령은 현재 푸껫, 팡아섬, 끄라비, 뜨랑, 사무이섬, 후아힌, 차암, 촌부리, 라용, 트랏 등지에서 시행 중이다.

복원된 피피섬   팡아섬

2018년 8월부터는 전국 154개 국립 및 지역 공원에서 일회용 플라스틱 사용이 금지되었다. 한 걸음 더 나아가, 2021년까지 완전히 비닐봉지를 없애는 것을 목표로 2020년부터 모든 매장에 일회용 비닐봉지 사용을 금지하기 시작했다.

관광객의 방문으로 막대한 수익을 창출하던 피피섬과 마야 베이를 폐쇄하여 경제적 손실을 보더라도 자연환경과 문화를 보호하려던 태국 정부의 과감한 조치는 상당한 의미가 있었다. 접근 제한 조치를 통해 자연환경을 회복, 재개방한 마야 베이의 사례는 지속가능한 관광이 어떻게 도움이 되는지 다른 아시아 국가에 알려주는 모범이 되었다.

푸켓의 섬

푸켓의 석양

4 싱가포르의 부킷 티마 자연보호구역

싱가포르섬에 영토를 둔 도시국가 싱가포르는 동남아시아에서 가장 작지만, 엄청난 경제적 발전을 이룬 섬나라다. 북쪽으로는 좁은 조호르해협에 놓은 조호르바루와 다리를 통해 말레이시아와 연결되며, 남쪽으로는 믈라카해협을 사이에 두고 인도네시아 리아우 제도에 인접해 있다. 태국, 브루나이와도 그리 멀지 않다.

영토가 좁은 싱가포르는 간척 사업으로 땅을 넓히고 있으며, 현재 국토 면적은 한국의 부산(769.89㎢)보다 약간 작은 721.5㎢이다. 지형은 대체로 평탄한 편인데, 가장 높은 지역인 부킷티마 힐(Bukit Timah Hill)도 해발 163m에 불과하다. 인구 구성은 중국계 74%, 말레이계 13%, 인도계 9.1%, 기타 3.3%로, 일반적으로 '화교'라고 부르는 중국계 싱가포르인이 절대다수를 차지한다. 1965년 독립한 뒤 단기간에 선진국 반열에 오른 싱가포르는 1970~80년대에 빠른 경제 성장세를 보이며 대한민국, 대만, 홍콩과 함께 '아시아의 네 마리 용'으로 불리기도 했다.

싱가포르의 상징 머라이언 동상   싱가포르의 마리나베이 야경

싱가포르는 역사가 매우 짧으며 영토가 좁은 도시국가이기 때문에 대외적으로 자랑할 만한 자연이나 역사적 유물, 토착 문화가 없다. 하지만 척박한

섬인 채로 독립한 싱가포르 정부는 쾌적한 도시국가를 건설하기 위해 계획적
으로 도시화 개발을 추진했다. 건축물은 같은 모양으로 지을 수 없도록 법으
로 정했고, 도시 곳곳에 공원을 조성하고 잘 보전함으로써 하늘에서 보면 도
시 절반이 녹지로 보일 정도다. 이런 정부의 노력 덕분에 관광객들은 싱가포
르 창이 공항의 폭포와 조경, 그리고 도심에 자리한 수많은 숲과 공원을 보고
그 아름다움에 매료되곤 한다. 이런 이유로 싱가포르는 '가든 시티(Garden
City)'라는 별칭으로 불리기도 한다.

싱가포르 창이공항 폭포 　　　　가든스 바이 더 베이 야외 정원

원래 싱가포르는 나대지 비율이 높은 나라였는데, 이런 땅을 모두 나무와
잔디를 심어 숲이나 공원으로 조성했다. 특히 싱가포르 곳곳에 자리한 수많
은 잔디밭은 적도에 인접한 싱가포르의 열섬 현상을 완화해 비슷한 위도의
지역보다 상대적으로 불쾌지수를 낮아지게 만들었다. 그리고 동물보호법도
철저하게 적용하여, 숲이나 공원에서는 공작, 원숭이 등 야생동물이 자유롭
게 거니는 모습을 어렵지 않게 볼 수 있다. 이처럼 싱가포르는 인간의 생활
현장에서 동물과의 공존에 성공한 나라다.

싱가포르의 유명한 관광지로는 센토사섬, 마리나베이, 가든스 바이 더 베
이, 보타닉가든, 국립 주롱새 공원 등이 있다. 대부분 척박하고 관광자원이
빈약했던 곳에 조성한 인공 자연환경으로, 지속가능한 생태환경을 만들고 보
전하려는 싱가포르 정부의 노력 덕분에 가능했다. 규모나 아이디어 면에서
타의 추종을 불허하는 관광 명소이기도 하다.

싱가포르 국립공원위원회(NParks)는 싱가포르의 도시 생태계 개선 및 관
리를 전담하는 조직으로, 지속가능한 생태환경 조성을 위해 공원을 개선하는

프로젝트를 진행 중이다. NParks는 지역 공동체와 협력해 싱가포르 전역에 있는 50개 이상 공원의 품질을 개선하고 있다.

지역 공동체는 직접 공원 품질 개선의 계획, 설계부터 건설 단계, 나아가 사후 관리에 이르는 전 과정에 지속해서 참여한다. 세부 내용으로는 관목과 나무 심기, 야생동물을 위한 서식지 개선, 생물 다양성을 위한 노력, 환경 감시를 통한 자연보호 활동 등이 있다. 가장 대표적인 공원 개선 사례로는 부킷 티마 자연보호구역(Bukit Timah Nature Reserve)이 있다.

부킷 티마 자연 보호구역

부킷티마 자연보호구역에 있는 부킷티마 힐은 도시 중심부에서 차로 30분 거리에 있다. 싱가포르에서 몇 안 되는 주요 열대우림지역 중 하나로, 면적은 164헥타르다. 1951년에는 자연보호구역 조례 제정과 보호구역 관리를 위한 자연보호구역위원회 설립으로 보호 조치가 강화되었으며 1990년 NParks가 자연보호구역으로 지정했다. 자연보호구역으로 지정되면 싱가포르의 '공원 및 나무법'에 따라 토착 동식물의 번식, 보호 및 보전을 위한 관리 대상이 된다.

부킷티마 자연보호구역은 2011년 10월 18일 아세안 문화유산공원으로 공식 지정되었다. 이후 2014년 9월부터 2016년 10월까지 자연환경 복원 작업을 거쳐 2016년 10월에 재개장했다. 싱가포르는 심각한 자원 고갈을 이유로 1937년 모든 보호구역의 나무를 벌목해 목재로 사용했다. 그로 인해 대부분 원래 형태를 거의 상실했지만, 부킷티마 자연보호구역은 원시 삼림의 형태를 그대로 유지, 보존하고 있어 그 가치가 더욱 크다.

다양한 수종   긴꼬리원숭이

부킷티마 자연보호구역에는 고무나무, 삼나무를 비롯해 아프리카 고무 코 팔(Hymenaea verrucosa), 마호가니(Swietenia macrophylla), 브라질 철목 (Libidibia ferrea) 및 미국 레인 트리(Samanea saman) 등 다양한 수목이 원 시림을 이루고 있다. 게다가 덩굴식물과 거대한 양치류도 많이 자라고 있어, 산책로를 거닐며 진정한 원시림의 풍경을 감상하고 숲의 냄새와 소리를 느낄 수 있다.

다양한 야생동물이 서식하고 있다는 점도 매력적이다. 특히 시끄러운 소리 를 내는 긴꼬리원숭이는 나무에서 나무로 재빠르게 이동하며, 방문객을 따라 다니는 모습도 보인다. 이처럼 부킷티마 자연보호구역에서는 고온다습한 적 도 기후에 서식하는 다양한 동식물과 곤충을 관찰할 수 있다. 입장료는 무료 로, 방문객 센터는 매일 오전 8시 30분부터 오후 6시 30분까지 운영한다.

싱가포르 주민들이 매일 조깅을 하며, 주말에는 산악자전거를 타는 청소년 부터 산책하는 고령층까지 다양한 방문객이 찾는 인기 장소로 주변 현지인들 에게는 익숙한 장소다. 하지만 해외관광객들에게는 잘 알려지지 않았다. 단 기 체류 관광객은 머무는 시간이 짧은 만큼 부킷티마 자연보호구역의 관광이 나 체험은 어려울 수 있지만, 장기 체류 관광객들에게는 좋은 관광지가 될 수 있다. 도심에 숨어 있는 원시 자연을 경험하고 힐링할 수 있기 때문이다. 생태와 환경에 관심 있는 관광객이라면 싱가포르 정부가 지속가능한 생태환 경의 보전을 위해 얼마나 많은 노력을 했는지 알 수 있을 것이다.

5 덴마크의 보른홀름

덴마크는 강력한 복지 시스템과 소득분배기준으로 세계에서 가장 평등한 국가 중 하나로 잘 알려져 있다. 국토 면적은 작지만 문화와 역사 면에서 엄청난 저력을 가진 나라이기도 하다. 낙농업이 발달해 있어, 덴마크산 햄, 소시지, 치즈, 우유, 분유는 세계적으로도 유명하다. 더불어 세계에서 가장 친환경적인 국가 중 하나로 명성이 높아, 환경에 관심 있거나 자연에서 야외 활동을 즐기고자 하는 이들에게는 매우 이상적인 관광지다.

코펜하겐 시내

코펜하겐 외곽

덴마크의 수도 코펜하겐은 지속가능성, 생태환경 기반 시설로 유명하다. 더불어 휘발유와 자동차에는 높은 세금을 부과해 탄소 배출을 강력하게 억제하고 있으며, 풍부한 바람을 이용한 신재생에너지의 사용률이 높다는 점도 찬사를 받는 이유다.

코펜하겐은 식당, 건축물, 티볼리 정원, 프리타운 크리스티아니아, 한스 크리스티안 안데르센의 인어공주 등 다양한 명소가 있는 유명 관광 도시다. 하지만 덴마크에는 코펜하겐 외에도 지속가능한 생태환경으로 볼거리를 제공하는 지역이 많다. 대표적인 생태환경 관광지로는 보른홀름이 있다.

코펜하겐 운하

코펜하겐 니하운

덴마크 동쪽 발트해에 있는 보른홀름섬은 2022년 10월 권위 있는 덴마크 여행 어워드에서 덴마크 최고의 휴양지로 선정되었다. 면적은 584.59㎢이며, 2023년 현재 총인구는 39,602명이다.

현재는 덴마크 영토인 보른홀름은 과거에 스웨덴을 비롯해 중세 시대 한자동맹의 중심지인 뤼벡(Lübeck)의 통치하에 있었기에 수 세기 동안 독립 전쟁을 치른 역사가 있다. 지금은 폐허로 남은 보른홀름의 북서단의 함메스후스(Hammershus) 요새는 중세 북유럽의 최대 요새로 그 위치의 중요성을 입증하고 있다.

보른홀름의 해안

보른홀름의 호수

보른홀름은 덴마크에서 햇볕이 가장 잘 드는 지역으로 '햇빛섬'이라는 별칭이 있으며, 지질학적으로는 남쪽 해안 지역을 제외하면 화강암으로 이루어져 있어 '바위섬'으로도 알려져 있다. 암석층이 여름철의 열기를 저장하기 때문에 10월까지도 날씨가 꽤 따뜻한 편이며, 평지에는 야생 무화과가 많이 자생하고 있다.

덴마크의 대부분 지역은 완만하고 구불구불한 언덕으로 이루어져 있지만, 북부의 보른홀름섬은 암석 지형이다. 숲을 이루는 소나무와 낙엽수는 바람의 영향으로 휘어져 있으며, 섬 중심부에는 농지와 모래 해변이 자리한다. 숲과 들판은 새, 사슴 등 여러 야생동물이 자유롭게 서식한다.

봄철의 청명한 하늘, 깨끗하고 신선한 공기로 유명한 보른홀름섬은 휴양이나 휴식을 원하는 관광객에게 적합한 관광지다. 전력 생산을 100% 풍력발전에 의존하기 때문에 공해가 전혀 없는 환경친화적 관광지이기도 하다.

보른홀름의 해안 산책로　　　　　보른홀름의 폭포

보른홀름의 해안 산책로를 따라 걷다 보면 어디서든 인상적인 광경을 접할 수 있으며, 아름다운 13개의 폭포 중 어떤 것을 볼지 선택하는 즐거움도 있다. 폭포를 보기 가장 좋은 계절은 봄이다. 따뜻한 날씨로 인해 들판에서 녹은 물이 섬의 개울을 채워 폭포에서 쏟아지는 물줄기를 경험하기 적합하기 때문이다. 한 번 관광할 때 폭포를 모두 보지 못한다면 언제든 다시 방문해 나머지 폭포를 경험할 수 있다.

보른홀름은 지속가능하고 생태적 농업으로도 유명하다. 매력적인 현지인, 유기농 농산물, 훌륭한 음식 등 방문해볼 만한 매력이 충분한 관광지다. 환경 친화적 관광지인 보른홀름은 관광객에게 일반적인 숙박시설 대신 에코 롯지, 팜스테이, 캠핑장 등을 제공한다. 또한, 에너지 아카데미 워크숍을 비롯한 여러 행사를 주최하여 생태환경 보전을 위한 새롭고 지속가능한 아이디어를 개발하고 지식을 공유한다. 매년 5,000여 명의 과학자, 정치인, 언론인, 학생들이 현지 경험을 배우기 위해 보른홀름을 방문한다.

보른홀름의 풍력발전

보른홀름의 기암

6 노르웨이의 하르당에르 피오르드

북유럽 국가인 노르웨이는 스칸디나비아반도 서쪽에 위치한다. 1인당 GNP가 전 세계에서 가장 높은 수준이며, 풍성한 복지 혜택 덕분에 노르웨이 국민은 태어나서 죽을 때까지 행복한 삶을 누린다. 또한, 경제적 여유를 바탕으로 아름다운 노르웨이의 자연 속에서 야외 활동을 하며 인생을 즐기는 모습에 전 세계인의 부러움을 사기도 한다.

지리적으로 유럽 대륙의 최북단에 있어 겨울에는 매우 춥지만, 사람의 손길이 거의 닿지 않은 대지는 385㎢에 달하며, 천혜의 자연경관을 자랑한다. 자연의 위대함에 절로 감탄을 자아내는 피오르드, 신비한 극지방의 오로라, 순록과 울버린 등 다른 곳에서는 보기 어려운 북극 동물, 아기자기한 산으로 가득한 아름다운 해안선이 주된 볼거리다. 모험을 찾는 관광객들은 노르웨이에 매료될 수밖에 없다. 이처럼 경이로운 자연 속에서 즐기는 짧은 산책부터 장시간의 빙하 하이킹에 이르기까지 다양한 즐길 거리가 있기 때문이다.

노르웨이의 신비한 자연환경

　뛰어난 수준의 독특한 건축물과 맛있는 해산물 요리 등 각 도시와 마을의 고유한 매력도 관광 포인트 중 하나다. 그래서 오슬로, 베르겐 등 대도시뿐 아니라 트론헤임, 트롬쇠, 스타방에르, 송네 등 작은 도시에도 관광객이 몰린다. 특히 전국을 잇는 훌륭한 대중교통은 환경친화적이면서도 관광객이 어느 지역이든 쉽게 방문할 수 있도록 돕는다. 그렇기에 노르웨이는 특별한 경험을 원하는 관광객들이 매우 선호하는 나라다.

　노르웨이는 여름에 관광객이 많이 집중된다. 백야 현상으로 한밤중에도 태양을 경험할 수 있기 때문이다. 겨울은 너무 춥고 흑야 현상이 나타나 밤이 길어서 관광객이 선호하지 않는다. 이런 계절적 한계가 있음에도 천연 관광 자원이 풍부한 노르웨이의 관광산업은 지난 10년 동안 꾸준히 성장해 왔다. 2019년 관광 수입은 10년 전인 2009년 대비 53%나 증가했다.

송네

베르겐

　노르웨이 정부는 혁신 노르웨이(Innovation Norway)라는 기구를 창설해 관광산업에 ESG를 도입했다. 혁신 노르웨이는 단점을 줄이기 위해 지속해서 노력하는 관광지를 '지속가능한 관광지'로 지정한다. 지정 기준은 여행 글로벌 표준을 보유한 UN 관련 조직인 세계지속가능관광협의회(GSTC : Global Sustainable Tourism Council)가 인정한 표준규정을 따른다.

　노르웨이의 비영리 단체인 환경등대재단(Eco-Lighthouse Foundation)은 환경등대(Eco-Lighthouse)라는 환경관리 인증 프로그램을 시행하고 있다. 환경등대 인증 프로그램은 환경친화적으로 운영되는 기업 및 관광 업체의 환경 책임을 매년 평가하는 국내 유일의 인증제도다.

노르웨이 정부는 생태관광을 위해 국가 전역에 1만여 개의 전기자동차 충전소를 설치해 공해가 발생하지 않는 차량 여행을 지원한다. 대중교통수단으로는 버스, 트램, 페리, 스쿠터 등을 모두 전기동력화해 친환경 노르웨이 관광을 지향하고 있다. 또한, 수도 오슬로의 60% 이상 지역을 물이나 녹지 공간으로 구성했으며 EU는 이를 유럽 내 우수 환경 도시로 인정해 2019년 '유럽 녹색 수도'로 선정했다.

노르웨이 관광은 모두 생태관광이라는 것이 특징이다. 관광객을 유혹하는 자연의 선물이자 노르웨이에서만 볼 수 있는 것이 오로라와 피오르드다. 그중 하르당에르 피오르드(Hardanger Fjord)가 가장 대표적이다. 노르웨이 전역이 세계적으로 유명한 관광지지만, 특히 자연환경과 농촌의 토지 보존이 잘 이루어진 하르당에르 피오르드는 내셔널 지오그래픽에서 지속가능한 관광지로 선정되는 영예를 얻었다.

오로라   피오르드

하르당에르 피오르드는 대규모 국제도시인 베르겐의 바로 남쪽에 있으며, 노르웨이에서는 두 번째이자 전 세계적으로도 세 번째로 큰 피오르드다. 하르당에르 피오르드는 대서양에서 시작해 하르당게르비다(Hardangervidda) 고원을 따라 노르웨이의 산악 내륙까지 장장 179km에 이른다. 기원전 8천 년경 스칸디나비아 대륙이 융기하면서 지표면에 있던 거대한 빙하가 녹아 이동하며 암반이 침식되어 U자형 계곡이 형성되었다. 이것이 하르당에르 피오르드이며, 가장 안쪽에는 오다(Odda) 마을이 자리한다.

피오르드는 선사시대 사냥꾼들의 사냥터였으며, 농경 문화가 형성되자 비옥한 지역에서 과일 농사가 행해졌다. 장관을 이루는 자연, 빙하, 웅장한 폭포 등의 볼거리가 있어 1875년 런던에서 매주 유람선 관광을 시작하며 세상에 알려졌고, 이후 세계 각국에서 대규모의 관광객이 유입되었다.

하르당에르 피오르드

하르당에르 피오르드는 관광뿐 아니라 지질학적으로도 가치가 높다. 2005년에는 폴게포나 국립공원으로 지정되었고, 지금까지도 노르웨이 정부의 체계적인 보호를 받고 있다. 노르웨이 정부는 관광객 증가 추세에 따라 편의 증진을 위해 관광 인프라를 확충했고, 피오르드를 둘러싼 환경을 보전하기 위해 생태관광 상품을 개발했다. 이러한 편의성 향상에 따라 관광객은 더욱 늘어났고, 하르당에르 피오르드의 가치도 덩달아 높아졌다. 이처럼 노르웨이가 추진 중인 생태관광은 피오르드의 뛰어난 자연적 아름다움을 보전하고 지역 경제를 활성화하는 효과가 있으며, 동시에 막대한 관광 수입을 벌어들이는 효과를 누리고 있다.

7 러시아의 악투르산

　빙하와 협곡이 아름다운 악투르(Aktru)산은 러시아 연방 소속 알타이 공화국의 알타이산맥(Altai Mountains)에 자리한다. 알타이산맥은 러시아 남시베리아 서부 지역에 있으며, 남쪽으로는 중국 신장 위구르 자치구의 중가리아 지역, 남서쪽으로는 카자흐스탄, 남동쪽으로는 몽골과 국경을 맞대고 있다. 알타이(Altai)는 몽골어, 튀르크어로 '황금(黃金)'을 뜻한다. 언어계통학에서 말하는 알타이어(Altaic languages)라는 용어가 여기서 유래했다.

악투르산

　알타이산맥의 길이는 1,900km로 남한 길이의 3배에 달한다. 최고봉은 해발 4,506m의 벨루하산이며, 가장 아름다운 산으로는 악투르산을 꼽는다. 악투르산은 알타이 공화국의 남동부에 위치하며, 몽골 및 중국 국경과도 가깝다. 악투르산의 봉우리의 고도는 해발 1,500m부터 3,000m까지 다양하며, 2,500m 이상의 지역은 일 년 내내 눈으로 덮여 있다.

악투르산은 고도에 따라 다양한 생태계가 형성되어 있다. 쿠라이(Kuray) 산간분지에는 대초원이, 산 경사면에는 대초원 벨트와 삼림 벨트가 있다. 고산 지역에서는 멋진 풍경과 빙하가 있는 고산 벨트를, 봉우리에서는 녹지 않는 지하의 영구 동토와 강수량이 적은 툰드라 기후를 볼 수 있다. 빙하에 둘러싸인 악투르 계곡에는 눈표범, 울버린, 스라소니, 사향 사슴, 산양, 두루미, 라마 오리 등 희귀 동물이 서식한다.

목조주택

트렉킹

알타이 공화국은 악투르산의 환경을 보호하기 위해 1956년 악트루 연구소 (Aktru Research Station)를 설립해 식생과 기후를 연구하고 있다. 1975년부터 1995년까지는 알타이 공화국 기상청에서 운영하다가 2008년부터는 숙소를 증축해 상주 직원을 두며 지속가능한 관광자원을 본격적으로 연구하기 시작했다. 그리고 관광객의 생태관광을 돕기 위해 150명을 수용할 수 있는 식당과 30명을 수용하는 카페테리아를 비롯해 샤워실, 화장실 등 편의시설이 마련되어 있다.

현재 연구소에서는 악투르산의 빙하, 계곡, 호수, 기상, 지형, 생태, 식물, 동물, 토양 등 다양한 분야를 연구하고 있다. 주요 목표는 악투르산의 생태환경을 보전하는 것으로, 기후변화가 빙하에 미치는 영향, 극저온 상태에서의 조경 패턴 및 생물상 등을 연구한다.

지형이 거친 악투르산은 자동차로 접근할 수 있는 곳이 8km에 불과하다. 나머지 지역은 트레킹이나 등산으로만 방문할 수 있다. 악투르산의 트레킹 코스는 악투르 알파인 캠프를 출발해 약 539km를 걸어 돌아오는 것으로 끝

난다. 그렇기에 트레킹을 하려면 산악 등반, 눈사태 회피, 응급처치 등에 관한 내용을 먼저 익히고 출발해야 한다.

산악 등반

푸른 호수

악투르산의 악투르계곡은 알타이 지역에서 가장 경이로운 장소로 알려져 있다. 등반하며 만나는 삼나무와 산 경관이 조화를 이루는 풍경은 그야말로 숨이 막힐 정도이며, 고도 2,840m에 자리한 청명한 호수는 신비감마저 안긴 다. 그리고 정상에 오르면 형언하기 어려울 정도로 멋진 알타이산맥 전체를 조망할 수 있다.

푸른 호수로 가려면 빙하를 따라 난 길을 가야 하기에 마치 다른 행성에 와 있는 듯한 특이한 경험을 할 수 있다. 눈이 녹는 여름에는 암반을 따라 길이 나 있어서 특별한 장비가 필요하지 않지만, 여름을 제외하면 눈이 쌓이 기 때문에 산악 등반 장비가 필수적이다.

악투르산은 하루 만에 등정할 수 없으며, 중간에 있는 악투르 관광 캠프에 서 휴식을 취해야 한다. 악투르 관광 캠프에는 편안한 목조 주택과 오두막에 서 숙박하며 휴식을 취할 수 있으며, 사우나도 가능하다. 여름에는 텐트를 치고 야영을 해도 좋다. 악투르 캠프에서는 주변 산과 빙하를 하루 동안 둘러 보는 짧은 산책도 가능하며, 익스트림 스노보드와 스키도 탈 수 있다. 하지만 초보자에게는 위험한 코스이니 주의해야 한다.

8 일본의 가시마 양조 투어리즘

　가시마는 일본 후쿠오카의 규슈 북서부에 있는 사가현(佐賀県)의 서남쪽 지역에 있으며, 현청 소재지는 사가시다. 가시마는 예로부터 다라다케산맥의 맑은 물과 좋은 쌀을 사용한 주조 산업이 성행했으며, 지금도 맛있는 술을 빚는 오래된 사케(청주) 양조장이 여럿 남아 있다.

　좋은 술로 유명한 가시마에는 현재 6개의 양조장이 있어, 마을 전체에 술 익는 향기가 만연하다. 또한, 전통 방법으로 술을 빚기 때문에 술에 관심 있는 관광객과 애주가에게 인기가 높으며, 관광상품으로도 개발되었다. 관광객은 양조장을 순례하며 여기서 빚은 술을 직접 맛보고 주조 체험도 할 수 있다. 마을 전체를 산책하면서 가시마의 음식과 술 문화, 역사를 체험하고 각종 술을 시음하는 등 오감으로 관광을 즐길 수 있는 것이다.

사가현 가시마시

생산된 술들

　가시마의 사케는 이 지역에서 풍부하게 생산되는 다라다케산의 지하수와 맛있는 쌀로 만들며, 그 전통은 에도시대까지 거슬러 간다. 에도시대 여인숙

건물이 늘어서 있는 히젠하마슈쿠 지역에는 5개 회사가 운영하는 6군데의 양조장이 있다. 그중 하나인 토미쿠치요 주조의 '나베지마 대음양'이라는 술은 2010년에 IWC(International Wine Challenge)의 일본술 부문에서 세계 최고의 상을 받은 바 있다. 이를 계기로 시작된 것이 가시마 주조 관광이다.

가시마 주조 관광 투어리즘

관광산업을 주관하는 일본국립관광청(JNTO, Japan National Tourism Organization)은 일본을 대표하는 관광홍보 기관이다. 최근 관광산업에 ESG를 도입해 일본 내 관광지에 ESG 관광 정보 제공, ESG 관광상품 개발, 해외 마케팅 등을 수행하고 있다.

가시마와 양조장들은 JNTO의 ESG 도입에 따라 지속가능발전과 지역 활성화 추진을 목표로 '가시마 술집 관광 추진 협의회'를 결성했다. 그리고 지속가능한 관광 상품으로 '가시마 주조 투어리즘'을 기획해 홍보했다. 2012년 3월 24~25일에는 제1회 가시마 주조 투어리즘이 열렸다. 이때 이전에는 별도로 개최되던 '꽃과 술 축제', '발효 축제' 등의 이벤트와 협력·제휴해 가시마의 술, 거리를 홍보했다. 이런 성과가 높게 평가되어, 가시마 술집 관광 추진 협의회는 2020년 1월 일본 총무성의 고향 만들기 대상에서 최우수상을 수상했다.

현재 가시마 주조 투어리즘은 일본에서도 인기 관광상품으로 자리매김했다. 매년 봄에는 각 양조장에서 빚은 새 술을 처음 선보이는 구라비라키(蔵開

き : 양조장 개방) 일정에 맞춰 무료 순환 버스를 운영해 시내 양조장 6곳을 방문할 수 있다. 이 시기에는 사케 장인을 직접 만나 술을 맛볼 수 있다.

가시마 주조 투어리즘 일정에 맞춰 다양한 축제가 열리기도 한다. 히젠하마주쿠 꽃과 술 축제, 유토쿠몬 마에하루 축제, 가시마 발효 축제, 가시마 오마츠리시, 우레시노 온천 주조 축제 등이 동시에 열린다.

양조장 중 유키히메 주조는 1934년경 설립되어, 3대째 가업으로 운영 중이다. 유키히메는 원래 술 이름으로, 양조장 주인이 외동딸의 행복을 바라는 마음으로 지었다. 그리고 그 술의 이름을 따라 양조장 이름도 유키히메 주조가 되었다.

유키히메 주조는 양조장 견학이 일반적이지 않았던 1960년대부터 창고에 관광객을 맞아 왔다. 창고에는 유키히메 주조의 역사와 특징을 친필로 적은 종이가 게시되어 역사를 한눈에 살펴볼 수 있다.

유키히메 주조   생산된 술들

유키히메 주조에서는 일본 술을 마시지 못하는 관광객을 위해 토속주, 소프트아이스크림, 감주를 생산해 판매하기도 한다. 이러한 노력 덕분에 유키히메의 사케는 전국적인 명주로 알려졌고, 여기에 머물지 않고 해외 시음회와 품평회에 출품하여 세계적으로도 이름을 알리고 있다.

사가현 지방자치단체에서는 지역의 관광산업 활성화를 위해 가시마 주조 투어리즘을 적극적으로 지원하고 있다. 가시마 지역의 관광지 개발 협력, 일본 전역과 해외 대상 홍보, 관광 지원 시설 운영 등을 지원하며, 관광 인프라 개선 사업도 수행 중이다.

　이에 따라 가시마 술집 관광 추진 협의회가 운영하는 가시마 주조 투어리
즘은 사가현 지방자치단체, 가시마 지역사회와의 협력 강화를 지속 추진 중
이다. 이러한 노력은 지역사회의 관광상품을 개발하려 하는 일본 각지에 지
속가능한 관광산업을 구축한 모범사례로 꼽히고 있다.

일본의 전통주

일본의 전통 옷 기모노 체험

9 인도네시아의 발리

인도네시아 열도에서 가장 인기 있는 휴양지로 꼽히는 발리는 고대 문화의 고향이자 따뜻한 환대로 유명하다. 아름다운 자연을 배경으로 자리한 이국적 분위기의 사원과 궁전은 발리가 최고의 관광 명소로 명성을 알리는 데에 긍정적인 영향을 미쳤다. 한국에서는 '발리에서 생긴 일'이라는 드라마가 제작될 정도로 유명하며, 그래서인지 인도네시아의 일부 영토임에도 국가명보다 유명하기도 하다.

인도네시아의 1만 7,509개 섬 중 발리는 가장 아름답고 관광객이 많이 방문하는 섬이다. 발리의 중심도시는 덴파사르(Denpasar)로, 면적은 5,780km² 다. 인도네시아 국민은 이슬람 신자가 대부분이지만 발리섬 주민의 92%는 힌두교를 믿는다. 이처럼 주민 대다수가 힌두교를 믿는 지역은 발리가 거의 유일하다. 인도네시아에 이슬람교가 전파된 이후, 자바섬과 수마트라섬 등 대다수 지역이 이슬람화되었지만, 발리만은 전통 힌두 신앙을 이어오고 있다. 다만, 힌두교의 본국 인도와는 상당한 차이가 있다.

따나롯 사원

힌두교 의식

주민들은 각 가정에 작은 사원을 만들고 매일 제물을 올려 기도하기 때문에 도시와 마을에 향냄새가 가득해 발리는 '신에게 바치는 선물'이라는 별칭을 갖고 있다. 신비하면서도 아름다운 따나롯 사원, 버사끼 사원, 울루와뜨 사원 등은 관광객의 시선을 사로잡는다.

발리는 화산 활동으로 형성된 많은 산과 계곡, 아름다운 해변이 있어 자연의 아름다움을 만끽하기에도 좋은 관광지다. 특히 '아름다운 섬'이라는 수식어를 증명하듯 꾸따, 누사두아, 사누르와 같은 섬의 남쪽에는 야자수가 드리워진 하얀 모래 해변이 펼쳐져 있다. 울루와뚜, 빠당빠당, 드림랜드, 빙잉의 절벽 아래에는 아름다운 해변이 숨어 있기도 하다.

북쪽과 서쪽 해안에는 신기한 검은 모래가 흩뿌려져 있고, 조용하고 작은 만이 자리한다. 서핑을 하거나 석양을 보러 온 전 세계의 많은 관광객이 여기에 모이곤 한다. 발리는 다양한 수상 스포츠와 레저 활동을 즐길 수 있는 곳으로도 잘 알려져 있다. 서핑, 다이빙, 래프팅, 스노클링 등 다양한 수상 레저는 물론, 해양 생물의 다양성이 지켜지는 해역에서는 살아 있는 발리의 생태계를 탐험할 수도 있다.

울루와뚜 사원

쿠타 해변애서 서핑하는 관광객들

발리가 특별한 관광지가 된 데에는 우붓 왕국의 영향이 있었다. 발리섬에 세워졌던 고대 왕국 중 하나로, 발리섬의 역사와 문화를 형성하는 데에 중요한 요소 중 하나였다. 우붓 왕국은 8~10세기 사이에 건국되었으며, 발리섬의 중심부에 있는 우붓을 수도로 삼았다. 이 시기에는 브라만(Hindu)왕국으로 성장하며 예술과 문화적으로 다양한 발전을 이루었다. 인도네시아 정부는 발리의 힌두교 문화와 예술이 중요한 관광자원임을 인식하고 우붓 왕국 지역을 예술, 공예, 음악, 무용, 공연 예술의 중심지로 조성했다. 그리고 이것이 발리 섬 전체에 영향을 미치도록 정책을 펼쳤다.

발리 전통 무용　　　　　　　젊은이들이 넘치는 해변

　발리의 문화예술은 섬 전체에서 접할 수 있으며, 다양한 종교적 축제와 예술 공연이 열리기에 방문객은 문화적으로 다양한 경험을 할 수 있다. 향신료와 허브를 사용해 특유의 맛과 풍미가 느껴지는 발리 음식은 현지 문화와 생활 습관을 엿보게 한다.

　관광산업을 주관하는 인도네시아 관광부는 관광산업 발전과 환경보호를 위해 ESG를 적용해 지속가능한 관광정책을 수립하고 관광지를 관리한다. 또한, 관광산업 분야의 국제 협력을 강화하는 동시에 지역사회와도 적극적으로 협력하며 지속가능한 관광산업을 추진하는 역할을 담당하고 있다.

　인도네시아 관광부는 관광객이 가장 많이 찾는 국내 여행지인 발리섬의 지속가능발전을 위해 지역사회와 협력해 친환경적 관광지 개발을 추진 중이다. 바이오가스 발전소, 해수 온도 차 발전, 지열 발전 등 신재생에너지를 활용한 관광산업 구축이 대표적인 예다.

　그 외에도 관광객을 유치하기 위해 발리섬의 아름다운 자연환경과 우붓의 밀림을 이용한 지속가능한 생태관광 상품을 개발했다. 호텔에는 친환경적 에너지 절약 시설을 구축하고 재활용을 독려함으로써 지속가능한 운영을 추진하고 있다.

발리섬 지역사회와의 교류 증진에도 적극적이다. 지역민 대상 문화행사, 체험 프로그램을 통해 주민과의 소통, 유대감 형성을 추진하며, 발리섬 내 관광산업 참여자와의 협력도 강화하고 있다.

발리의 다락논   우붓 밀림의 리조트

10 튀르키예의 이스탄불

이스탄불은 튀르키예에서 가장 큰 도시로, 유럽 대륙과 아시아 대륙의 경계선인 보스포루스 해협과 마르마라해, 금각만 사이에 있는 유네스코 세계문화유산 도시다. 고대에는 비잔티움 제국의 수도였고, 이후 이슬람 오스만 제국의 수도였던 역사도 있다. 오늘날 이스탄불은 튀르키예를 대표하는 도시로, 역사·문화·예술·종교적 중요성 등 측면에서 독특하고 매력적인 도시로 알려져 있다.

이스탄불은 두 제국의 수도였던 유구한 역사를 지닌 도시다. 서기 330년 로마 제국의 황제 콘스탄티누스 1세가 이스탄불을 새 수도로 선포한 이후 1992년 술탄제가 폐지되고 오스만 제국이 멸망하기까지 무려 1,592년의 기간이었다. 이러한 명성으로 이스탄불은 튀르키예를 대표하는 도시로 공고히 입지를 다졌으며, 심지어 앙카라가 아닌 이스탄불을 수도로 알고 있는 사람도 많다.

이스탄불의 전망

　　이스탄불은 오랜 역사 덕분에 시대를 초월한 매력을 가진 도시로, 다양한 문화와 역사적 유산을 품고 있다. 최초 건립 시기에는 비잔티온이라는 그리스식 이름이었다가 로마 치하에서는 라틴어 명칭인 비잔티움(Bizantium)으로 불렸다. 이후 동로마 제국의 수도였을 때는 콘스탄티누폴리스, 오스만 제국으로 편입된 후에는 '콘스탄티누스의 것'이라는 의미의 콘스탄티니예가 되었다. 그리고 튀르키예 공화국이 들어선 뒤 지금의 이스탄불(Istanbul)이 되었다. 이처럼 여러 고대 제국의 중심점 역할을 한 덕분에 아직도 도시 중심부에는 다수의 경이로운 유적지가 자태를 뽐내고 있다.

아야 소피아 대모스크　　　　　　아야 소피아 대모스크의 천장

　　이스탄불에서 가장 유명한 관광 명소 중 하나이자 유네스코 세계유산인 성 소피아 성당(아야 소피아 대모스크)은 비잔티움 제국 시대에 건립되었다. 성 소피아 성당(모스크)은 세계적으로 유명한 예술 작품들을 감상할 수 있는 박물관으로 활용되어왔다.

　　오스만튀르크는 기독교 유산인 성 소피아 성당을 파괴하지 않고 이슬람 건축 양식을 가미해 개축한 뒤 관광객에게 공개했다. 또한, 튀르키예 정부는 세계적 박물관인 튀르키예 박물관과 이스탄불 현대미술 박물관 등을 지어 강성했던 오스만튀르크 시대에 차지한 유물과 예술품을 모아 전시하고 있다. 이는 관광객들이 이스탄불의 문화를 간접적으로 체험할 기회를 제공한다.

　　이스탄불은 종교적으로도 중요한 도시다. 튀르키예의 대표적인 이슬람 명소인 슬레이만 모스크는 고려할만한 아름다움과 역사적인 가치를 가진 명소로, 많은 관광객이 찾는 곳 중 하나다. 나아가 기독교, 이슬람, 유대교 등 여러 종교의 사원과 성당, 시나고그 등이 공존하며 문화적, 종교적 다양성이 존중되고 있다.

그랜드 바자르

향신료

다양한 시장과 상점도 빼놓을 수 없는 이스탄불의 매력이다. 세계 최고(最古)이자 최대 규모의 시장인 그랜드 바자르와 스타트 바자르는 오스만 제국 시대부터 오랜 역사를 자랑한다. 특히 그랜드 바자르 시장에는 4,500여 개의 상점이 입점해 있으며, 튀르키예에서 생산하는 거의 모든 물건이 존재한다. 전 세계에서 온 관광객이 일 평균 40만 명이나 몰리는 곳이기도 하다. 그 외 이스탄불의 여러 시장에서는 튀르키예의 전통 공예품, 음식, 의류 등을 둘러보고 구매할 수 있다.

튀르키예의 관광산업을 주관하는 부서는 문화 및 관광부(Ministry of Culture and Tourism)로, 튀르키예의 관광산업을 총괄한다. 세부적으로는 관광정책 수립 및 관리, 관광홍보 및 마케팅, 관광자원의 보호 및 관리 등이 주요 업무다. 또한, 이스탄불 관광산업의 발전을 촉진하기 위한 ESG 도입과 지역 관광산업 육성을 위한 지원도 담당하고 있다.

튀르키예 관광부는 이스탄불의 지속가능한 관광을 촉진하기 위해 관광 업계에서 따라야 할 지침을 발표했다. 여기에는 환경보호, 지속가능발전, 지역사회와의 협력 등의 내용이 포함된다. 또한, 이스탄불 지역사회와의 협력을 강화하기 위해 지역 주민과 관광산업 기업과 종사자, 정부 간의 협력도 적극적으로 추진하고 있다.

튀르키예 정부는 친환경 인프라 구축을 촉진하는 데에도 주력하고 있다. 이스탄불의 대기오염 감소를 위해 태양광 발전소와 바이오가스 발전소를 건설 중이며, 전기자동차 충전소 설치도 추진하고 있다. 나아가 관광객들의 오버 투어리즘을 줄여 지역 문화유산을 보호하기 위해 역사적인 유적지에는 일 방문 인원 제한 등의 조치도 취하고 있다.

넘치는 관광객

관광객 방문 인원 제한으로
한가해진 관광지

부록1

K-ESG 가이드 라인

1 K-ESG 추진 배경

기업에 대한 평가 기준이 재무적 요소에서 비재무 요소인 ESG로 빠르게 변화하고 있다. 그리고 투자의 기준으로 ESG를 활용하는 금융·자산운용사, 연기금 등 기관이 점차 확대되는 추세이며, 공급망 실사 등 협력사에 대한 ESG 준수 요구가 지속적으로 증가함에 따라 기업의 ESG 경영 필요성이 증가하고 있다.

기업의 ESG 경영 추진 필요성에 대한 인식은 높아지고 있으나, 어디서부터 시작해야 하는지, 목표는 어떻게 설정해야 하는지, 구체적인 실천은 어떻게 해야 하는지에 대한 경험과 정보가 부족한 실정이다. 특히, 중소·중견기업은 비용, 시간 등 현실적 어려움으로 ESG 경영 도입에 더 많은 어려움을 겪고 있는 상황이다.

현재 국내·외 600여 개 이상의 평가 지표가 운영되고 있으나 개별 기업에서 각각의 평가 기준, 평가방식을 파악하기는 쉽지 않은 상황이다. 또한, 글로벌 ESG 평가기관들은 기관마다 고유한 평가 프로세스, 지표, 측정산식 등을 기반으로 평가를 진행하여 기업 입장에서는 일관된 평가 대응 체계를 수립하기가 쉽지 않았다. 이를 해결하기 위해서 산업통상자원부는 지난 2021년 4월 21일 대한상공회의소에서 삼성전자·현대차·엘지(LG)전자·에스케이(SK) 등 주요 기업들을 상대로 간담회를 열고, 한국형 ESG 지표의 표준화 작업을 진행해서 2021년 12월에 공개하였다.

2 K-ESG 구성 방향

K-ESG는 크게 기업의 ESG 경영과 평가 대응 방향, 국내 상황을 고려한 ESG 요소, 산업 전반의 ESG 수준 제고를 위한 범용적 가이드 라인으로 구성하였다.

1) 기업의 ESG 경영과 평가대응 방향 제시

기업이 우선적으로 고려해야 할 ESG 경영 요소와 평가기관에서 가장 많이 다루는 평가항목 제시를 위해, 국내·외 주요 13개 평가 지표와 공시기준 등을 분석하여 공통적이고 핵심적인 61개 항목을 구성하였다.

2) 국내 상황을 고려한 ESG 요소 제시

각 분야별 전문가, 전문 기관, 관계부처 의견 등을 반영하여 글로벌 기준에 부합하면서도 우리 기업이 활용 가능한 문항으로 구성하였다. 그리고 글로벌 기준 중심의 기본 진단항목, 글로벌 기준에서도 일부 사용되고 있거나 국내 제도에서 중요시하는 ESG 경영 요소를 추가 진단항목으로 구분하여 제시하였다.

3) 산업 전반의 ESG 수준 제고를 위한 범용적 가이드 라인 제시

기업에서는 ESG 경영 수준 향상을 위한 방향성 제시에 초점을 두고 기업 스스로 ESG 경영 목표 수립이 용이하도록 활용 가이드를 제시하였다. 중소·중견기업에서는 ESG 경영전략 수립을 희망하는 중소·중견기업이 우선적으로 활용할 수 있는 27개 항목을 선별 제시하였다. 평가·검증기관은 ESG 평가 시 K-ESG 가이드 라인을 자율적으로 활용할 수 있도록 설계하고 평가·검증기관의 니즈를 고려하여 기본 진단항목 외 대체·추가 항목을 제시하였다.

3 | K-ESG 기본 진단항목 체계

1) 영역

영역은 ESG 정의를 기반으로 ESG 관련 정보공개 여부 측정 항목 추가하여, 정보공시(Public), 환경(Environmental), 사회(Social), 지배구조(Gove rnance) 4개 영역을 기준으로 대분류를 설정하였다.

2) 범주

범주는 국내외 ESG 공시/평가 기준에서 공통 제시 이슈 기반으로, 조직이 ESG 경영을 통해 추구해야 하는 사회적 가치(Social Value)로 범주를 설정하였다.

정보공시(P)는 3개 범주이며, 환경(E)은 9개 범주이며, 사회(S)는 9개 범주이며, 지배구조(G)는 6개 범주로 총 27개 범주로 설정하였다.

3) 진단항목

진단항목은 가이드 라인 각 '범주'에서 추구하고 있는 '사회적 가치'를 정성·정량적으로 진단하기 위한 세부 항목이다.

정보공시(P)는 5개 항목이며, 환경(E)은 17개 항목이며, 사회(S)는 22개 항목이며, 지배구조(G)는 17개 항목으로 설정하여 총 61개 기본 진단항목으로 설정하였다.

4 K-ESG 기본 진단항목

〈표 부록-1〉 K-ESG 기본 진단항목

영역	범주	분류번호	진단항목
정보공시(P) (5개 문항)	정보공시형식	P-1-1	ESG 정보공시 방식
		P-1-2	ESG 정보공시 주기
		P-1-3	ESG 정보공시 범위
	정보공시내용	P-2-1	ESG 핵심 이슈 및 KPI
	정보공시검증	P-3-1	ESG 정보공시 검증
환경(E) (17개 문항)	환경경영 목표	E-1-1	환경경영 목표 수립
		E-1-2	환경경영 추진체계
	원부자재	E-2-1	원부자재 사용량
		E-2-2	재생 원부자재 비율
	온실가스	E-3-1	온실가스배출량(Scope1 & Scope2)
		E-3-2	온실가스배출량(Scope3)
		E-3-3	온실가스 배출량 검증
	에너지	E-4-1	에너지 사용량
		E-4-2	재생에너지 사용 비율
	용수	E-5-1	용수 사용량
		E-5-2	재사용 용수 비율
	폐기물	E-6-1	폐기물 배출량
		E-6-2	폐기물 재활용 비율
	오염물질	E-7-1	대기 오염물질 배출량
		E-7-2	수질 오염물질 배출량

	환경법/규제위반	E-8-1	환경법/규제 위반
	환경라벨링	E-9-1	친환경 인증제품 및 서비스 비율
사회(S) (22개 문항)	목표	S-1-1	목표 수립 및 공시
	노동	S-2-1	신규 채용 및 고용유지
		S-2-2	정규직 비율
		S-2-3	자발적 이직률
		S-2-4	교육훈련비
		S-2-5	복리후생비
		S-2-6	결사의 자유 보장
	다양성 및 양성평등	S-3-1	여성 구성원 비율
		S-3-2	여성 급여 비율(평균 급여액 대비)
		S-3-3	장애인 고용률
	산업안전	S-4-1	안전보건 추진체계
		S-4-2	산업재해율
	인권	S-5-1	인권 정책 수립
		S-5-2	인권 리스크 평가
	동반성장	S-6-1	협력사 ESG 경영
		S-6-2	협력사 ESG 지원
		S-6-3	협력사 ESG 협약사항
	지역사회	S-7-1	전략적 사회공헌
	지역사회	S-7-2	구성원 봉사 참여
	정보보호	S-8-1	정보보호 시스템 구축
		S-8-2	개인정보 침해 및 구제
	사회법/규제위반	S-9-1	사회법/ 규제위반
구조지배(G) (17개 문항)	이사회 구성	G-1-1	이사회 내 ESG 안건 상정
		G-1-2	사외이사 비율

		G-1-3	대표이사 이사회의장 분리
		G-1-4	이사회 성별 다양성
		G-1-5	사외이사 전문성
이사회 활동		G-2-1	전체 이사 출석률
		G-2-2	사내 이사 출석률
		G-2-3	이사회 산하 위원회
		G-2-4	이사회 안건 처리
주주 권리		G-3-1	주주총회 소집 공고
		G-3-2	주주총회개최일
		G-3-3	집중/전자/서면투표제
		G-3-4	배당정책 및 이행
윤리경영		G-4-1	윤리 규범 위반사항 공시
감사기구		G-5-1	내부 감사부서 설치
		G-5-2	감사기구 전문성(감사기구 내 회계/ 재무 전문가)
지배구조법/규제 위반		G-6-1	지배구조법/규제위반
4개 영역, 27개 범주, 61개 기본 진단 항목			

5 중견·중소기업을 위한 K-ESG 가이드 라인

중견·중소기업은 K-ESG 기본 진단항목 전체를 평가하기 어렵기 때문에 K-ESG 가이드 라인의 일부 항목을 ESG 활동 및 성과 데이터 관리 도구로 활용해야 한다.

중견·중소기업은 사업성과 창출 활동보다는 비용, 인력 등 현실적 어려움으로 ESG 경영 추진을 위한 실질적 정보 및 노하우 확보에 어려움이 존재한다. 따라서 K-ESG 가이드 라인에서는 중견·중소기업의 ESG경영 추진 위한 기본 점검 진단항목 선별하여 제시하였다.

K-ESG 가이드 라인에서는 과도한 투자 비용(설비·인력 투자비용 등)이 발생하지 않는 범위 내에서 ESG경영 추진 및 개선이 가능한 기본 진단항목을 제시함으로써 중견·중소기업의 ESG 대응 역량을 강화할 수 있도록 하였다.

향후 중견·중소기업을 위한 K-ESG 가이드 라인이 별도 개발될 예정이며, 기업 현실을 고려하여 진단항목 및 단계별 기준을 수정보완할 예정이다.

따라서 K-ESG 가이드 라인에서는 중견·중소기업의 ESG경영 추진 위한 기본 점검 진단항목 선별하여 다음과 같이 제시하였다.

1) 영역

영역은 ESG 정의를 기반으로 ESG 관련 정보공개 여부 측정 항목 추가하여, 정보공시(Public), 환경(Environmental), 사회(Social), 지배구조(Governance) 4개 영역을 기준으로 대분류를 설정하였다.

2) 범주

범주는 국내외 ESG 공시/평가 기준에서 공통 제시 이슈 기반으로, 조직이 ESG 경영을 통해 추구해야 하는 사회적 가치(Social Value)로 범주를 설정하였다.

정보공시(P)는 2개 범주이며, 환경(E)은 7개 범주이며, 사회(S)는 4개 범주이며, 지배구조(G)는 4개 범주로 총 17개 범주로 설정하였다.

3) 진단항목

진단항목은 가이드 라인 각 '범주'에서 추구하고 있는 '사회적 가치'를 정성·정량적으로 진단하기 위한 세부 항목이다.

정보공시(P)는 4개 항목이며, 환경(E)은 9개 항목이며, 사회(S)는 9개 항목이며, 지배구조(G)는 5개 문항으로 설정하여 총 27개 기본 진단항목으로 설정하였다.

〈표 부록-2〉 중견·중소기업을 위한 K-ESG 가이드 라인

영역	범주	분류번호	진단항목
정보공시(P) (4개 문항)	정보공시형식	P-1-1	ESG 정보공시 방식
		P-1-2	ESG 정보공시 주기
		P-1-3	ESG 정보공시 범위
	정보공시검증	P-3-1	ESG 정보공시 검증
환경(E) (9개 문항)	환경경영 목표	E-1-2	환경경영 추진체계
	원부자재	E-2-1	원부자재 사용량
	온실가스	E-3-1	온실가스 배출량(Scope1 & Scope2)
		E-3-3	온실가스 배출량 검증
	에너지	E-4-1	에너지 사용량
	용수	E-5-1	용수 사용량
	폐기물	E-6-1	폐기물 배출량
	오염물질	E-7-1	대기 오염물질 배출량
		E-7-2	수질 오염물질 배출량
사회(S) (9개 문항)	노동	S-2-2	정규직 비율

		S-2-6	결사의 자유 보장
	다양성 및 양성평등	S-3-1	여성 구성원 비율
		S-3-2	여성 급여 비율(평균 급여액 대비)
		S-3-3	장애인 고용률
	산업안전	S-4-1	안전 보건 추진체계
		S-4-2	산업재해율
	지역사회	S-7-1	전략적 사회공헌
		S-7-2	구성원 봉사 참여
지배구조(G) (5개 문항)	이사회 구성	G-1-1	이사회 내 ESG 안건 상정
	이사회 활동	G-2-1	전체 이사 출석률
		G-2-4	이사회 안건처리
	주주 권리	G-3-1	주주총회 소집공고
	윤리경영	G-4-1	윤리 규범 위반사항 공시
4개 영역, 17개 범주, 27개 기본 진단항목			

6 K-ESG 진단항목 작성 요령

〈표 부록-3〉 K-ESG 진단항목 작성 요령

구분	분류번호	영역	범주
	P-1-1	정보공시	정보공시형식
항목	ESG 정보공시 방식		
항목 설명	• 조직이 ESG 정보공시 동향에 맞추어 정보 수요자의 접근성을 고려한 ESG 정보공시 방식을 정립하고 있는지 점검 • ESG 정보를 종합한 온/오프라인 채널 운영 및 ESG 정보공시 외부 확산/전파 등 정보 접근성 향상 측면의 노력을 확인		
성과 점검	• 조직의 홈페이지, 지속가능경영보고서, 사업보고서, 기타 간행물 등에 ESG 정보가 종합적으로 수록되어 있는지, ESG 정보공시 여부를 대외에 알리는지 측정 [데이터 원천] 홈페이지, 지속가능경영보고서, 사업보고서, 기타간행물, 전자공시시스템상 '자율공시' [데이터 기간] 직전 회계연도 [데이터 산식] N/A		
점검 기준	1단계 : 조직이 어떠한 방식으로든 ESG 정보를 공시하지 않는 경우 점검기준적용방안(단계형) 2단계 : 조직의 홈페이지, 지속가능경영보고서, 사업보고서, 기타 간행물 등에 ESG 정보를 분산하여 공시하고 있는 경우 3단계 : 조직의 홈페이지, 지속가능경영보고서, 사업보고서, 기타 간행물 등에 ESG 정보를 통합하여 공시하고 있는 경우 4단계 : ESG 정보를 통합한 조직의 홈페이지, 지속가능경영보고서, 사업보고서, 기타 간행물 등을 지정된 장소에 비치하거나, 특정 URL에 담고 있는 경우 5단계 : ESG 정보를 통합한 조직의 홈페이지, 지속가능경영보고서, 사업보고서, 기타 간행물 등의 발행 여부를 '전자공시시스템-자율공시' 사항으로 알리는 경우		

1단계	2단계	3단계	4단계	5단계
0점	25점	50점	75점	100점

7 정보공시 항목 작성 요령

1) ESG 정보공시 방식

- ESG 정보공시 : 투자자를 비롯한 다양한 이해관계자의 의사결정 및 가치 판단에 영향을 미칠 수 있는 환경, 사회, 지배구조와 관련된 정보를 공개 적으로 널리 알리는 행위를 의미한다. 조직은 정기적으로 특정한 정보공 시 창구(홈페이지, 사업보고서, 지속가능경영 보고서, 기타 간행물 등)에 ESG 관련 정보를 종합적으로 수록하고 있으며, 해당 정보공시 창구를 통 해 이해관계자 누구나 ESG 정보를 접근/열람할 수 있고, 정보공시 여부 를 대내외에 알리는 행위를 한 경우 ESG 정보공시를 하였다고 정의한다.
- ESG 정보 : 중대성 평가(Materiality Test) 결과에 따른 핵심 이슈, 또는 조직의 사업 운영 과정에서 지속적 관리가 필요한 ESG 이슈별로 '전략', '조직', '활동', '성과', '목표'에 관한 정보를 의미한다. 또한 '조직의 ESG 관련 이슈가 조직의 성장에 미치는 영향', '해당 이슈를 관리하지 않았을 경우 발생 가능한 위험' 등도 중요한 ESG 정보에 해당한다.
- 정부 기관, 투자기관, 서비스 기관 등 ESG 정보 수요자의 정보공시 요구 수준이 복잡해짐에 따라, 주요 국가별 규제기관 및 국내외 산업표준 등에 서 다양한 ESG 정보공시 지침을 제시하고 있으나, 모든 조직에 통용되는 정보공개 방식이 확정되어 있지 않다.
- 주요 국가별 규제기관 및 국내외 산업표준 등에서 제시한 정보공시 방식 은 크게 1) 공시규제 사항인 사업보고서, 2) 지속가능경영 보고서, 3) 조 직의 홈페이지 및 기타 플랫폼, 4) 정부 기관 등이 운영하는 플랫폼에 ESG 정보를 공시하는 것이다.

2) ESG 정보공시 주기

- ESG 정보 수요자가 조직의 ESG 정보를 효과적으로 활용하기 위해서는, 조직이 ESG 정보를 주기적으로 공시하는 것이 중요하다. ESG 정보가 적시성을 확보하기 위해서는 ESG 정보공시 주기를 재무 정보공시 주기와 동일하게 하거나, 재무 정보 공시 이후 최대한 빠른 시기에 ESG 정보를 공시할 필요가 있다. 또한, ESG 정보 수요자에 상당한 영향력을 미칠 수 있는 정보는 이를 확인한 즉시 대외공시할 것을 권장한다.

- 조직은 ESG 정보공시 주기를 자율적으로 정할 수 있다. 일부 조직은 주요한 ESG 성과가 창출되는 시점마다 공시하기도 하며, 어떠한 조직은 ESG 정보공시에 따른 업무/비용 부담을 고려하여 격년 주기로 공시하기도 한다. 반면 ESG 정보공시 규제 및 표준을 제정하는 국내외 기관은 ESG 정보공시 주기를 1년 단위로 제시하고 있으며, 이는 이해관계자가 재무 정보와 ESG 정보를 종합적으로 고려할 수 있도록 '정보의 적시성'을 향상시키기 위함이다.

3) ESG 정보공시 범위

- 조직은 ESG 정보공시 전 어떠한 범위까지 성과관리를 할 것인지, 또는 성과 관리가 가능한지 등 최대 범위를 설정해야 한다. ESG 개념을 조직의 재무적 정보를 기반으로 투자 의사결정을 하는 자본시장에서 등장하였기 때문에, 장기적으로 ESG 성과관리 및 정보공시 최대 범위는 '(연결) 재무제표'에 포함되는 '재무 정보' 범위와 동일시하려는 논의가 진행될 것으로 예상된다. 따라서 조직은 아래의 '영향력'과 '통제력'이 행사되는 범위에서 발생하는 환경, 사회, 지배구조 관련 정보를 공시할 필요가 있다. 예를 들어, US GAAP, IFRS 회계지침에는 20% 이상 지분을 보유한 조직을 상당한 영향력이 행사되는 조직으로 간주한다.

  1) ESG 정보를 공시하는 조직이 직접적으로 소유 및 관리하고 있는 사업장의 ESG 성과 관리 및 정보공시

  2) 지분율 기준으로 경영 및 자본구조 상 상당한 영향력을 행사하는 조직의 ESG

성과관리 및 정보공시

4) ESG 정보공시 검증

- 조직은 지속가능경영 보고서 발간 등 ESG 정보공시 지표 및 기준을 자율적으로 선택할 수 있으며, ESG 정보가 갖추어야 할 신뢰성을 강제할 수 있는 법적/제도적 장치도 마련되어 있지 않은 상황이다. 따라서 ESG 정보 검증은 이러한 문제점을 개선하기 위한 조직의 의지이자 자율적 활동으로 조직이 공시하는 ESG 정보의 신뢰성을 확보하는 수단으로 인정받고 있다.

- ESG 정보 검증의 타당성과 신뢰성을 확인하기 위한 기준은 '검증기관의 적격성', '검증기관과의 독립성', '검증방법론의 합리성', '검증 수준의 명확성', '검증지표의 구체성'으로 구분할 수 있다.

- 글로벌 시장에서 통용되는 ESG 검증표준에는 1) 지속가능경영 관련 국제표준 제정기관인 AccountAbility가 개발한 AA1000AS(2018), 2) 국제감사인증기준위원회인 IAASB가 개발한 ISAE3000이 있다. 이외에도, 국내외 ESG 정보 검/인증기관 등에서 자체적으로 개발한 검증표준이 있다.

- ESG 정보를 검증하는 제3자 기관이 사용해야 할 검증표준이 설정된 것은 아니나, 제3자 검증기관은 합리적이고 신뢰할 수 있는 방식으로 검증을 수행해야 하며, 검증을 받는 조직도 글로벌 검증표준 등에 부합하여 ESG 정보가 검증되었는지 점검할 필요가 있다.

8 환경 항목 작성 요령

1) 환경경영 목표 수립

- 조직이 책임있는 환경경영을 수행하기 위한 방향성을 명확히 설정하고 효율적인 자원 배분이 이루어지고 있는지, 또한 조직이 외부에 미치는 환경 영향을 최소화하고 내부 환경성과를 향상시키기 위한 구체적인 계획이 마련되어 있는지 점검
- 조직이 수립한 환경 분야 단기/중장기 목표 구체성과 내재화 수준을 확인
- 에너지 사용량 절감, 재생에너지 투자 확대, 온실가스 배출량 감축, 탄소중립 기술 개발, 폐기물 발생량 저감, 생분해 플라스틱 도입, 재사용 용수 확대, 원자재 효율적 투입, 삼림 및 토양 복원, 생물다양성 증진, 친환경 공급망 구축, 대기/수질/토양 오염 감소, 유해물질 감소, 제품 환경 라벨링 등
- 목표는 조직이 의도적으로 달성하고자 하는 상태를 말하며, 조직의 성과와 관련된 업무 활동의 직접적인 선행조건이다. 조직은 내부 성과 관리와 대외신뢰성 관점을 고려하여 다음의 조건을 충족하는 목표를 수립해야 한다.

2) 환경경영 추진체계

- 조직이 환경성과 향상과 환경 개선 등의 경영활동으로 인한 환경영향 관리, 원부자재/에너지/폐기물 등의 효율적 관리, 국제사회 등 이해관계자의 환경영역 요구 대응을 위해 체계적으로 환경경영을 추진하고 있는지 점검
- 국내외 규격에서 제시하는 환경경영시스템 구성요건을 기준으로 조직이 이를 따르거나, 준용하여 환경경영 추진체계를 갖추고 있는지 확인
  1) 조직은 목표 달성과 관련된 제반업무를 관장하는 거버넌스 및 업무분장체계를 구축해야 한다.

2) 목표 달성을 위한 추진과제와 실행계획을 수립해야 한다.

3) 목표 달성에 필요한 새로운 기술 및 활동을 발굴하고 투자해야 한다.

4) 목표 대비 이행현황을 점검 및 피드백할 수 있는 기능을 도입해야 한다.

5) 목표 이행현황은 경영진 및 구성원 성과지표(KPIs)에 반영해야 한다.

3) 원부자재 사용량

- 조직이 이윤을 창출하기 위한 재화를 생산하는 과정에서 자연으로부터 가져온 원부자재를 효율적으로 관리하고 있는지 점검

- 조직 규모 차이(매출액, 생산량 등) 또는 사업 변동(구조조정, 인수합병 등)을 고려하여 상대적 비교 가능성이 높은 '원단위' 개념을 기반으로 원부자재 사용량을 점검

- 원부자재를 가공하여 제품을 대량 생산하는 광업, 제조업, 건설업, 전기/가스/증기업 등으로 한정할 수 있으나, 넓은 범위로 해석한다면 서비스 운용/제공하는 과정에서 광물, 종이, 플라스틱 등을 사용하는 도매/소매, 운수/창고, 정보통신, 금융/보험, 기타 전문 서비스업으로 확대할 수 있다.

- 원부자재는 기본적으로 재생 가능 여부에 따라 재생 가능한 원부자재, 재생 불가능한 원부자재로 분류되며, 해당 원부자재의 원천(Source)에 따라 재생/재활용 원부자재, 천연 원부자재로 분류된다.

4) 재생 원부자재 비율

- 지속적인 경제 성장으로 인한 천연자원 고갈 이슈가 증가함에 따라, 원부자재 조달-투입 방식을 자원 순환형 체계로 전환하고 있는지 점검

- 조직이 생산하는 제품 중 재생 원부자재를 적용할 수 있는 부분을 실제 재생 원부자재로 대체하는 등의 자원순환 이행 성과를 확인

$$\text{사용한 재생 원부자재 비율} = \frac{\text{사용한 총 재생 투입 원부자재}}{\text{사용한 총 투입 원부자재}} \times 100$$

5) 온실가스배출량

- Scope1 온실가스 배출량 산정방법 = Σ[고정연소, 이동연소, 공정배출, 탈루배출, 폐기물처리]
- Scope2 온실가스 배출량 산정방법 = Σ[구매전기, 구매 열(온수, 스팀 등)]
- 조직이 탄소중립(Net-Zero)을 달성하기 위해 물리적 경계 내에서 발생하는 Scope1 & Scope2 배출량뿐만 아니라, 조직의 외부에서 발생하는 Scope3 배출량의 감축도 관리하고 있는지 점검
- Scope3는 조직이 통제할 수 없는 범주에 속하기 때문에, 조직이 Scope3를 직접 감축하고 있는지를 확인하기보다는 Scope3의 인식/산정/검증 등 성과를 관리하는 노력 수준을 확인

6) 온실가스 배출량 검증

- 온실가스 배출권 거래제, 온실가스 목표 관리제, 기타 온실가스 정보를 기반으로 의사 결정하는 이해관계자가 증가함에 따라, 조직이 대외 공시하는 온실가스 배출량 데이터가 타당성/신뢰성/투명성을 확보하고 있는지 확인
- 조직의 온실가스 배출량 데이터에 관해 제3자 기관으로부터 검증을 받는 경우, 해당 검증 의견이 갖추어야 할 형식적 요건을 점검

7) 에너지 사용량

- 조직이 소유, 관리, 통제하는 물리적 경계(사업장 등) 내에서 직접 생산하거나, 외부로부터 구매하는 에너지 사용 총량을 절감하고 있는지 점검
- 조직 규모 차이(매출액, 생산량 등) 또는 각 조직의 사업 변동(구조조정, 인수합병 등)을 고려하여 상대적으로 비교가 용이한 단위 당 개념의 '원단위'를 기반으로 에너지 사용량을 확인
- 고체, 기체, 액체 연료 : 에너지 사용량 환산 방법 = 연료 사용량 × 총발열량
- 전기 : 에너지 사용량 환산방법 = 전력 사용량 × 발열량(소비)

8) 재생에너지 사용 비율

- 조직이 에너지 체계를 재생에너지로 전환하고 있는지 확인
- 조직의 총에너지 사용량 대비 재생에너지가 차지하는 비율로 해당 항목을 점검
- 국내 '신에너지 및 재생에너지 개발·이용·보급촉진법'상 2025년까지 대규모 발전소가 공급하는 신재생에너지 공급 의무비율(RPS)은 25%로써 수요 대비 한계가 있으므로, 해당 지표에서 다루는 재생에너지 범위는 '자가 재생에너지 발전', '녹색 프리미엄 요금제 사용', '재생에너지 크레딧 구매', '재생에너지 발전사업 지분 참여', '제3자 전력구매계약' 등을 포괄함

9) 용수 사용량

- 조직이 용수를 공급받는 취수원을 보호하고 있는지, 또는 사업장이 위치한 지역의 수자원 고갈 리스크에 대비하고 있는지를 간접적으로 점검할 수 있는 항목으로써, 조직이 사용하는 용수 총량(신규 취수량, 내부 재사용량)을 효율적으로 관리하고 있는지 확인
- 조직간 규모 차이(매출액, 생산량 등) 또는 각 조직의 사업 변동(구조조정, 인수합병 등)을 고려하여 상대적 비교 가능성이 높은 '원단위' 개념을 기반으로 용수 사용량을 점검

10) 재사용 용수 비율

- 조직이 도시화와 산업화 진전으로 인해 발생되는 수자원 부족 문제에 대비하여, 지속가능한 용수 순환 체계를 구축하고 있는지 확인
- 조직이 소유, 관리, 통제하는 물리적 경계(사업장 등) 내에서 중수도, 하폐수처리수 재이용시설 등을 설치하여 오수(汚水), 하수, 폐수를 효과적으로 순환·재사용하는지 점검

11) 폐기물 배출량

- 조직이 소유, 관리, 통제하는 물리적 경계(사업장 등) 내에서 사업 및 영

업 활동(ex. 연구개발, 제품 생산/가공/포장 등 포함, 소비자가 사용 이후 폐기한 폐제품은 제외)에 따라 발생하는 폐기물을 저감하고 있는지 확인

- 조직간 규모 차이(매출액, 생산량 등) 또는 각 조직의 사업 변동(구조조정, 인수합병 등)을 고려하여 상대적 비교 가능성 높은 '원단위' 개념을 기반으로 폐기물 배출량을 점검

12) 폐기물 재활용 비율

- 조직이 자원순환 경제로 전환에 동참하기 위해, 생산 단계에서부터 폐기물을 원천 감량하는 것을 넘어, 폐기물의 순환이용을 높이고 있는지 확인
- 조직이 가공-생산-보관-유통 과정에서 발생하는 폐기물이 생산 과정에 재투입되거나, 조직 내/외부에서 2차 자원으로 재활용되고 있는지 점검

13) 대기 오염물질 배출량

- 조직이 소유, 관리, 통제하는 물리적 경계(사업장 등) 내에서 발생하는 대기오염물질을 지속적으로 저감하는 등 대기환경 개선을 위한 노력을 이행하고 있는지 확인
- 「대기환경보전법」상 64개 대기오염물질 중 대다수를 구성하는 질소산화물, 황산화물, 미세먼지 배출농도를 기간별, 산업 평균과 비교하는 방식으로 점검

14) 수질오염물질 배출량

- 조직이 소유, 관리, 통제하는 물리적 경계(사업장 등) 내에서 최종 발생하는 수질오염물질을 저감하는 등 수자원 보호를 위한 노력을 이행하고 있는지 확인
- 「물환경보전법」상 수질 오염물질을 대표하는 생물화학적 산소요구량, 화학적 산소요구량, 부유물질량의 배출농도를 기간별, 산업평균과 비교하는 방식으로 점검

15) 환경법/규제 위반

- 조직이 사업을 운영하는 과정에서 준수해야 할 환경 관리법/규제를 명확하게 인

식하고, 환경법/규제 리스크 해결을 위한 투자 및 개선 활동이 효과적인지 확인

- 환경 관련법/규제 위반 사건 중 조직의 재무구조 및 평판 관리에 상당한 영향력을 미치는 사법상 형벌, 행정상 처분(금전적, 비금전적)에 대해 가중치를 달리 적용하는 방식으로 '환경법/규제 위반'을 점검

16) 친환경 인증제품 및 서비스 비율

- 제품의 조달-생산-사용 등 과정에서 자원·에너지 사용, 오염물질 배출, 인체·생태계 독성 등 제품 전 과정의 환경 영향을 파악하며, 제품의 긍정적 환경 영향을 확대하고 부정적 환경영향은 축소하고 있는지 확인
- ISO 등 국제 인증 표준에 준하거나, 환경부 등 정부 기관에서 시행하고 있는 친환경 인증 획득 제품이 전체 제품에서 차지하는 비율을 점검

9 사회 항목 작성 요령

1) 목표 수립 및 공시

- 조직이 중요하게 생각하는 사회 분야의 이슈에 대하여, 재무적 가치와 사회적 가치의 균형점을 찾는 구체적인 목표를 설정하고, 이를 달성하기 위한 노력을 하는지 확인
- ESG(지속가능경영)보고서를 통해 도출된 중요한 사회 분야 이슈에 대해서 정성/정량적인 목표를 투자자, 고객 등 이해관계자에게 공개하고 있는지 점검

2) 신규 채용 및 고용유지

- 조직이 신규 채용을 통해 지속적 성장에 필요한 인적자본을 축적함과 동시에, 지역사회의 일자리 창출, 고용 안정성 증대에 기여하고 있는지 확인
- 조직이 창출한 부가가치를 채용에 투자하고 있는지, 조직의 고용 규모가 안정적인지 점검

3) 정규직 비율

- 정규직 근로자의 비율 확대가 조직과 사회의 지속가능성에 긍정적 영향을 미친다는 가정 하에 조직이 정규직 확대를 통해 지역사회의 고용 안정성 증가와 비정규직 근로자 문제에 기여하고 있는 정도를 확인
- 조직의 전체 인력 대비 정규직 비율을 점검

4) 자발적 이직률

- 조직의 인적자원관리 수준이 산업 평균 대비 적정한 수준을 유지하며 관리되고 있는지 확인
- 구성원이 자발적으로 조직을 이동하는 자발적 이직률을 점검(산업적 특성 반영)

5) 교육 훈련비

- 조직이 미래 경쟁력 및 지속가능성 확보를 위해 구성원의 교육 및 훈련에 얼마나 투자하고 있는지 확인
- 상대적 비교 가능성이 높은 '원단위' 개념을 적용하여 인적자본 관리 기본 진단항목인 구성원 수 기반의 1인당 교육훈련비를 점검. 최근 5개 회계연도의 1인당 교육훈련비 추세를 함께 고려

6) 복리 후생비

- 조직이 임직원의 업무환경 및 근무조건 개선을 통해 직원 만족도를 높이고 있는지를 점검하는 항목으로 법률상 강제성이 있는 법정 복리후생비를 제외한 조직별 복리후생비를 확인
- 상대적 비교 가능성이 높은 '원단위' 개념을 적용하여 인적자본 관리 기본 진단항목인 구성원 수 기반의 1인당 복리후생비를 점검(최근 5개 회계연도의 1인당 복리후생비 추세 고려)

7) 결사의 자유 보장

- 조직의 직원이 유엔 세계인권선언 제20조에서 제시하는 결사의 자유를 보장받을 수 있는지, 근로자 이해 대변 및 협력적 노사관계 형성·유지를 위한 협의기구가 있는지 확인
  - 결사의 자유 보장 : 근로자가 주체가 되어 자주적으로 단결하여 근로조건의 유지·개선, 기타 근로자의 경제적·사회적 지위의 향상을 도모함을 목적으로 조직하는 노동조합의 설립 및 정당한 노동조합 활동을 보장하고 있는지를 점검

- 노사협력 : 아울러, 「근로자참여 및 협력증진에 관한 법률」에 따른 노사협의기구인 노사협의회의 설치 및 실질적인 운영을 통한 노사 파트너십 수준을 점검

8) 여성 구성원 비율

- 조직의 중장기적 성장 및 새로운 사업 기회 발굴에 필요한 창조적이고 혁신적인 조직문화를 위해 모든 직급의 구성원 다양성이 관리되고 있는지 확인
- 국내 인구 구조적 특성을 고려하여, 다수의 다양성 기준 중 성별에 따른 다양성 현황을 점검하고자 함. 이를 위해, 조직의 남성 구성원 대비 여성 구성원(또는 여성 구성원 대비 남성 구성원)이 차지하는 비율을 직급별로 점검

9) 여성 급여 비율(평균 급여액 대비)

- 조직이 다양성 측면에서 소수 계층, 사회적 취약계층, 기타 단순한 신체적 차이를 사유로 급여 지급에 차별을 두는 인사제도, 고용 관행이 있는지 확인
- 국내 인구 구조적 특성을 고려하여, 차별이 발생하는 다양한 사례 중 성별에 따른 급여 차이가 발생하는지 점검하고자 함. 조직의 남/녀 구성원 중 평균 급여액 미만의 급여를 받는 집단을 기준으로 급여 차이를 확인하는 항목으로써, 1인 평균 급여액 대비 '여성 1인 평균 급여액'(또는, 남성 1인 평균 급여액) 비율을 점검

10) 장애인 고용률

- 장애인은 능력에 따라 보장받고, 고용되어, 유익하고 생산적인 업무를 통해 합리적인 보수를 받을 권리가 있음에 따라, 조직이 해당 권리 향상을 지원하는지 확인
- 정부의 장애인 의무 고용률을 기준으로 조직이 해당 사회적 책임을 이행하고 있는지를 점검(매년 고용노동부에서 공시하는 장애인 의무 고용률과 비교)

11) 안전보건 추진체계

- 조직이 산업인력 손실, 구성원 사기 저하, 생산성 및 품질 하락, 노사관계 악화 등 경제적 손실과 사회적 비용을 예방하기 위해, 안전 리스크 저감 및 건강·복지

증진 등 안전 보건 성과 개선을 체계적으로 추진하고 있는지 확인

- 국내외 규격에서 제시하는 안전보건경영시스템 구성요건을 기준으로, 조직이 이를 따르거나 준용하여 안전 보건 추진체계를 갖추고 있는지 점검

12) 산업재해율

- 조직의 안전 보건 거버넌스 구축, 중점과제 추진, 업무시스템 구축, 성과점검 및 평가 등 안전 보건 추진체계가 효과성을 나타내고 있는지 확인
- 조직 구성원의 안전 보건을 위협하는 요인을 지속적으로 관리하고 재해율을 줄이기 위해 노력하고 있는지 점검(국내외 모든 구성원으로부터 발생하는 산업재해율 추이와 산업 평균 비교/분석)

13) 인권 정책 수립

- 조직이 UN의 '세계인권선언' 및 '기업과 인권 이행원칙', 'ILO 핵심협약', 'OECD 책임있는 사업을 위한 실사 가이드 라인' 등에 기반하여, 인권경영 추진을 선언하는 대외공식적 정책을 제시하고 있는지 확인
- 조직이 인권정책(Human Rights Policy)을 통해 인권 보호가 필요한 이슈에 대해 어떠한 정책적 접근하고 있는지 점검

14) 인권 리스크 평가

- 조직의 사업운영과 관련되어 있는 구성원(직접고용 임직원, 협력사 근로자, 기타 사업장이 위치한 지역의 원주민 등)이 직면하거나, 또는 해당 구성원에게 잠재되어 있는 인권 리스크를 관리하고 있는지 확인
- 조직이 인권 리스크 평가 체계를 구축하고 있으며, 해당 인권 리스크 평가 체계에 따라 실제 인권 리스크를 평가 및 개선하고 있는지 점검

15) 협력사 ESG 경영

- 조직이 협력사가 직면한 ESG 관련 리스크를 인지하고 있는지, 협력사에 잠재되어 있는 ESG 리스크가 조직에게 전이되는 상황을 미연에 방지하기 위해 노력하

는지 확인

- 조직이 협력사 ESG 리스크 관리 체계를 구축하고 있으며, 해당 관리 체계에 따라 실제 협력사 ESG 리스크를 진단-실사-개선하고 있는지 점검

16) 협력사 ESG 지원

- 조직이 협력사 ESG 관리에 있어 진단-평가-개선으로 이어지는 일련의 프로세스 외, 협력사가 ESG 역량을 갖출 수 있는 지원 방안을 마련하고 있는지 확인
- 조직이 협력사의 ESG 지원에 대한 의지를 선언하는 것과 함께, 협력사 ESG 지원 전략과 계획이 마련되어 있는지 점검
- 단, 조직은 협력사 ESG 지원을 위한 별도 전략 및 실행방안을 수립할 수 있으나, 조직의 일반적인 협력사 지원방안 내 ESG 관련 내용을 포함할 수도 있음

17) 협력사 ESG 협약 사항

- 조직이 협력사 ESG 지원을 상생 및 동반성장에 필요한 핵심 요소이자, 사회적 책무로 인식하고 있으며, 이를 위해 중장기적으로 협력사의 성장과 혁신에 필요한 지원을 다각적으로 추진하고 있는지 확인
- 조직이 중장기적으로 안정적이고 지속가능한 협력사 ESG 지원 의지가 있는지 확인할 수 있는 항목으로써, 협력사와 체결한 협약사항을 점검

18) 전략적 사회 공헌

- 조직이 지역사회로부터 사업을 운영할 권리(License to Operate)를 획득함과 동시에, 지역사회 일원으로서 공동의 환경/사회 문제 해결에 필요한 활동에 앞장서는 등 전략적 사회공헌을 추진하고 있는지 확인
- 조직이 사업적 필요와 사회적 기대를 충분히 고려한 사회공헌 추진방향을 수립하고 있으며, 해당 방향에 따라 사회공헌 프로그램이 운영되고 있는지 점검

19) 구성원 봉사 참여

- 조직이 봉사활동 프로그램을 기획하여 구성원의 강제적 참여를 요구하는 방식에

서 벗어나, 봉사활동 참여 의지가 있는 구성원의 니즈를 충족시켜주기 위해 조직
이 기여하는 수준을 확인
- 구성원의 자율적 봉사활동을 지원하는 인센티브 제도를 운영하고 있는지 점검(다
  양한 형태의 봉사활동 참여 인센티브 제도가 운영되고 있는지 확인)

20) 정보보호 시스템 구축

- 조직이 보유하고 있는 정보통신망 및 기타 정보자산 등의 안정성 이슈가 강조되
  고 있음. 이에 따라, 정보자산 해킹, 네트워크 침입 등의 외부 공격과, 물리적/인
  적 오류로 인해 발생하는 장애에 대응할 수 있는 체계를 갖추고 있는지 확인
- 정보보호 최고책임자(CISO) 선임, 정보보호 시스템 인증, 모의해킹 등 취약성 분
  석, 정보보호 공시 이행(의무 또는 자율), 정보보호 시스템 사고에 대비하기 위한
  보험가입 여부 등을 점검

21) 개인정보 침해 및 구제

- 조직이 관리하고 있는 고객, 협력사 등 다양한 이해관계자의 개인정보 침해에 대
  한 법/규제 요건을 명확하게 인식하고, 개인정보 침해 사건이 발생하였을 경우
  이에 대한 구제 활동을 추진하는지 확인
- 정보보호 법상 형벌, 행정상 처분(금전적, 비금전적)에 대해 가중치를 달리 적용
  하는 방식으로 '개인정보 침해 및 구제' 현황을 점검

22) 사회법/ 규제위반

- 조직이 재화와 용역을 제공하는 과정에서 준수해야 할 법/규제 요건을 명확하게
  인식하고, 법/규제 리스크 해결을 위한 사회영역의 투자/유지/보수 활동을 추진
  하고 있는지 확인
- 사회영역 관련 법/규제 위반 건 중 조직의 재무구조 및 명성 관리에 상당한 영향
  력을 미치는 사법상 형벌, 행정상 처분(금전적, 비금전적)에 대해 가중치를 달리
  적용하는 방식으로 점검

10 지배구조 항목 작성 요령

1) 이사회 내 ESG 안건 상정

- 조직의 최고 의사결정 기구인 이사회 또는 산하 위원회가 ESG 관련 안건을 보고 받고 있으며, 특히 중대한 ESG 안건에 대해서는 심의/의결하고 있는지 확인
- 이사회 또는 산하 위원회를 통해 조직의 ESG 경영이 효율적으로 관리 및 감독되고 있는지 점검하기 위해 1) 활동 내역, 2) 운영 규정의 2가지를 점검
- 조직은 ESG 안건을 다루기 위해 이사회 산하에 'ESG위원회'를 설립할 수 있으나, 이사회 또는 기존의 산하 위원회(사회책임위원회, 투명경영위원회, 거번너스위원회, 경영위원회, 감사위원회 등)를 통해서도 ESG 안건을 다룰 수 있음

2) 사외이사 비율

- 조직이 사외이사 제도를 통해 경영진 및 지배 주주에 대한 견제, 기업 경영 투명성의 제고, 소수 주주의 권리 보호 등의 목적을 달성하고 있는지 확인
- 경영진의 의사결정 행위를 견제할 수 있으며, 독립적인 시각에서 기업 발전에 관한 제언을 할 수 있는 사외이사 비율이 충분한지 점검

3) 대표이사 이사회의장 분리

- 경영진의 경영활동을 감독하고 견제하는 이사회의 역할을 제대로 수행하기 위한 독립성 확보 여부를 확인
- 이사회의 의장과 경영진의 대표인 대표이사와의 분리 여부 및 선임사외이사 임명 등을 점검

4) 이사회 성별 다양성

- 이사회가 다양한 이해관계자들의 요구 사항을 두루 고려하여 폭넓은 시각과 경험

을 바탕으로 중요한 의사결정에 임할 수 있도록 이사회 구성원이 다양한 배경을 가지고 있는지 확인

- 다양성과 포용성 분야에서 대표적인 분류인 남성 대비 여성 비율(혹은 여성 대비 남성 비율)을 점검

5) 사외이사 전문성

- 사내 이사와 사외 이사의 정보 비대칭이 존재하는 상황에서 사외이사가 조직의 중장기 발전에 관한 충분한 의견을 제공하거나, 경영진의 의사결정을 견제할 수 있는 전문성을 갖추고 있는지 확인
- 사외이사가 조직의 사업 방향에 대해 전문적인 의견을 제시할 수 있는지 점검(사외이사가 동종산업의 업무경력을 보유하고 있는지 확인)

6) 전체 이사 출석률

- 사내이사와 사외이사의 정보 비대칭이 존재하는 상황에서 사외이사가 조직의 중장기 발전에 관한 충분한 의견을 제공하거나, 경영진의 의사결정을 견제할 수 있는 전문성을 갖추고 있는지 확인
- 사외이사가 조직의 사업 방향에 대해 전문적인 의견을 제시할 수 있는지 점검(사외이사가 동종산업의 업무경력을 보유하고 있는지 확인)

7) 사내 이사 출석률

- 조직의 최고 의사결정 기구인 이사회가 검토/심의/의결 기능을 효과적으로 수행하기 위해서는 이사회 구성원의 적극적인 참여가 중요함. 특히, 조직의 사업 운영을 총괄하는 사내 이사가 적극적으로 이사회에 참여하고 있는지 확인
- 이사회 구성원 중 전체 사내 이사 출석률이 일정 수준 이상인지 점검

8) 이사회 산하 위원회

- 이사회가 효율적으로 운영될 수 있도록 이사회 권한 및 역할의 일부를 산하 위원회에 위임하고 있는지, 각 소위원회는 위임받은 권한 및 역할에 대해 전문적인 시각으로 검토하는지를 확인

- 조직마다 이사회 산하 위원회 수와 종류는 다양하며, 각 조직의 경영방식 및 사업 환경에 따라 위원회 수를 달리할 수 있음. 따라서 이사회 산하 위원회 수가 많고 적음을 떠나, 위원회가 체계적이고 효과적으로 운영되고 있는지 점검

9) 이사회 안건 처리

- 이사회 구성원이 상정된 안건에 대해 독립적/전문적/다양한 시각으로 수정 및 보완 의견을 제시하고 있거나, 특히 조직에 리스크가 될 수 있는 안건에 대해서는 적극적인 반대 의견을 제시하는지 확인
- 이사회 심의/의결 안건 중 원안대로 가결되지 않은 안건이나 원안에 반대한 이사, 그리고 가결되지 않거나 안건을 반대한 사유를 점검

10) 주주총회 소집 공고

- 주주가 주주총회 참석 전 충분하고 합리적인 판단을 내릴 수 있도록, 주주에게 주주총회 개최 일자, 장소, 안건, 기타 재무사항 등의 정보를 담은 주주총회 소집 공고를 다양한 채널로 전달하는지 확인
- 조직이 주주총회 소집을 공고하는 방법을 점검

11) 주주 총회 개최일

- 주주가 주주총회의 안건을 검토하고 분석하기 위한 충분한 시간과 여건이 확보될 수 있도록 주주총회가 개최되고 있는지 확인
- 조직이 주주 총회 개최일을 지정하는 데 있어, 주주를 포함한 주주총회 관련 내/외부 이해관계자의 의견 수렴 과정을 진행하고 있는지를 점검

12) 집중/전자/서면투표제

- 조직의 모든 주주가 의결권을 용이하게 행사할 수 있으며, 소수 주주에게 이해관계를 대변할 수 있는 이사 선임 기회를 제공하고 있는지 확인
- 국내 「상법」 상 조직의 자율적 의사결정에 따라 선택할 수 있는 소수 주주 보호 장치인 '서면투표제', '전자투표제', '집중투표제' 도입 여부를 점검

13) 배당정책 및 이행

- 조직이 주주가치 증진 및 투자 의사결정에 필요한 배당 관련 정보를 적시에 충분하게 안내하고, 적절하게 배당을 실시했는지 확인
- 주주에게 배당정책 및 배당계획을 충실히 통지함과 동시에, 배당정책 및 배당계획에 따라 실제 배당을 진행하였는지 점검

14) 윤리규범 위반사항 공시

- 조직이 구성원의 윤리 규범 위반 행위(부당한 이익이나 뇌물의 수수, 불공정 경쟁 및 거래, 제품/서비스 책임 소홀, 구성원 상호 간 모독 및 비하, 기타 사회적 책임 등)를 관리·감독함과 동시에, 구성원의 윤리 규범 위반 행위가 재발하지 않도록 내부 개선이 이루어지고 있는지 확인
- 이해관계자와의 신뢰성 및 투명성 관점을 고려하여, 조직이 윤리 규범 위반 행위와 개선 활동을 대외 공시하고 있는지 점검

15) 내부 감사부서 설치

- 조직의 재무, 회계, 감사 관련 부정 사안, 기타 내부통제 관련 현안 등을 상시적으로 점검하고, 중요한 의사결정 사항 및 관련 정보를 감사위원회에 보고하는 거버넌스 체계가 구축되어 있는지 확인
- 조직이 내부 감사부서를 두고 있는지, 내부 감사부서의 독립성, 책임과 역할을 명확히 규정하고 있는지 점검

16) 감사기구 전문성(감사기구 내 회계/ 재무 전문가)

- 조직의 감사위원회(또는 감사)가 거시경제 흐름 및 업종동향에 대한 직관, 상법 등 관련 법률 소양, 회계/재무/감사에 관한 전문적 지식을 보유하고 있는지 확인
- 국내 법률상 규정되어 있는 감사위원회 전문성 조건을 상회하여, 회계 및 재무 전문가를 감사위원으로 선임하고 있는지 점검

부록 2

지속가능 보고서

1 여행업

가. 하나투어

1) 기본개요

하나투어는 1993년에 설립되어 현재 국내 10개 계열사와 706개의 공식인 증예약센터를 보유하고 있다. 하나투어는 꿈꾸는 여행을 실현시켜 준다는 하나투어의 핵심 가치를 표현하는 비전으로 "Shape Everyday Dreams : 매일의 꿈을 열다. 설레는 꿈을 잇다"를 내세웠으며, 이는 앞으로 하나투어가 나아갈 방향성이며, 꿈꾸는 여행의 모든 것을 제공하고 함께하겠다는 의미가 담겨 있다.

하나투어는 CEO 및 내부 임직원과의 인터뷰를 통해 도전 정신, 전문성, 유연성, 고객 중심, 전략적 행동, 윤리 경영, 오너십을 핵심 키워드로 선정하였으며, 이러한 7개 키워드를 통해 하나투어 행동 약속을 정하였다.

하나투어는 고객의 마음과 하나투어의 마음이 이어진다는 의미의 'Heart to Heart'를 서비스 에센스로 두고 있다. 또한 여행업계 최초로 2012년에 소비자중심경영(CCM : Consumer Centered Management)을 인증받아 2012년부터 2022년까지 6회 연속 인증을 받고 있으며, 인증 핵심 내용은 아래와 같다.

- 코로나 위기 극복을 위해 전 직원 조기 정상 근무체제 전환 및 새로운 CI 론칭, ESG 경영 도입
- 새로운 패키지여행 '하나팩 2.0', 안심 여행 프로그램 'SAFETY & JOY' 도입 등 지속적 서비스 개선
- 고객 만족도 조사, VOC 개선 등 고객 가치와 중요성을 인식하여 소

비자 권리 증진을 위해 노력
* 고객 중심 상품, 서비스 제공 관련 임직원의 높은 인식과 윤리경영

2) 지속가능경영 개요 및 성과

하나투어는 지속가능한 여행 서비스를 제공하기 위해 환경 경영 활동 강화, 사회적 가치 강화, 경영 투명성 강화 등 지속가능경영 철학을 도입함과 함께 UN SDGs 목표를 달성하고자 지속적으로 노력하고 있다. 이에 하나투어는 2020년부터 한국ESG기준원에서 ESG 평가를 받고 있으며, 결과 개선을 위해 정기적으로 ESG 보고서를 발간하고 있다.

UN SDGs 목표와 관련하여 하나투어의 지속가능경영 추진 방향을 함께 고려하여 고객 및 임직원 안전보건, 이사회 및 임직원 다양성, 공급망 관리, 순환 경제, 에너지 절감 및 온실가스 배출 절감, 지속가능한 여행상품, 윤리경영 및 공정거래를 관련이 높은 목표로 설정하여 해당 목표를 중심으로 UN 지속가능발전목표를 이행하고 있다.

[그림 부록-1] ESG 중대성 평가 결과

출처 : 하나투어 지속가능 보고서

하나투어의 지속가능경영보고서는 글로벌 지속가능경영 보고 가이드 라인인 GRI(Global Reporting Initiative)의 선정 원칙에 따라 글로벌 차원과 산업에서 요구하는 정보에 대해 지속가능경영 활동에 반영하고 있으며, 주요 활동은 아래 [그림 부록-1]과 같다. 또한, 중대성 평가를 통해 도출된 중대 이슈에 대해 지속적으로 모니터링하여 관리하고 있다.

이에 하나투어는 ESG와 관련하여 친환경상품 매출이 1억 1천 1백만 원(2021년 기준)을 달성하는 등의 환경 성과를 이루었으며, 임직원 평균 근속 9.9년(2021년 본사 기준), ESG 교육 수료 1,171명(2021년 본사 기준) 등의 사회적 성과를 이루었다. 또한, ESG 종합 등급은 한국ESG기준원 기준 B+, 서스틴베스트 기준 A를 받았다.

하나투어는 ESG 각각의 측면에 대하여 2021~2025년간 이행할 중장기 계획을 수립하였다. Environment 측면에서는 경영 방침 수립, 온실가스 배출 저감 이행, 평가 체계 운영, 환경 인증 취득, 투자 계획 수립 & 실천, Social 측면에서는 이해관계자 안전보건 강화, 사회적 취약계층 방안 강화, 개인정보 보호 인증 강화, 협력사 지원제도 운용 강화, 제품 & 서비스 안전 평가 강화, 반부패 인증 취득, 인력 운영 관리 방안 강화, 지역사회 책임 활동 수행, 관련 이니셔티브 가입, Governance 측면에서는 지속가능보고서 발간, 이사회 구성 강화, 이사회 위원회 개설 & 운영, 감사 체계 강화, 이사회 보상 관련 제도 마련 등이 있다.

소비자 중심 경영 인증을 받은 만큼 하나투어는 고객 경영 영역에 많은 노력을 기울이고 있다. 고객 경영 영역에서는 AR 체험, 액티비티, 힐링 휴양, 다이닝/미식, 종교 등 다양한 테마를 접목한 패키지 상품 변화뿐만 아니라 개별 여행자가 많아지는 추세에 따라 나만의 여행 일정을 만들고 공유하는 여행 일정 설계 플레이스 & 플래너 서비스 도입하였으며, 순수한 자연 그 자체의 관광적 가치를 중시하는 지속가능 여행상품 개발 및 코로나19로 인해 출국 및 현지 여행, 귀국 과정에서 발생할 수 있는 코로나 확진 위험에 대비하고자 도입한 'SAFETY & JOY' 등 다양한 활동을 진행하고 있다.

안전 보건 영역에서는 고객과 임직원의 안전과 건강을 위해 안전 보건 방침을 수립하였으며, 하나투어 기업경영의 최우선 기준으로 임직원 건강 및 보건 관리나, 안전 보건 교육 진행 등을 통해 쾌적하고 안전한 작업환경을 조성하고자 노력하고 있다.

공정 거래 영역에서는 소비자, 경쟁사, 협력사와 함께 공정거래를 이룩하기 위해 업계 최초로 '공정거래 자율 준수프로그램(CP : Compliance Program)'을 도입하여 준법 경영을 실천하기 위해 부패 방지 프로세스, 자율준수 프로세스 등을 도입하여 운영하고 있다.

동반 성장 영역으로는 공정거래 자율준수 원칙에 따라 협력사 선정에 많은 심혈을 기울이고 있기 위해 상품 경쟁력, 운영 경쟁력, 대응 경쟁력, 고객 만족도, 업무 소통력, ESG 경영이행 등을 협력사 평가 요소로 보고 있으며, 협력사와 동반 성장을 위해 정기 간담회 및 정기 방문 교육 및 특화 프로그램, 협력사 교육 프로그램 등을 운영하고 있다.

인권 경영 영역으로는 인권 존중, 근로시간 준수, 임금, 결사의 자유, 차별 금지로 구성된 5가지 세부 지침을 수립하여 인권 경영을 실천하고 예방 프로세스를 확립하였으며, 이슈 발생 시 신속한 조치로 재발하지 않도록 관리하고 있다.

인재 경영 영역에서는 임직원 역량 강화 및 교육 체계를 구축하여 여행산업의 지속적인 성장과 발전에 기여하고 기업 성장에 기여하는 조직 구성원으로 거듭날 수 있는 활동들을 이행하고 있으며, 유연 근무제 운용과 장기근속 포상뿐만 아니라 대표이사와의 간담회, 맛집 탐방 진행, 임직원 편의시설 확충 등 다양한 시도를 하고 있다.

환경 경영 영역에서는 전사적인 차원에서 체계적으로 추진하고자 2021년부터 경영전략과 연계하여 통합적으로 관리하고 있으며, 환경과 관련된 사내 캠페인, 폐기물 배출 감소 방안 협의, 임직원 봉사 활동 등의 환경 목표 실천 활동과 지속가능 여행 상품 개발 등을 진행하고 있다.

사회 공헌 영역에서는 '하나되는 지구세상'이라는 슬로건 아래 업계 최초 CSR팀을 조직하였으며, 소외 계층에게 꿈과 희망을 전하는 '희망여행 프로젝트', 미래 관광인재를 육성하는 '투어 챌린저'등의 사업을 운영하고 있다. 또한 하나투어문화재단을 통해 더욱 전문적인 사회공헌 프로그램을 운영하고 있다.

이와 같이 하나투어의 ESG 경영 활동 성과는 고객 경영, 안전 보건, 공정 거래, 동반 성장, 인권 경영, 인재 경영, 환경 경영, 사회 공헌 영역으로 구분 하여 〈표 부록-4〉와 같이 정리하여 기술하고 있다.

〈표 부록-4〉 하나투어 '2022년 지속가능경영보고서' 하이라이트

구분	활동 성과	ESG 구분
고객 경영	<ul><li>패키지 여행 상품의 변화, 다양한 테마의 접목, 경쟁력 있는 결합 상품</li><li>실시간 판매 LIVE 커머스</li><li>여행 일정 설계 플레이스&플래너</li><li>하나 Original_꿈을 담은 특별한 여행</li><li>해외여행 전용 정보 서비스 제공</li><li>지속가능 여행상품 : 하와이/ 제주 웰니스</li><li>빈집 재생 프로젝트 제주 다움 스테이</li><li>고객 안전 관리</li><li>여행지 안전 관리 프로세스, 여행자 보험 보상 범위 확대</li><li>하나투어 안심여행 'SAFETY&JOY '</li><li>안심여행 PCR 검사 지원, 코로나 19 확진자 지원 방안</li><li>어시스트카드 제휴 서비스 제공</li><li>소비자 중심 경영 관련 교육 및 고객 의견 반영 프로세스 도입</li><li>소비자 피해보상 처리 프로세스 및 고객 정보 보호 운영 조직 구축</li></ul>	S
안전 보건	<ul><li>임직원 건강 및 보건 관리</li><li>산업 재해율 및 중대산업재해 발생 제로</li><li>안전 보건 진행 활동, 코로나19 방역 처리</li></ul>	S
공정 거래	<ul><li>공정 거래 자율 준수 원칙</li><li>임직원 및 협력사 부패 방지 교육</li><li>공정거래 자율준수 조직 구성 및 공정거래 모니터링 프로세스 도입</li><li>자율준수 프로그램 도입, 부패 방지 프로세스</li></ul>	S

동반 성장	• 공급망 운영 • 공급망 평가 항목 • 동반 성장 상생 요소 • 협력사 교육 및 모바일 교육 프로그램, 교육 훈련 체계 도입 • 협력사 뉴스레터 정기 발송 • 협력사 임직원 포상 제도 • 공식 인증 예약 센터 소통 창구 '하나 투게더스 ' • 대리점 코로나 지원	S
인권 경영	• 인권 경영 세부 지침 및 예방 프로세스 • 인권 예방 추진 과제 수렴 및 인권 침해 예방 프로그램 운영 • 인권 강화 교육, 노사 간담회 진행	G
인재 경영	• 임직원 역량 강화, 임직원 교육 체계 • 육아 휴직 및 유연 근무제 운영, 자율 복장 운영 • 복리 후생 제도, 장기 근속 포상, IT 기술직군 직무급 도입 • 대표이사 간담회 진행 및 맛집 탐방 • 메타버스 워크샵 • 임직원 편의시설 확충, 직장 내 어린이집 운영	S
환경 경영	• 환경 목표 수립, 환경 목표 및 환경 평가 체계 도입 • TCFD 가입 • 사내 캠페인, 환경 교육, 폐기물 배출 감소 방안 협의 등 환경 　목표 실천 활동 운영 • 지속가능 여행 상품 개발	E
사회 공헌	• 착한 여행, 문화예술 희망여행, 볼런투어, 투어챌린지, 지역 기부 　활동, 희망봉사단, GW Project등 다양한 사회 공헌 활동 진행 • 기부 활동	S

출처 : 하나투어 지속가능 보고서

나. 부킹홀딩스

1) 기본개요

부킹홀딩스는 1997년에 설립되어 미국 코네티컷에 본사를 두고 있으며, 220개 이상의 국가 및 지역에서 여행 관련 서비스를 제공하고 있는 플랫폼이다. 부킹닷컴, 렌탈카스, 카약, 아고다, 오픈테이블 등의 브랜드를 소유하고 있다. 'to make it easier for everyone to experience the world : 모든 사람이 더 쉽게 세상을 경험할 수 있게 쉽게 만들기 '를 목표로 여행 서비스 플랫폼으로서 우수한 서비스를 제공함으로써 다양한 이해관계자들에게 헌신하고자 노력하고 있다.

나. 지속가능경영 개요 및 성과

부킹홀딩스는 지속가능한 관광산업에 관심을 두고 ESG 경영 활동을 꾸준히 실천해온 기업이다. 2016년부터 꾸준히 지속가능경영보고서를 발간하고 있으며, 지속가능경영보고서는 GRI의 기준을 토대로 작성되었으며, 중요성 평가를 수행하였다. 이외에도 기후행동플랜(Climate Action Plan)에 대한 보고서도 발간하며, 지속가능경영에 많은 관심이 있는 기업이다.

부킹홀딩스는 세계에 책임감 있게 관여하는 것이 장기적인 사회적 가치 창출이라고 판단하여 내외부 이해관계자들과 산업, NGO 단체들, 규제기관 및 정부와 함께 보안과 지속가능성 및 기후 문제와 관련하여 협력이 필요하다고 판단하여 다양한 활동을 이행하려 노력하고 있다. 이에 부킹홀딩스 내 여성 리더의 비율은 31%이며, 기술팀의 23%가 여성으로 구성되어 있다. 온라인 여행 앱 중 가장 많은 다운로드 수를 보유하고 있으며, 앱 이용자들이 한 달에 앱에 접속하는 수는 1억 번이 넘는다.

부킹홀딩스의 기업 가치는 아래와 같이 설명될 수 있다.

- 여행을 통해 사람들과 문화를 연결 : 문화 간 상호작용의 기회를 제공하고, 지역 사회, 환경 및 지역 생물 다양성에 대한 존중을 바탕으로 지역 기업가들에게 다양한 경제적 기회를 제공함으로써 여행은 지역

경제에 큰 영향을 미치기에 업계 리더로서 편견의 장벽을 줄이고 사람들을 더욱 가깝게 이어주는 여행 산업을 육성한다.

- 다양하고 포용적인 제품, 인재, 프로세스 : LGBTQ+ 고객이 자신감 있게 여행할 수 있도록 지원하고, 파트너들의 포용성을 향상하는 Booking.com의 Travel Proud 프로그램과 같은 프로그램을 통해 다양성과 포용성에 대한 집중도를 높인다.

- 지속가능한 여행 : 지속가능한 여행 기회를 전 세계 소비자에게 제공하며, 파트너들의 지속가능성 여정을 지원하고 세계 어디에서나 지속가능한 여행 기회를 선보이는 책임과 능력을 보유한다.

- 세계의 기업가들을 위한 시장 접근성 : 소규모 또는 중소 규모의 기업부터 대규모 체인까지 모두가 활용할 수 있도록 하며, 파트너의 노하우가 부족하더라도 부킹홀딩스 앱을 사용하는 것이 간단하게 만들어 모든 종류의 경험을 전 세계 수백만 잠재 고객에게 로컬 서비스를 마케팅하고 배포할 수 있게 한다.

- 인재 개발 : 업무 문화를 자율성, 긴밀한 협력 및 데이터 중심적인 가치를 바탕으로 구축하여, 학습과 성장이 적극적으로 장려되는 도전적이고 보상적인 환경을 조성하여 직원들이 최선을 다하도록 지원한다.

- 믿을 수 있는 플랫폼 및 시스템 제공 : 사용자 개인 정보 보호 관행을 더욱 견고하게 만들거나 고객 경험을 향상하게 하는 기계 학습을 개발하는 등 혁신에 전념하며 사이버 보안 위험에 대비한다.

부킹홀딩스는 2020년 KAYAK을 통해 영국, 프랑스, 독일, 폴란드 등에서 CO_2 배출량이 적은 항공편을 선별하여 보여주는 기능을 도입하였으며, 여행자들에게 예상되는 탄소 배출량을 안내하여 가능한 저탄소 옵션을 선택할 수 있도록 유도하여 지속가능한 여행에 동참할 수 있도록 하였다. 또한, 심사를 통해 여행 숙박시설에서 온실가스 배출 감소에 크게 기여한 숙박시설에 지속가능 여행 배지를 제공하여 지속가능경영에 참여하는 숙박시설임을 인증해 주었다. 이 인증 배지는 2021년 말까지 76,470개의 파트너에게 수여되었으며, 2022년부터는 항공편, 차량 등에도 도입할 예정으로 2023년까지 모든 부킹홀딩스 브랜드에 배지 제도를 도입하기 위해 계획 중에 있다.

부킹홀딩스는 고객의 안전은 최우선으로 생각하여, 코로나19로 인해 여행 시 격리가 필요할 경우 사용할 수 있는 격리시설 또는 대체 숙소 등을 검색할 수 있도록 도우며, 전 세계 안전, 건강 문제에 지속적인 모니터링으로 발 빠르게 대응하여 고객들이 불편을 겪지 않고 안전하고 편안하게 여행할 수 있게 노력하고 있다.

부킹홀딩스는 지속가능한 운영 방식을 파트너사에도 권유하고 있으며, Net-zero 탄소 발자국을 지향하기 위해 온실가스, 폐기물 및 공급망 배출량을 매년 감소시키기 위해 노력하고 있으며, 부킹홀딩스의 글로벌 네트워크를 통해 수백 개의 지역 이니셔티브에 참여하며 지역사회에 긍정적인 영향을 미치기 위해 노력하고 있다.

부킹홀딩스는 2019년에 자체적으로 탄소 발자국을 측정하였으며, 2030년까지 95%까지 감축시키는 것을 목표로 하고 있다. 이에 2021년부터 10% 재생 가능한 전기 사용을 전사적으로 도입하였다. 또한 탄소 배출량을 줄이기 위해 불필요한 출장을 최대한 줄였으며, 가능한 지속가능한 교통수단을 이용하도록 지침을 수립하였다. 또한 집과 사무실을 병행하는 하이브리드 방식의 업무 환경을 구축하였으며, 데이터 센터에서의 에너지 소비 감소를 촉진하여 데이터센터의 하드웨어 발자국을 줄이기 위한 방안도 검토 중이다.

또한 줄이기 어려운 배출량은 Gold Standard와 Verified Carbon Standard 등의 관련 기관에서 진행하는 캐나다의 다크우즈 포레스트 내 야생동물 서식지 보호, 아르헨티나의 풍력발전, 인도네시아 수력발전소 등과 같은 탄소 오프셋 프로젝트를 구입하는 방식으로 상쇄하는 방법을 도입하였다.

이외에도 지역사회에 공헌하기 위한 다양한 활동들을 진행하고 있는데, 'think globally, act locally'식의 접근 방식으로 자원봉사 네트워크 이니셔티브를 만들었다. 또한, 다양성 포용성 및 소속감(DI&B) 정신을 부킹홀딩스의 지속가능한 노력으로 포함하여 부킹케어스 봉사활동에 2021년부터 접목하였다. 이에 부킹홀딩스 직원들은 대면할 수 없는 팬데믹 기간이라는 악조건 속에서도 11,000시간 이상 봉사하였다.

부킹홀딩스 직원들은 천재지변으로 피해를 당한 지역을 돕기 위해 플랫폼을 활용하여 긴급 기금을 모금하였으며 이러한 활동으로 말레이시아 홍수, 아이티 지진, 코로나19 등 다양한 기금 모금 활동을 진행하였다. 2021년에 부킹홀딩스는 606건의 지원과, 167,183달러 모금, 632,625달러의 기업 후원이 있었으며, 1,563명의 자원봉사자들과 함께 11,632시간의 봉사활동을 진행하는 등 공동체와 함께 상생하기 위한 다양한 활동을 진행하였다.

또한 부킹홀딩스는 코로나19로 어려웠던 상황 속에서 직원들을 케어하기 위한 다양한 지침과 정책들을 수립하였는데, 가상 근무 환경을 도입하면서도 직원의 복지와 참여 프로그램을 지속하여 개발하고자 노력하고 있으며, 유연 근무 제도 등을 도입하여 장기적으로 완전한 원격 근무 모델을 도입하고자 준비하고 있다. 또한, 부킹홀딩스 내의 모든 사람이 소속감과 존중받는다는 느낌을 받을 수 있도록 업무 환경을 조성하기 위해 2년에 한 번씩 평등한 환경을 만들기 위해 보상 관련 전문가의 도움을 받아 발전 계획을 세우고 있다.

또한, 직원들의 정신건강을 챙기기 위해 10월의 세계적인 정신 건강의 날을 맞아 자체적인 멘탈관리 프로그램인 'B.Well'에서 '불평등한 세상에서 모두를 위한 정신 건강'을 테마로 다양성, 포용성, 지역사회 참여와 관련하여 패널 토론 등을 진행하였다. 부킹홀딩스는 코로나19 상황에서 직원의 건강과 안전을 보장하기 위해 하이브리드 업무 환경을 마련하였으며, 아이가 있는 직원들에게는 성별에 상관없이 10주 또는 12주 동안 유급휴가를 받을 수 있는 복지를 도입하는 등 직원 참여, 인재 관리, 포용성에 대한 지속적인 집중과 개선을 하기 위한 노력을 꾸준히 하고 있다.

부킹홀딩스는 지속가능한 경영에 대한 책임을 다하기 위해 2021년 ESG 거버넌스를 만들어 기업의 지속가능성을 추진하고 있다. 지속가능성 위원회는 지속가능성을 중심으로 감사를 진행하며 공헌하고 있다. 2021년에 위원회는 17번 정도 회의를 거치고 8번의 의회를 개최하는 등 적극적으로 활동하고 있으며, 의회 멤버의 36%, 위원회의 65%가 여성이며, 이사회의 18%는 소수의 인종으로 위원회 또한 다양성에 중심으로 구성원을 이루었다.

부킹홀딩스는 또한 윤리성에 대해 높은 기준을 가지고 있으며, 정책, 교육, 자원에서 윤리적인 행동과 책임감을 촉진하기 위해 견고한 기준을 제시하고 있다. 이에 준법 및 윤리팀을 주축으로 윤리강령을 만들어 이행하고 있으며, 2021년에 358건의 신고 중에 139건이 조사가 완료되었고, 54.7%의 신고에 증거가 확보되었다. 이에 전년 대비 신고 건수가 9% 정도 감소하는 결과를 확인하였다.

부킹홀딩스는 모두가 더 세계를 쉽게 경험한다는 그룹 미션을 가지고 국제 인권기준을 지지하고 존중하고 있으며, 이에 2021년 인권 존중에 전략적 접근 방식을 개발하였다. 이는 UN 인권 지침에 따라 권리 보유자와 이해관계 자와의 인권을 존중하기 위해 성차별, 괴롭힘, 폭력 등과 같은 부정적인 인권 사례를 더 잘 감지하고 완화 및 해결하기 위해 노력할 것은 물론 여행 시 위험이 예상되는 지역에 대해서는 고객에게 사전에 안내하는 등의 노력이 모두 포함된다.

이러한 인권을 존중하기 위한 노력으로 부킹홀딩스는 BSR(Business for Social Responsibility)과 같은 기업의 사회적 책임을 위해 있는 파트너 및 인권 전문가들과 함께 협업하여 인권에 대한 의무를 명확히 하고 실행해나가고자 지속적으로 노력하고 있다.

앞서 언급한 것들에 따라 부킹홀딩스의 지속가능경영은 지속가능한 여행, 지속가능한 운영, 직원케어, 비즈니스 엑셀런스 파운데이션 4가지 영역으로 나누어지며 〈표 부록-5〉와 같이 정리할 수 있다.

〈표 부록-5〉 부킹홀딩스 '2021 Sustainability Report' 하이라이트

구분	주요 활동	활동 성과	ESG 구분
지속가능한 여행	• 기후활동 플랜 • 지속가능한 여행 프로그램 개발 • 안전한 여행	• 여행자를 위한 지속가능한 여행 옵션 개발 (탄소저감 버스, 전기차 안내, 탄소발자국 기준 항공편 카테고리 추가) • 숙박시설 대상 지속가능 여행 배지 제공 • 코로나 19로 인한 고객의 안전을 위해 격리 숙소 검색 및 예약 옵션 제공 • 고객과 비즈니스 파트너의 신체적, 정신적 웰빙 보호 목표	S

지속가능한 운영	• 지속가능한 운영 가이드 라인 제공 • 환경적 책임 (탄소배출량 감소) • 지역사회 참여	• 전사적으로 재생가능한 전기 사용 • 하이브리드 업무환경 도입 • 데이터센터 등에서의 에너지 소비 감소 주도 • 탄소 오프셋 프로젝트 • 자원봉사 프로그램을 통한 지역사회 환원 • 자연재해 피해 지역을 위한 기부 및 봉사활동 • 환경 보존을 위한 다양한 활동	E,S
직원케어	• 직원과의 소통 • 다양성, 포용성 및 소속감 • 웰빙과 건강 • 지속적인 학습 문화 제공	• HR 리더와 학습 개발에 대한 협업을 통한 인재 관리 • 코로나 19 기간에 가상 작업 환경 도입 하이브리드 작업실 운영 • 다양성 및 포용성 운영 위원회 운영 • 외부 전문가의 자문을 통해 평등 정책 및 제도 평가 및 개선 • 자체 정신 건강 프로그램 'B.Well' 진행 • 직원 건강과 안전 및 복리 후생(코로나 유급휴가 등) • 직원 인재양성 프로그램 • Small Steps 캠페인	S
비즈니스 엑셀런스 파운데이션	• 기업 지배구조 • 규정 준수 및 윤리 • 인권 프로그램 운영 • 고객 개인 정보 및 데이터 보호	• ESG 경영 구조 운영 • 준법 & 윤리팀 운영 • UN 인권지침 이행 - 성희롱, 젠더 기반 폭력, 차별, 괴롭힘 방지 - 인권 및 고위험 지역 여행에 대한 정보 사전 제공	G

다. 익스피디어 그룹

1) 기본개요

익스피디아 그룹은 1996년에 설립되어 미국 시애틀에 본사를 두고 있으며, 현재 70개 이상의 국가에 200개 이상의 여행 사이트를 운영하는 세계 최대 온라인 여행 기업이다. 익스피디아 그룹은 숙박·항공권 등 여행에 관한 온라인 예약 처리, 예산 맞춤 여행 서비스, 각종 액티비티를 제공하고 있으며, 웹사이트 및 응용 프로그램을 개발하여 운영 중이다. "WE BELIEVE TRAVEL IS A FORCE FOR GOOD : 여행은 선을 위한 힘이라는 것을 믿습니다"를 비전으로 익스피디아의 플랫폼 역할로 더 많은 여행이 힘을 받아 격차를 해소하여 더 많은 기회를 창출하고자 노력하고 있다.

익스피디아 그룹은 글로벌 플랫폼을 통해 모든 사람이 어디에서나 쉽고 편하게 여행할 수 있도록 돕는다는 사명을 가지고 여행은 선을 위한 힘이라는 핵심 신념에 따라 사람들이 새로운 방식으로 세상을 경험하고 지속적인 연결을 구축할 수 있도록 기업을 운영하고 있다. 이에 업계 최고의 기술 솔루션을 제공하여 파트너의 성장과 성공을 촉진하는 동시에 여행자에게도 기억에 남을 만한 경험을 제공하기 위해 노력하고 있다. 익스피디아 그룹에는 익스피디아, 호텔스닷컴, 트리바고, 오르비츠, 카렌탈스닷컴 등 14개의 브랜드가 속해 있다.

2) 지속가능경영 개요 및 성과

익스피디아 그룹은 2020년부터 글로벌 임팩트 보고서(Global Impact Report)와 포용성 및 다양성 보고서(Inclusion&Diversity Report)를 발간하고 있으며, 글로벌 임팩트 보고서는 GRI, 영국 탄소 정보공개프로젝트(CDP, Carbon Disclosure Project), 지속가능성 회계 기준위원회(SASB, Sustainability Accounting Standards Board) 등과 같은 프레임 워크를 따라 작성되었다.

익스피디아 그룹은 글로벌 임팩트 보고서에서 다음 세대를 위해 보다 접근성이 좋고 공평하며 지속가능한 여행 산업을 만드는데 지속적으로 기여하는 방법에 관해 설명했으며, 여행자가 새로운 방식으로 세상을 경험하고 지속적인 관계를 구축하는 동시에 목적지에 긍정적인 영향을 미칠 수 있도록 하는 익스피디아 그룹의 활동이 기술되어 있다.

여행업계에서 2021년은 전 세계적으로 재건의 해였기 때문에 익스피디아 그룹 또한 성과 재건을 위해 많은 노력을 진행하였다. 이에 익스피디아는 여행자가 무엇을 원하는지 파악하기 위해 매년 수천 명의 사람들을 대상으로 설문조사를 실시하였으며, 2021년에도 8,000명의 사람에 대한 표본을 수집하여 여행자 가치 지수를 발표하였다.

익스피디아의 조사에 따르면, 약 60%의 여행자는 지속가능 여행을 위해 기꺼이 더 지불할 의사가 있다고 하였으며, 약 65%의 여행자는 포용성을 실천하는 여행업체를 통해 예약할 의향이 있는 것으로 나타났다. 결론적으로 여행자는 여행자, 파트너, 이해 관계자 간에 지속가능한 여행의 실천을 위해 책임감 있는 선택을 할 필요성이 있다는 것을 확인하였다.

이에 익스피디아 그룹은 지속가능한 여행 산업을 발전시키기 위해 여행 업계에서 판매 및 홍보하고 있는 모든 여행 경험이 환경에 영향을 미친다는 사실을 인식하는 것이 우선이며, 전 세계 많은 지역사회에도 영향을 미친다는 것에 유의하고자 노력하고 있다. 또한 익스피디아 그룹은 더 친환경적이고 책임감 있는 활동을 위해 2050년까지 Net Zero를 달성하기 위하여 노력하고 있다.

익스피디아 그룹은 글로벌 임팩트 리포트에서 지속가능 영역을 여행자, 환경, 커뮤니티, 거버넌스 4가지 영역으로 구분하였으며, 그에 따른 활동 내용과 성과를 기술하였다.

여행자 영역에서는 여행자들이 신중한 여행을 선택할 수 있게 익스피디아 그룹은 유네스코의 지속가능한 여행 서약을 지키기 위한 갖은 노력을 하고 있다. 환경 영향을 줄이고 더 많은 지속가능한 여행 옵션을 제공할 수 있도록 하기 위해 LGBTQIA 환영 호텔과 같은 다양성을 존중하는 포탈을 구축하고 있으며, 동물 복지 기준을 준수한 활동만이 노출될 수 있도록 가이드 라인을 지속적으로 업데이트하고 있다.

모든 사람이 어떠한 상황 속에서도 안심하고 여행할 수 있도록 정보 리소스를 제공하고 접근성에 제한을 두지 않았다. 신분과 관계없이 익스피디아 그룹 사이트를 이용하는 모든 사람은 환영받는다는 느낌을 받을 수 있도록 하였으나, 혹여나 불쾌감을 줄 수 있는 콘텐츠가 업로드되는 경우 삭제할 수 있게 지속적인 모니터링을 실시하고 있다. 또한 장애인 보조 동물이 여행에서 배제되지 않도록 장애인 보조 동물 동반으로 인해 예약이 거절되는 경우 고객 지원팀에 문의해달라고 안내하고 있다.

익스피디아 그룹은 여행 목적지와의 파트너십을 통해 여행객의 참여를 유도하고 현지 문화를 존중하고 기념하기 위해 Hertz 기업과 협업하여 전기 자동차를 제공하고 탄소중립 객실을 제공했던 것과 같은 협업 활동을 꾸준하게 하고자 노력하고 있다.

여행에는 여행자의 건강과 안전 또한 중요하기에 익스피디아 그룹은 2020년과 2021년에 걸쳐 VRMA(Vacation Rental Management Association; 휴가용 임대 숙소 관리 협회)와 크리스탈 인터내셔널 스탠다드 및 미국 내 다양한 관련 기관과 협력하여 업계 최고의 청결 기준을 확립하였으며, 세계보건기구(WTO)와 미국 질병통제센터(CDC)의 지침에 따라 강화된 지침을 제시하여 여행자들이 쾌적하고 안전한 여행을 할 수 있도록 정책을 수립하였다. 미국 여행업협회와도 코로나19에 대한 새로운 건강 및 안전 지침을 수립하여 다양한 이해관계자들이 이를 준수할 수 있도록 하였다.

이 외에도 포용력 높은 여행을 제공하기 위해 익스피디아 그룹의 브랜드 중 하나인 오르비츠(Orbitz)에서는 성소수자 친화적인 여행 환경을 조성하기 위해 'Travel as You Are; 있는 그대로의 여행' 캠페인을 시작하였다. 이 캠페인에서는 성소수자 친화적인 호텔을 홍보하는 데 주력하였으며, 관련 단체에 110,000달러를 기부하는 등 소외되는 사람이 없는 여행 환경을 만들기 위해 노력하고 있다.

환경 영역에서는 익스피디아 그룹은 Net Zero 미래를 위해 효율적으로 사업을 운영할 수 있게 지속가능한 운영정책을 도입하려 노력 중이다. 가장 먼저 온실가스(GHG) 배출을 최소화하기 위해 매년 배출량을 계산하고 보고하여 전년 대비 감소할 수 있게 투명한 보고서를 작성하고 있다. 특히나 2022년에 50%의 업무환경을 하이브리드로 전환하며, 배출량이 예년에 비해 줄어들 것으로 기대하고 있으며, 지속적으로 온실가스 배출량을 감축하기 위해 노력할 것이다.

익스피디아 그룹은 친환경적인 기업 운영을 위해 600명 이상의 전 세계 직원들이 일회용 플라스틱 사용 자제와 같은 일상생활에서의 작은 행동 변화 캠페인에 참여하며 지속가능한 성장을 보이기 위해 다양한 지침을 권고하고 있다. 또한 출퇴근 시에 발생하는 탄소 발생을 파악하기 위해 시애틀 본사에 근무하는 모든 직원을 대상으로 출퇴근 패턴을 평가하고 추적하고 있으며, 이를 줄이기 위해 카풀이나 대중교통 이용 등을 권고하고 있다. 또한 폐기물 관리 관행을 수립하여 물, 에너지, 자재 사용을 줄이는 프로세스를 개발하고자 노력하고 있다. 그 결과 2021년 LEED(Leadership in Energy and Environmental Design; 에너지 환경 디자인 리더십) 골드 인증을 받았다.

커뮤니티 영역에서는 포용성과 다양성을 중시한 업무환경을 구축하였으며, 이에 포용성과 다양성을 중심으로 한 설문조사를 실시하고 이에 대한 보고서를 발간하였다. 설문조사 결과 2021년 12월 기준 여성 인력 비율이 45%였으며, 부사장급 이상의 인력 중 여성의 비율은 37%인 것으로 확인되었으며, 미국 고용인 중 인종적, 민족적으로 소수를 차지하는 직원의 비율이 19%인 것을 확인하였다.

이와 같이 익스피디아 그룹은 포용성 있는 비즈니스의 중요성을 강조하고 있으며, 이외에도 직원들의 일과 삶의 균형을 지키는 것이 중요함과 탄소 배출량 감소를 위해 하이브리드 근무 패턴을 도입하였으며, 자녀가 있는 직원들에게 12주의 유급 휴가를 제공하고 6주의 추가적인 출산 휴가를 제공하고 있다. 그뿐만 아니라 가족을 꾸리길 원하는 직원들을 위해 불임 치료를 복리후생으로 제공하고 있다.

익스피디아 그룹은 직원의 정신건강을 챙기기 위해 'Talkspace'라는 채팅 기반 상담을 개발하여 모든 직원이 사용할 수 있게 하였으며, 현재 10% 이상의 직원들이 새롭게 가입하였다. 이러한 정신건강 복지 서비스는 직원들의 피드백을 바탕으로 지속적으로 발전시키고 있다. 또한 반려동물이 직원의 정신건강에 중요한 역할을 함을 인지하여 새롭게 반려동물을 키우는 직원을 대상으로 2주의 유연근무를 제공하며, 반려동물 사망 시 고충 처리 정책 등을 확대하였다.

거버넌스 영역에서 익스피디아 그룹은 지속가능성과 포용성 및 다양성에 대한 이해의 폭이 넓은 임원들로 지배구조를 구축하였으며, 익스피디아 그룹에서 일하는 모든 사람이 윤리적으로 일할 수 있도록 지침을 수립하였다.

또한 익스피디아 그룹은 여행업계 전반을 연결하는 플랫폼으로서 인권 보호의 중요성과 모든 이의 존엄성과 존중을 보장하는 것이 매우 중요하다는 것을 강조하고 있다. 이에 윤리적인 문제에 대해서는 강경한 태도를 취하고 있으며, 인권보호 위원회(WTTC; World Travel & Tourism Council, BEST; Businesses Ending Slavery and Trafficking)와의 협력체계를 구축하는 등 적극적인 활동을 보이고 있다.

앞서 언급한 것과 같이 익스피디아는 ESG 우선 영역을 여행자, 환경, 커뮤니티, 거버넌스 4가지 영역으로 구분하여〈표 부록-6〉과 같이 정리하여 기술하고 있으며, 여행자, 환경, 커뮤니티를 중점 영역으로 보며, 이러한 중점 영역의 원활한 이행을 뒷받침하기 위해 윤리적인 정책 기반이 구축된 거버넌스가 중요한 것을 강조하였다.

〈표 부록-6〉 익스피디아 '2021 Global Impact Report' 하이라이트

구분	주요 활동	활동 성과	ESG 구분

여행자	• 지속가능한, 포괄적인 여행환경 조성
	  -지속가능한 여행을 위한 재단 설립
	  -파트너 대상 영향력 증폭
	  -화해(RAP)를 위한 공간 조성
	• 여행자 건강과 복지
	  -포용성 내재화 환경 조성
	  -'있는 그대로의 여행' 콘텐츠 발굴
	  -공평한 여행 실현을 위해
		• 지속가능한 관광을 위해 유네스코와 긴밀히 협력 (현재까지 9,000개 이상의 기관이 지구와 사람을 먼저 생각하는 여행을 발전시키기로 서명함)
		• 여행 플랫폼을 활용하여 성소수자 환영 호텔 등과 같은 포용적인 호텔 발굴
		• 사람, 문화, 커뮤니티 간의 존중과 연결의 우선시 하는 RAP(화해 행동 플랜)을 통해 호주 원주민과
			S

	포용적인 마케팅과 광고 진행	토레스 해협 섬 주민 화해를 위한 공식적인 약속 이행	
환경	• 기후행동 　-탄소발자국 문제 해결 • 그린 리더십 　-동물 친화적인 여행 　-지속가능한 환경 구축	• 전 세계 사무실 소비량의 100%에 해당하는 재생 전력 장비 구입 • 에너지 환경 디자인 리더십 골드 인증 받음 • 동물 복지 기준을 준수	E
커뮤니티	• 포용적이고 다양성을 추구하는 조직문화 구축 　-웰빙을 위한 공간 조성 　-반려동물관련 지침 수립 　-일과 삶 균형을 위한 업무 환경 및 복지 제도 구축 • 커뮤니티 관리 　-'배려의 달' 개최 　- 글로벌 백신 접종 노력 　-투표 참석 독려 　-임대의 가치 공유하기 　-깨끗한 식수 접근성 확대	• 2,500명 이상의 직원이 사내 글로벌 자원봉사 및 기부 활동에 참여 • 성별과 인종에 대한 대표성을 위한 지속적인 노력	S
거버넌스	• 기업의 책임감독 • 윤리적 기반 구축 • 데이터 개인정보 보호 및 보안 • 인권 보호	• 효과적인 기업 지배구조 구축 및 포용성과 다양성 있는 임원 선정 • 윤리적인 문제에 대해서는 강경한 태도 조치 • 다양성을 존중하여 다양한 인권보호 위원회와의 협력체계 구축 (WTTC, BEST)	G

2 숙박업

가. 호텔롯데

1) 기본개요

호텔롯데는 1973년에 창립되어 롯데호텔, 롯데면세점, 롯데월드, 롯데리조트 4개 사업부를 중심으로 국내외 곳곳에서 관광, 서비스 산업의 글로벌 선도를 이끄는 그룹이다. 호텔롯데는 "Lifetime Value Creator"라는 비전을 바탕으로 고객에게 전 생애 주기에 걸쳐 호텔롯데만의 최고의 가치를 선사할 수 있도록 지속가능한 성장을 이루기 위해 노력하고 있다.

2) 호텔롯데 지속가능경영 개요 및 성과

호텔롯데는 SDGs 지속가능발전 목표에 맞추어 지속가능경영을 추진하기 위해 다음과 같이 3가지 노력을 이행할 것을 약속하였다.

첫째, 친환경 가치를 담은 경영 : 2030년까지 탄소 35% 감축, 2040년까지 탄소중립을 목표로 에너지 저감, 자원 선순환 체계 구축, 신재생 에너지 도입 등 순환 경제 촉진

둘째, 임직원, 파트너사, 지역사회 구성원과 함께 성장하는 경영 : 협력과 상생을 중점으로 기업문화를 정착시켜 모든 구성원이 함께 성장하고 발전해 나갈 수 있는 좋은 영향력 지닌 기업 지향

셋째, 투명하고 건전한 지배구조를 기반으로 신뢰받는 경영 : 전문성을 보유한 지배구조를 바탕으로 ESG 리스크와 기회를 검토해 경영 의사결정에 반영하는 것뿐만 아닌 정보 공개 및 연간 보고서 발간으로 투명하고 정확한 기업 정보 공개

 호텔롯데는 '2040년 탄소중립'을 중장기 목표로 설정하여 친환경 경영을 실현하고 있다. 이에 사업 전 과정에서 친환경 에너지 도입, 수자원 절약, 대기오염물질 저감 및 에너지 효율화 등 다양한 환경경영 활동을 추진하고 있다. 또한, 경영 전반에 걸쳐 모든 이해관계자와 함께 더 나은 사회적 가치 창출을 목표로 한 '함께의 가치'를 지향한다. 이에 롯데호텔, 롯데면세점, 롯데월드, 롯데리조트는 가치 사슬 내에서 사업부별 특성을 살려 지속가능경영을 실행하고 있다.

 롯데호텔은 호텔리어를 꿈꾸는 청년들을 위한 '호텔메이커 교육'을 진행하여 미래 일자리 창출을 위한 노력을 하고 있으며, 호텔 객실 내, 그레이 카드(침구류 교체 여부 확인용), 무라벨 생수, 대용량 다회용 디스펜서, 나무 키 카드, 일회용품 저감, 절수형 수도 설비 등의 서비스를 도입하여 지속가능한 고객가치를 제공하고 있다.

 롯데면세점은 온실가스를 줄이기 위해 2021년부터 인천 통합물류센터에 '태양광 발전설비'를 설치하여 친환경 면세물류시스템을 구축하고자 하며, 소상공인을 지원하고 지역경제와 관광 활성화에 기여하는 '치어럽스, 지역사회 상생' 프로그램을 운영하고 있다. 또한 여성 직원들이 일·가정을 양립할 수 있도록 다양한 제도를 갖추고 있다.

 롯데월드는 다양한 환경경영 전략을 이행하고 있는데, 웰빙센터 옥상 빗물을 연간 약 700톤 정도 저장하여 수자원을 절약하고 있으며, 향후 롯데마트, 쇼핑몰, 샤롯데씨어터에도 순차적으로 적용할 계획을 세우고 있다. 그뿐만 아니라 인근의 석촌호수 수질개선 시설 도입과 함께 아쿠아리움 내 희귀 바다 생물을 번식시키기 위한 연구를 진행하고 있다.

 롯데리조트는 대기 오염 물질 배출과 확산을 줄이기 위해 보일러 시설을 고효율 친환경 장비로 교체하고 있으며, 리조트 내 전기차 충전소 설치하였다. 또한, 2025년까지 글로벌 TOP 수준의 지속가능 경영체계를 갖춘 기업이 되기 위해 '2025 Vision'을 발표하였으며, 환경 영역에서 2025년 국내 전 사업장 내 환경경영시스템 도입 완료, 사회 영역에서 2025년 국내 전 사업장을 글로벌 동종업계 최고 수준으로 끌어올려 일하기 좋은 일터 달성, 고객가치 영역에서 2025년 국내 동종업계 중 지속가능한 상품과 서비스를 가장 많이 제공하는 기업이 되는 것을 핵심 목표로 설정하였다.

이에 인권 존중을 기본 가치로 두어 지속가능경영 실행체계 구축 및 내재화를 원칙으로 한 지속가능경영 전략 체계를 구축하였으며, 영역별 우선 과제는 〈표 부록-7〉과 같다.

〈표 부록-7〉 2025 영역별 우선 과제

Environment	Social	Customer Value
EMS* ISO14001 인증 완료 온실가스 · 2023 GHG 인벤토리 구축 · 에너지 효율화 : +10% · 신재생 발전 설비 확대 : 2배 확대 · 친환경운송수단 : 2배 확대 폐기물 · 2023 폐기물 인벤토리 구축 · 폐기물 분리수거, 재활용 : +20% · 음식 폐기물 : -10% 자원 · 물 사용 절감 : -5% · 지속가능 인증, 재생자원 사용 : +10%	일하기 좋은 직장 & DEI · 구성원 인권 서베이 실행(인권위원회)+직장 만족도(GPTW) 조사 정착 · 비정규직, 파트너사 구성원 처우/복지개선 : 연간 10건 이상 · 장애인 고용확대 상생 협력 · 책임 있는 구매 & 생산원칙 제정 및 계약 적용 · 파트너사 ESG 확산 프로그램 정착 · 상생 협력 평가지수 측정 및 개선 사회 공헌 · 미래 일자리 : 청소년/청년 직업교육 1.5배 확대 · 생태계보호 : 환경사회공헌 2배 확대 · 긴급/재난구호 : 긴급지원시스템 구축/실행	지속가능한 환대 · 지속가능인증 상품 : +10% · 2023 지속가능서비스 선택제 시행, 2024 전 사업장 확대 정착 · 2023 Universal Design/Service 제공원칙, 실행 메뉴얼 제정 및 적용, 2025 주요 사업장 인증 지속가능한 즐거움 · 2023 고객 쓰레기 분리배출 시설 설치 100% · 지속가능한 호텔, 면세점, 리조트, 월드(테마파크) 스탠다드 제시, 자체 인증 제도 시행

호텔롯데는 롯데그룹의 2040 탄소중립 선언에 동참하여 2030년까지 탄소중립을 달성하기 위해 신재생 에너지 시설 도입, 에너지 효율화, 환경 시스템 관리 및 탄소 정보공개 프로젝트 기후변화대응(CDP Climate Change) 내용 공시 등의 다양한 활동을 추진하고 있다. 이를 위해 호텔롯데 법인 전체가 영국 탄소 정보공개프로젝트(CDP, Carbon Disclosure Project)에서 주관하는 기후변화 대응평가에 참여하기로 하여 2022년 답변서를 제출하였으며, 롯데지주를 중심으로 주요 그룹사별 환경 담당 조직 협업 체계를 구축하여 지속적으로 소통하고 있다.

호텔롯데는 환경친화적 방침을 바탕으로 ISO 국제 인증을 통한 환경경영, 에너지경영시스템은 인증받고 있다. 이를 위해 롯데호텔과 롯데면세점에서는 태양광 발전 설비를 설치하였으며, 특히 롯데호텔의 경우 한국에너지공단과 '탄소중립을 위한 온실가스 감축 및 사회공헌 활동 공동수행 업무협약'을 맺고 롯데호텔 울산에 태양광 발전소를 도입하였다.

또한 숙박시설의 경우 연중무휴로 24시간 운영되기 때문에, 시설 내 에너지 소비량이 다른 사업장에 비해 큰 편이다. 이에 롯데호텔에서는 고효율 공조 시스템을, 롯데리조트에서는 고효율 보일러를 새롭게 도입하여 에너지 효율화를 위해 노력하고 있다.

이외에도 환경오염을 예방하기 위해 재활용을 통하여 자원 선순환 체계를 구축하였으며, 가치사슬 전 단계에서 '감축(Reduce)-대체(Replace)-재설계(Redesign)-재사용(Reuse)-재활용(Recycle)'로 이루어진 5Re 전략을 실행하고 있다.

사회적 측면에서는 일과 가정을 양립하고 일과 삶의 균형을 유지할 수 있도록 출산, 육아, 자녀 돌봄, 유연 근로와 같은 다양한 복지제도를 운영하고 있다. 또한 다양성 포럼 등을 제공하여 여성을 위한 인재 육성에도 힘쓰고 있으며, 비정규직 근로자들은 정규직과 동등한 수준의 복지를 제공받을 수 있게 하고, 파트너사는 파트너사의 성장과 발전을 돕기 위한 자금 및 교육지원을 하고 있다.

호텔롯데는 비즈니스 전반에서 인권 침해가 발생하지 않도록 노력하고 있으며, 이에 전 구성원의 인권 존중을 실현하고 인권 경영에 대한 인식 개선을 위해 매년 전 구성원을 대상으로 롯데인의 행동강령, 장애인 인식 개선, 성희롱 예방, 괴롭힘 예방, 산업 안전보건, 개인정보 보호, 윤리경영 등 인권 교육을 시행하고 있다.

또한, 인권 존중, 결사의 자유, 근로조건 준수, 고객 인권 보호, 강제노동 금지, 차별금지, 아동노동 금지, 책임 있는 공급망 관리 등 인권 경영원칙을 수립하여 인권 영향 관리 체계를 운영하고 있다.

호텔롯데는 이외에도 구성원의 역량 강화를 위해 수준 높고 체계적인 교육 시스템을 운영하고 있다. 롯데호텔의 경우 2015년 오픈한 서비스 아카데미를 중심으로 'LHSS(Lotte Hotel Signature Service)' 교육과정을 개발하여 전 체인호텔이 표준화된 서비스 교육 프로그램을 운영하고 있으며, 롯데면세점 또한 'Career Change Program'을 운영하며 교육 프로그램을 통해 직무 전환의 기회를 제공하고 있다. 롯데월드와 롯데리조트도 모든 현장 근무자를 대상으로 사내외 교육제도를 도입하여 적극적으로 시행하고 있다.

호텔롯데는 고객과 진정성 있는 관계를 형성하고 지속가능한 서비스 가치 실현을 위해 정보보안 지침과 가이드 라인을 제시하고 있으며, 정보보호 업무 수행 조직 운영, CISO(Chief Information Security Officer), CPO(Chief Privacy Officer) 등 실무 협의체 운영 등 정보보안 관련 다양한 활동을 하고 있다. 이에 신속한 정보보안 사고 대응을 위해 예방->대비->대응->복구 순서로 구성된 정보침해사고 대응 체계를 수립하여 운영하고 있으며, 정보보호 체계 프레임워크를 구축하였다.

호텔롯데는 친환경, 사회적 가치를 담은 제품과 서비스를 지속적으로 확대하고 있는데, 롯데호텔의 경우, 환경오염을 최소화하기 위해 고객이 원할 때만 침구류를 세탁해주는 그레이 카드 제도를 도입하였으며, 롯데면세점은 친환경 소재 상품, 리사이클 상품 등으로 구성된 친환경 상품존을 별도로 오픈하였다. 롯데월드의 경우에도 장애인 고객이 편하게 시설을 이용할 수 있도록 장시간 대기가 어려운 장애인 고객에 한해 우선하여 입장할 수 있는 장애인 우선 입장 제도를 도입하였다.

이외에도 환경과 관련된 다양한 활동을 하고 있는데, 롯데호텔에서는 고객이 여행 중 탄소발자국을 줄일 수 있는 실천 활동들을 안내하고 있으며, 롯데면세점과 리조트에서는 고객들이 함께 참여할 수 있는 플로깅 캠페인, 층별 쓰레기 분리수거, Duty4Earth 캠페인 등을 실시하였고, 롯데월드의 경우 재활용, 음료 전용 쓰레기통을 설치하여 운영하고 있다.

호텔롯데의 ESG 경영 활동 성과는 환경, 사회, 고객 가치, 거버넌스 영역으로 구분하여 〈표 부록-8〉과 같이 정리하여 기술하고 있다.

〈표 부록-8〉 '호텔롯데 2021 ESG스토리 지속가능 여정' 하이라이트

구분	활동 성과	ESG 구분
환경	• 2040 탄소중립 실현 로드맵 설정 • 환경경영, 에너지 경영 인증 • 신재생에너지 도입 및 확대 • 고효율 설비 도입을 통한 에너지 효율화 • 유해 물질 배출 저감을 통한 대기오염 방지 • 물 절약과 재활용을 통한 수자원 보호 • 환경보호를 위한 자원 선순환	E
사회	• 인권경영 정책 수립 및 인권 영향 관리 체계 구축 • 일과 삶의 균형 지원 제도 시행 • 안전 관련 시설 인증 운영 • 차별화된 가치를 위한 구성원 역량 강화 • 비정규직, 파트너사 구성원 지원 • 파트너사 상생 협력 경영 • 미래 일자리 창출 • 지역 사회와 상생 협력할 수 있는 사회공원 사업 운영	S
고객 가치	• 고객 서비스 향상 • 고객 정보보호를 위한 정보보안 지침 및 가이드 라인 제시 • 지속가능한 환대를 통한 고객 가치 제공 • 지속가능한 즐거움을 통한 고객 가치 공유	S
거버넌스	• 준법·윤리 경영 체계 구축 • 이사회를 중심으로 책임경영 실천	G

나. 힐튼

1) 기본개요

힐튼 그룹은 1919년에 설립되어 미국 버지니아에 본사를 두고 있으며, 현재 122개의 나라와 지역에 6,837개의 호텔을 보유하고 있는 대형 호텔 체인 그룹 중 하나다. 힐튼은 창립자 콘래드 힐튼의 "to fill the earth with the light and warmth of hospitality : 세상을 환영과 따뜻함의 빛으로 채우자"라는 비전을 가지고 손님들에게는 진심 어린 경험을, 직원들에게는 의미 있는 기회를, 소유주들한테는 강력한 가치를, 지역사회에는 긍정적인 영향을 미치기 위해 노력하고 있다.

힐튼은 비즈니스 모델을 힐튼이 직접 경영하는 매니지먼트, 제3자 및 경영기업이 소유하고 운영하는 프랜차이즈, 힐튼 또는 계열사가 소유하거나 운영하는 소유주 이렇게 세 가지 파트로 세분화하여 독립적으로 관리하고 있으며, 각각 11%, 87%, 1%의 비율을 차지하며 프랜차이즈 형식으로 운영되고 있는 호텔들이 대부분이다.

2) 지속가능경영 개요 및 성과

힐튼의 지속가능경영은 사람이 중심이며, 'Travel with Purpose : 목적을 가진 여행'을 주목적으로 지역사회를 섬기며 지역경제를 활성화하는데 여러 가지 기여를 하기 위해 노력하고 있다. 이에 2018년 Travel with Purpose 2030 목표를 선포하며, UN의 지속가능한 개발 목표(SDGs)와 근접한 목표를 설정하였다. 이러한 목표를 달성하기 위해 힐튼은 산업 최고의 ESG 측정 및 관리 플랫폼인 LightStay를 사용하고 있으며, 힐튼 이펙트 재단(Hilton Effect Foundation)을 활용하여 2030 목표를 이끌어내기 위한 프로그램과 파트너십에 투자하고 있다.

힐튼은 주기적으로 ESG 활동을 비즈니스와 이해관계자들에게 재평가받으며 힐튼의 기업적 측면의 성장과 ESG 활동을 지속적으로 발전시키기 위해 노력하고 있다. 이에 이번 ESG 보고서 또한 GRI, SABS, 세계경제포럼의 지침을 활용하여 작성되었으며, 제3자와 함께 ESG 핵심 이슈에 대해 평가를 실시하였다.

힐튼의 ESG 경영보고서는 임직원, 지역사회, 세상에 대한 안전, 보호, 환원을 위한 프레임워크를 개발하였으며, 기후과학의 진보에 따라 SBTi(Science Based Targets Initiative, 과학적 근거를 바탕으로 한 목표)와 일치하게끔 지속가능성 목표를 재평가하고 지역사회를 보존하며, 탄소중립적인 미래를 향한 목표를 수립할 것을 약속했다. 그다음 공공 문제, 파트너십, 정책 등과 관련된 내용을 담아 작성되었다.

2021년 힐튼의 ESG 경영보고서에 따르면 힐튼 그룹은 온실가스(GHG) 배출량을 줄이기 위해 SBTi에 신청서를 제출하였으며, 미국 에너지부와 함께 'Better Climate Challende : 더 나은 기후 챌린지 '에 동참하여 온실가스 감축을 위해 약속한 최초의 호스피탈리티 기업으로 선정되었다. 또한 탄소 배출을 감소시키기 위한 탄소중립 회의 프로그램을 출시하였다.

힐튼은 ISO 14001(환경경영시스템), ISO 9001(품질경영시스템), ISO 50001(에너지경영시스템)에 대해 재인증을 받았으며, COP26(UN 기후변화협약)의 환경전문가를 초청하였다. 또한 전기자동차 검색기능을 출시하여 힐튼 웹사이트 내에서 손님들이 가까운 전기자동차 충전소를 쉽게 찾을 수 있도록 새로운 서비스를 도입하였다.

힐튼은 2023년 말까지 모든 호텔에서 일회용 어메니티를 사용하지 않도록 일회용 플라스틱 사용을 감소시키고자 노력하고 있으며, 미국 농무부가 주최한 첫 번째 식품 손실 및 폐기물 혁신 박람회에 미국 음식물 손실 및 폐기물 2030 챔피언으로서 참가하였다. 또한, 인종 및 성별의 다양성을 더욱 존중하기 위해 다양성 웹사이트를 새롭게 런칭하였으며, 해당 사이트에 상세한 인구통계학적 데이터를 공유하였다.

힐튼은 8년 연속 인권 캠페인의 기업 평등 지수에서 100%의 등급을 받았으며, 2021년 실향민이 된 아프가니스탄 난민을 위해 일자리를 제공하겠다는 Tent Coalition(텐트 연합)에 가입하였다. 그뿐만 아니라 지속가능성 및 지역사회에 선한 영향력을 펼치기 위해 관련된 회의와 이벤트를 진행하고 있다.

전 세계의 힐튼 임직원들의 사회적, 환경적인 자원봉사 활동을 장려하기 위해 힐튼은 지속적으로 힐튼 이펙트 위크를 개최하고 있으며, 2021년에는

10번째 힐튼 이펙트 위크가 개최되었다. 이 외에도 힐튼 이펙트 재단에서는 지역사회와 세상을 위한 복구 및 회복 관련 프로젝트를 이행하는 조직 대상으로 약 2백만 달러를 보조해주고 있으며, 코로나19나 다른 위기나 재난으로 인해 피해를 본 임직원 대상으로 75만 달러의 기금을 전달하였다.

힐튼은 다양한 지속가능한 경영을 도입하면서 미국의 다우존스인덱스와 스위스의 지속가능경영 평가사인 SAM(샘)이 전 세계 상위 2,500개 기업의 재무성과 경제성(기업지배구조, 리스크 관리 등), 환경성(친환경 경영 등), 사회성(인적자원개발, 기업 시민의식 등)을 종합적으로 평가해 선정하는 지수인 Dow Jones Sustainability Indices(다우존스 지속가능성지수)에 5년 연속 선정되는 쾌거를 얻었으며, S&P 글로벌 지속가능성 연차보고서에 골드클래스를 받았다.

또한, 미국의 가장 책임감 있는 기업들에 선정되기도 하였으며, GPTW(Great Place to Work)가 선정한 미국 내 최고의 대기업 1위, 미국 내 여자들이 일하기 가장 좋은 환경 1위, 세계 최고의 업무환경 3위를 기록하는 등 다양한 성과를 만들어 내었다.

힐튼의 2021년 ESG 경영보고서에 따른 활동은 환경적, 사회적, 거버넌스 분야로 구분할 수 있으며, 가장 먼저 환경적 분야에서의 활동 성과는 CO_2 배출 강도를 2008년 대비 49%까지 감축시켰으며, 2030년까지는 61%로 감축시키려는 목적을 가지고 지속적인 노력을 이행하고 있다. 물 소비량 또한 2008년 대비 39% 정도 감소시켰으며, 2030년까지는 50%를 감소시키고자 목표를 설정하였다. 또한 EMEA에서 직접 운영하는 호텔의 경우 100% 인증된 재생가능한 에너지 전략을 도입하였다.

힐튼 이펙트 재단에서는 세계 야생동물 기금(World Wildlife Fund), 워터에이드(Water Aid), 선가이워치(Sungai Watch), 클린더월드(Clean the World) 등과 같은 조직들과 파트너십을 맺고 지역사회의 물을 잘 관리 및 운영하기 위해 투자하였으며, 100% 호텔이 WWF(World Wildlife Fund, 세계자연기금)의 Water Risk Filter(물관련 리스크 지도)와 WRI(World Resources Institute, 세계자원연구소)의 Aquedect Water Risk Atlas(수자원 리스크 지도)에 기록되어 물관련 위험에 대해 투명하게 정보를 공개하고 있다.

　힐튼은 폐기물 관리에도 주력을 다 하고 있는데 폐기물은 2008년 대비 70% 정도 감축시켰으며, 이는 2030 목표인 50% 감축 목표보다 빠르게 달성하였다. 이외에도 디지털 키 제도를 도입하여 호텔에서의 작은 소모품들을 없애고자 다양한 시도를 하고 있으며, 작은 어메니티 제공을 줄여가며 플라스틱 쓰레기를 줄이고자 노력하고 있다.

　힐튼은 지역사회에도 다양한 선한 영향력을 미치고자 노력하고 있는데, 다양성을 존중하기 위하여 2027년까지 50% 동등한 비율의 성별을 유지하고, 임원의 인종적 다양성을 25%로 목표를 하였으며, 이는 해당 목표를 선언한 2020년에 대비해 각각 39%, 19% 정도로 달성하였다. 또한 힐튼에서 10년 이상 근무한 임직원은 40% 정도로 근속연수 또한 긴 것을 확인할 수 있다.

　힐튼은 또한 직원의 정신 건강과 교육 기회를 중요시하며, 퍼듀대 등 10여 개 대학과 온라인 학위과정 등을 개설한 Guild Education과 업계 최초로 제휴하여 임직원에게 평생 교육의 기회를 제공하였으며, 임직원의 정신건강을 위해 멘탈케어 프로그램을 도입하였다.

　힐튼의 임직원들 또한 지역사회에 자원봉사활동을 통해 환원하고 있는데, 2021년 힐튼의 임직원이 진행한 자원봉사 총시간은 19만 시간이 넘으며, 123,848개의 식사가 기부되었다. 또한 힐튼 이펙트 재단에서는 70개의 NGO 단체와 지역사회 기반 조직에 후원한 금액이 2019년부터 5백만 달러가 넘는다. 이렇듯 힐튼과 힐튼 이펙트 재단은 미래 세대의 여행객을 위해 지역사회와 지구를 복원하기 위해 앞장서고 있다.

　힐튼은 파트너들과의 협력체계 또한 중시하며 다양한 활동을 보이고 있는데, 책임 있는 경영자원의 모든 구매 정책을 준수하기 위해 지침을 수립하였으며, 이를 지속적으로 개선하기 위해 기업의 환경 및 사회적 영향을 평가하는 에코바디스(EcoVadis)와 파트너십을 맺었다.

　또한, 혹시 모를 위험에 대비하기 위해 로스앤젤레스에서 슈퍼볼이 열린 기간 동안 해당 지역에 있는 호텔에 근무하는 임직원 전체를 대상으로 인신매매 인식 및 신고 관련 교육을 진행하였으며, 인권 및 노동과 관련된 교육을 7,000명 정도 이수하였다. 그뿐만 아니라 여성 인권 단체에 모든 호텔 체인 관련 정보를 투명하게 공개하고 있으며, 미국 내 매니지먼트 파트에 속하는 호텔의 경우 포용성, 무의식적인 편견 및 괴롭힘 없는 직장 만들기 교육을 94% 이수하게 하며 글로벌 기업으로서 지역사회와 긴밀한 유대 관계를 구축하고 임직원, 지역사회, 파트너들에게 긍정적인 영향을 미치고자 노력하고 있다.

이러한 ESG 경영을 더욱 투명하고 안정화하게 운영하기 위해 힐튼은 ESG 거버넌스 구축 또한 책임감, 무결성, 투명성을 바탕으로 운영될 수 있도록 하였다. 힐튼은 다양성, 형평성, 포용성을 중시하기 위해 DE&I 정책을 수립하고 있으며, US Travel, AHLA(American Hotel & Lodging Association), IFA(International Franchise Association) 등 관련된 협회들과 파트너십을 맺어 긴밀히 협력하고 있다.

또한 '목적 있는 여행'을 달성하기 위해 글로벌 비영리 단체, 지역 커뮤니티 그룹 및 기타 조직과 강력한 파트너십을 지속적으로 구축 및 유지하고자 노력하고 있으며, IYF(International Youth Foundation, 국제청소년재단)과의 파트너십을 통해 여행 산업에 관심이 있는 청소년에게 무료 소프트 스킬 교육 등을 제공하며 미래 인재 양성을 위해 앞서고 있다.

힐튼은 비즈니스 전반에 걸쳐 책임감을 보장하기 위해 자체적으로 가장 보수적인 윤리적 기준을 적용하고 있으며, 무결성을 유지하고 위험을 사전에 방지하기 위해 지속적으로 모니터링하며 관리하고 있다. 이에 환경과 사회적 위험 관련해서 힐튼의 모든 호텔이 해당 정보를 투명하게 공표하고 있다.

힐튼의 ESG 경영 활동 방향은 환경적 영향, 사회적 영향, 거버넌스 영역으로 구분할 수 있으며, 〈표 부록-9〉와 같이 정리하여 기술하고 있다.

〈표 부록-9〉 힐튼 '2021 ESG Report' 하이라이트

구분	활동 내용	ESG 구분
환경적 영향	• Net Zero 달성 • WATTS 　-2030년까지 매니지먼트 파트의 배출을 1.5℃에 맞춰 감소 　-2030년까지 프랜차이즈 파트의 배출을 2.0℃에 맞춰 감소	E

	-탄소중립 실천 • Water -2030년까지 물사용 반으로 줄이기 • Waste -2030년까지 폐기물 반으로 줄이기	
사회적 영향	• 많은 기회를 제공하기 • Careers -대우받지 못하는 그룹에 초점을 두고 직원과 지역사회에 대한 학습 및 경력 개발의 기회 제공 • Communities -커뮤니티 구성원을 위한 영향력 제고(지역사회 지원, 재해구호, 경제적 지원) • Conduct -가치사슬 전체 영역에서 책임 있고 포용적인 행동 촉진하기	S
거버넌스	• 목표 달성 및 측정하기 • Public Affairs -기업 목표에 맞춘 공공정책 마련 • Partnerships -기업 목표를 추진하기 위하여 다른 산업군과 협력하여 교차 산업망 생산 • Policies and Reporting -LightStay 기준 최고 수준으로 측정 거버넌스 운영	G

다. 워커힐호텔앤리조트(SK네트웍스)

1) 기본개요

워커힐호텔앤리조트는 1963년에 첫 개관 하였으며, 1973년 SK그룹에 인수되었다가 SK네트웍스에는 2009년 합병되었다. 워커힐은 비스타 워커힐 서울, 그랜드 워커힐 서울, 더글러스 하우스, 다락 휴 4개 브랜드를 가지고 있으며, 각각 생동감 넘치는 색다른 여행의 시작, 당신의 감각을 깨우는 행복한 경험, 나를 위한 조용한 숲속 휴식처, 여행자들의 플랫폼, 스마트한 호텔과 같은 슬로건을 가지고 운영하고 있다.

워커힐호텔앤리조트는 ESG 경영 강화를 위해 객실 내 일회용품 사용을 줄이는 '고 그린 (Go Green) 캠페인', 비건 컨셉의 룸으로 비건 조식, 비건 인테리어, 비건 뷰티 세트 등을 제공하는 '비긴 비건(Begin Vegan) 패키지' 다양한 ESG 체험형 친환경 서비스를 제공하고 있다. 이에 친환경 서비스 공식 인증인 '환경 표지'를 획득하였으며, ZWTL(Zero Waste to Landfill, 폐기물 매립 제로) 검증을 취득하고, 호텔 제반 시설에 있어 녹색 구매, 폐기물 발생량 저감 등으로 친환경 호텔로서의 입지를 굳혔다. 또한 국가 브랜드 대상 호텔리조트 부분에서 6년 연속 1위를 달성하는 등 우수한 성과를 내고 있다.

2) 지속가능경영 개요 및 성과

SK네트웍스는 글로벌 수준의 ESG 경쟁력 확보를 기반으로 더 나은 세상을 만들기 위한 회사의 활동을 담은 2018년부터 매년 지속가능경영보고서를 발간하고 있다. 워커힐호텔앤리조트 또한 친환경 및 상생 활동을 펼치며, 2021년 친환경 호텔 전환을 선언하였다. 이에 '친환경 호텔' 인증을 목표로 호텔 전반에 환경친화적 운영 시스템과 인프라를 구축하고, 친환경 서비스와 상품 등을 소개하며 다양한 활동들을 진행하고 있다.

워커힐호텔앤리조트는 플라스틱 사용을 줄이고, 환경을 보호하기 위한 다양한 실천들을 이어가고 있다. 워커힐의 주요 영업장 내 플라스틱 컵을 유리잔으로, 종이 코스터를 재사용 가능한 실리콘 소재로 교체하였으며, 일부 식기류에는 짚을 원료로 하는 생분해성 용기를 도입하였다. 이 외에도 객실 내 어메니티를 대용량 디스펜서 및 친환경 소재 제품으로 교체하고, 친환경 슬리퍼와 유리 및 무라벨 생수를 비치하였다. 또한 호텔 내 종이 사용을 최소화하고자 체크인 및 안내 기능을 디지털화하는 등 호텔 곳곳에서 고객과 함께 지속가능한 실천을 이어 나가기 위한 다양한 노력을 이행하고 있다.

워커힐호텔앤리조트는 호텔 내 태양광 발전 시설을 운영하고, 조명과 냉난방 장비들을 에너지 고효율 제품으로 교체하는 등의 탄소발자국을 줄이기 위한 에너지 절약 활동을 펼치고 있다. 이에 워커힐호텔앤리조트가 자리 잡고 있는 광진구청으로부터 '에고 마일리지 우수 단체'로 선정되는 등 우수한 성과를 이루었다. 그뿐만 아니라 2030년까지 '한국형 무공해차 전화 100'이라는 중장기 목표를 가지고 수자원을 재활용하고 연료 전지를 설치하는 등 환경경영을 위한 다양한 사업들을 통해 지속적인 노력을 기울이고 있다.

SK네트웍스는 UN SDGs 목표를 SK네트웍스의 ESG 전략과 관련이 높은 활동을 주로 이행하고 ESG 운영전략에 반영하고 있다. 이를 위해 모두를 위한 지속가능하고 신뢰할 수 있는 에너지 저감 실천, 모두를 위한 지속적, 포용적, 지속가능한 경제성장, 생산적인 완전고용과 양질의 일자리 증진, 지속가능한 소비와 생산양식 보장, 기후변화와 그로 인한 영향에 맞서기 위한 대응, 이행 수단 강화, 지속가능발전을 위한 글로벌 파트너십 활성화 등 경제, 사회, 환경 영역에서의 목표를 수립하고 노력하고 있다.

워커힐은 SK네트웍스의 ESG 경영 목표를 기반으로 운영하고 있으며, SK네트웍스는 구성원 모두가 ESG 경영을 실천하고 SK네트웍스의 모든 비즈니스 혁신이 ESG 경영성과를 이어질 수 있도록 Net Zero 2040 실행력 강화, ESG 성과 제고, 사회적 가치(SV), 고객가치(CV) 기반 비즈니스 모델 혁신, 구성원 ESG 내재화라는 목표를 설정하고 〈표 부록-10〉과 같은 실행계획을 수립하였다.

〈표 부록-10〉 SK네트웍스 ESG 경영 목표 및 프로세스

Net Zero 2040 실행력 강화	ESG 성과 제고
2040년까지 Net Zero달성 SK네트웍스는 사업별 온실가스 감축 전략을 수립하여 Net Zero 실행력을 강화하고 있다. SK네트웍스의 모든 자/손회사를 포함한 8개사는 2021년 10월 EV100가입을 통해 2030년까지 고객 차량 포함 회사 소유의 모든 차량을 전기차로 전환하기 위해 노력하였으며 그 결과, 2021년 기준 누적 6,500여 대를 전환 완료하였다. 또한 2022년 내 SBTi가입을 위해 Scope 1, 2 온실가스 산정 방법론을 고도화하고 온실가스 감축을 위한 방안을 다각도로 모색하고 있다. 나아가 Scope 3의 인벤토리 구축 및 측정을 완료하였으며 감축방안 마련을 통해 중장기 감축 목표를 설정하여 체계적으로 관리할 계획이다.	**글로벌 Top-tier 수준의 ESG 관리 목표 수립** SK네트웍스는 대외 ESG 평가에서 전년 대비 상향하는 것을 목표로 수립하였으며, 이를 달성하기 위해 그룹 ESG 핵심지표 및 MSC, CDP, S&P, KCGS 평가 결과를 분석하고 개선방안을 수립하여 실행 중이다. **글로벌 이니셔티브 가입** 워커힐 호텔은 2021년 '친환경 서비스' 공식 인증인 '환경 표지'와 ZWTL 검증을 취득하여 향후 등급 향상을 목표로 하고 있다. 또한 네트웍스는 인권 경영 강화를 위하여 2022년 5월 UNGC에 가입하였다.
SV/ CV-BM 혁신	구성원 ESG 내재화
SV/CV 창출을 통한 BM 혁신 추구 SK네트웍스는 SV/CV를 기반으로 비즈니스 성과를 창출하기 위한 혁신에 앞장서고 있습니다. 매월 CEO 주재 하에 사업별 임원 팀장 ·실무자가 참여하는 SV Board와 CV Board를 운영하고 있으며, 2021년에는 각각 10회 시행하였다. 이를 통해 비즈니스 영역별 SV/CV 중점 추진과제를 수립하고 실행 결과 공유 및 상호 학습을 통하여 비즈니스 모델 혁신을 추구하고 있다.	**구성원 ESG 역량 강화** SK네트웍스는 2021년 구성원의 ESG 이해도 제고와 Commitment 확보를 위하여 전 구성원을 대상으로 CEO 주재한 ESG 강의를 총 9회 시행하였다. 또한 2022년에는 온라인 학습 과정으로 ESG 강의를 구성하여 전 구성원이 이수하는 것을 목표로 하고 있다.

사회공헌 활동의 내재화 및 SE 생태계 지원

SK네트웍스 구성원들은 인당 20시간 이상의 사회공헌 활동을 연간 목표로 헌혈, 민팃숲 만들기, 취약 계층 지원을 위한 Kit 만들기 등 다양한 활동에 참여하고 있다. 2022년부터는 SK네트웍스의 사업과 연계할 수 있는 사회적기업 등을 선정하여 연중 지속적으로 자문을 진행하는 Target형 프로보노와 자문 요청 시 구성원을 매칭하는 Spot성 프로보노'를 운영하고 있다.

생활 속 SV 실천 강화

2021년 도입된 '헹가래' 앰은 구성원들이 일상에서 계단 이용, 텀블러 사용, 헌혈, 줍깅 등 자발적 활동을 통해 지속적으로 SV 창출이 가능한 SV 실천 플랫폼이다. 2021년 기준 행가래 앰을 통한 탄소 감축량은 총 48,251Kg이다.

워커힐호텔앤리조트 또한 SK네트웍스의 ESG 경영 목표에 맞추어 다양한 사회적 가치 실천 활동을 이행하고 있다. SK그룹과 함께 지역 도시락 업체와 협업하여 지역사회 소외계층에게 영양이 고루 담긴 도시락을 전하는 사업인 '한 끼 나눔 온(溫)택트' 프로젝트를 진행하고 있으며, 식품 지원이 필요한 저소득 주민이 찾는 광진푸드마켓에 워커힐 HMR(Home Meal Replacement, 가정간편식) 상품 등을 후원하는 사업과 워커힐 임직원들이 생활 속 실천할 수 있는 에너지 보호 행동 수칙을 마련하고 이행하는 경우 포인트를 지급하여 사내 온라인쇼핑몰에서 사용할 수 있는 'SV포인트 제도' 등 사회적 가치 실천 활동 또한 다양하게 진행하고 있다.

환경적 분야에서는 워커힐호텔앤리조트는 친환경 호텔 전환을 선언하며 고객과 환경을 먼저 생각하는 '그린 경영'을 이행하고 있으며, 객실 내 일회용 어메니티를 없애고, 개별 보일러 도입과 함께 전기차 전환 및 충전 인프라 확대, 노후 설비 교체 및 개선 등을 통해 온실가스 감축을 위한 구체적인 솔루션을 제시하고 있다. 이에 2021년 한국환경산업기술원에서 '환경 표지'를 획득하였다.

워커힐호텔앤리조트는 글로벌 환경 캠페인인 'Earth Hour'에 참여하여 매년 얼스아워 동안 전력 사용을 최소화하기 위해 호텔 사이니지 및 조명 등의 불을 끄고 있으며, 해당 시간 내 워커힐을 찾은 고객에게도 사전 양해 및 안내를 통해 잠깐의 불편을 감수하고 객실 내 불 끄기 캠페인에 동참할 것으로 요청하였다.

그랜드 워커힐 서울에서는 동물과 자연을 보호하고 더 건강한 미래를 위해 비건 라이프를 추구하는 고객을 대상으로 한 친환경 비건 객실을 2021년 오픈하였다. 해당 객실은 인테리어에서부터 제공되는 음식까지 다양한 부분에서 동물성 제품, 식품을 배제하였고, 환경을 파괴하는 요소들을 최소화하였다. 객실 인테리어의 경우 닥나무를 소재로 한 '식물성 한지 가죽'과 인공지능 천연 공기 청정 및 가습기인 '스마트 그린월' 등을 비치하는 등 친환경적인 요소를 가미하기 위한 다양한 노력을 하였다.

또한 파리기후협약, 그린뉴딜정책, 탄소중립 선언에 따라 2040년까지 재생에너지 사용 비중을 100%로 높이고, 온실가스 배출량은 0으로 줄여나가는 계획을 수립하였으며, 이를 지키기 위해 매년 에너지원별 재생에너지 사용량을 모니터링하고 녹색 프리미엄, REC 및 PPA 등 다양한 방안을 검토할 예정이다. 워커힐은 국내호텔업계 최초로 ZWTL(폐기물 매립 제로 검증)을 취득하여 지속적으로 환경친화적인 운영시스템과 인프라를 구축하고 있다.

사회적 분야에서는 '행복한 참여, 행복한 상생, 행복한 변화'라는 3가지 원칙을 기반으로 다양한 사회공헌 활동을 추진하고 있으며, 사회공헌 추진체계 수립 및 이에 따른 사회공헌활동 실천을 통해 장기적으로 지역사회의 지속가능한 성장과 변화에 기여하여 선한 영향력을 확대하고자 한다. 이에 앞서 언급한 것과 같이 지역사회와 함께 성장하기 위한 가정간편식 및 김치 기부 등의 활동을 지속적으로 하고 있다.

경영활동의 궁극적인 목적을 '구성원의 행복'으로 정의하여 모든 임직원의 인권을 존중하고 구성원과 이해관계자의 지속적인 행복 추구를 경영철학으로 명시하고 있다. 이에 임직원들의 역량을 지원하는 인재 개발 전략과 일-가정의 양립을 지원하는 프로그램을 시행하고 있다.

또한 개인정보 유출 사고로 워커힐의 신뢰도가 하락하여 고객이 이탈하는 현상을 방지하고자 정보보호 및 개인정보보호 위반자를 대상으로 징계를 실시하고 있으며, 고객정보를 포함한 당사의 정보를 안전하게 보호하기 위하여 정보보호 및 개인정보보호 관리체계 통합 인증인 ISMS-P를 취득하였다.

지속가능한 공급망 영역에서는 협력사와 동반 성장하기 위한 활동에 중점을 두고 있는데, 협력사 선정 시 폐수 배출 시험성적서 검토, 장애인고용 우수사업장 평가 혹은 관련 공공기관 MOU 체결 여부를 확인하는 등 협력사 선정 시에도 ESG 평가를 실시하고 있다.

거버넌스 분야에서 SK네트웍스는 윤리경영협의체를 구성하여 자/손회사 대표로 구성된 운영위원회를 운영하고 있다. 이에 워커힐호텔앤리조트 대표와 HR실장 또한 SK네트웍스 운영위원회 구성원으로 구성되어 긴밀한 협업체계를 구축하고 실행력을 제고하고 있다. 또한 기업의 윤리적 책임을 다하고 이해관계자의 신뢰를 높이기 위해 윤리경영 3C(Code, Compliance, Consensus) 시스템을 구축하고 윤리 규범 실천 가이드 라인을 담은 윤리규범을 제정하여 공정하고 투명한 기업문화가 정착 및 확산될 수 있도록 노력하고 있다.

워커힐호텔앤리조트를 포함한 SK네트웍스 그룹은 주주 친화적인 경영활동 추진을 위해 전자투표제를 실시하고 있으며, 이 외에도 주주 영향력 확대 및 권리 강화를 위해 일정 주 이상의 주식을 소유한 주주에 대한 의결권 대리행사 권유, 소집공고 전 감사보고서 공개 등의 활동을 추진하고 있다.

SK네트웍스가 발간한 2021 지속가능경영보고서에서 워커힐호텔앤리조트가 이행하고 있는 ESG 경영활동은 〈표 부록-11〉과 같다.

⟨표 부록-11⟩ 워커힐 ESG 활동 하이라이트

구분	활동 성과	ESG 구분
환경	<ul><li>고 그린 캠페인 시행</li><li>비긴 비건 패키지 운영</li><li>객실 부문 활동 -터치프리 키/지류 사용 최소화/다회용 어메니티 교체</li><li>식음료 부문 활동 -친환경 재생 봉투/종이 박스테이프/ 유리잔 교체</li><li>대외 지원 -'Zero Waste' 챌린지, 친환경 대나무 칫솔 판매</li><li>노후 조명 및 냉난방 장비 에너지 고효율 제품으로 교체</li><li>태양광 발전시설 운영</li><li>에너지 절약을 위한 'Earth Hour' 참여</li><li>보일러 설비 개선</li></ul>	E
사회	<ul><li>고객가치(CV)보드 운영</li><li>워커힐 자체 안전 리스크 평가 및 관리</li><li>구성원 역량 강화</li><li>안전 보건 관리체계 강화</li><li>사내 인권 정책 제정</li><li>협력사와의 공급망 관리</li><li>지역사회 사회공헌 활동 추진</li><li>정보보안 및 개인정보 유출 방지</li></ul>	S
지배 구조	<ul><li>독립성, 다양성, 전문성, 효율성을 갖춘 이사회 구성</li><li>윤리경영 3C(Code, Compliance, Consensus) 시스템 구축</li><li>컴플라이언스 협의체 구성</li><li>조세 관련 법규에 따른 세무 리스크 점검 및 솔루션 강구</li></ul>	G

3 기타 국제회의업 및 유원시설업

가. MCI 그룹

1) 기본개요

MCI 그룹은 스위스 제네바에 본사를 두고 31개국에 60개의 지사를 보유한 세계 최대의 국제회의 기획기업이다. MCI 그룹은 사람과 기술을 잇는다는 비전을 가지고 마케팅과 디지털 혁신을 접목한 국제회의 기획을 선보이고 있으며. 이에 31개국에서 1,200개의 고객사와 함께 일하고 있다.

특히 국제회의 산업은 지난 몇 년 동안 극적인 변화를 겪어왔으며, 이에 MCI그룹은 메타버스나 인공지능과 같은 새로운 기술을 활용한 실시간 가상 커뮤니케이션을 접목한 기획을 지원하고 있다. MCI 그룹은 고객에게 혁신과 지속가능한 성장을 제공하는 문화를 조성하고 있으며, 이에 매년 기업 경영 연차 보고서와 지속가능성 연차보고서를 발간하고 있다.

2) 지속가능경영 개요 및 성과

MCI 그룹의 지속가능경영의 목표는 'to be a catalyst for change; 변화의 촉매제가 되는 것'으로 자사의 기술, 목소리, 관계를 활용하여 세상에 긍정적인 영향을 미치기 위해 전략을 수립하였다. 이에 MCI 그룹은 환경 변화를 우선시할 뿐만 아니라 환경, 사회, 정부 이슈에서 지속가능한 비즈니스를 구축하는 것을 비전으로 가지고 있다. 이에 사내뿐만 아니라 고객사와 커뮤니티와의 협업 등 업무의 모든 측면에서 지속가능성을 추구하며 노력하고 있다.

MCI의 지속가능보고서는 글로벌 보고 이니셔티브(Global Reporting Initiative) 지침을 따르고 있다. 또한 2007년부터 UN Global Compact에 서명하여 보편적으로 인정되는 10가지 원칙을 비즈니스 전반에 통합하여 운영하고 있으며, UN의 지속가능한 개발 목표(UN SDGs)를 준수하고 있다. EcoVadis에 환경, 노동, 사회, 문화 등 4개 부문에 걸쳐 평가를 받고 받아 2021년에는 '실버'등급을 부여받았다.

2021년 MCI 그룹의 지속가능성 성과로는 MCI 스페인지사와 중국지사가 지속가능한 MICE를 선도하고 업계 확산을 지원하기 위해 ISO20121(이벤트 지속가능성 경영관리 시스템)을 취득한 것이 있으며, 지속가능성을 위해 120,000유로의 기업 투자를 끌어냈다. 또한 자체적으로 실시한 설문조사에서 업무 환경 및 조직 문화에서 10점 만점에 7.69점을 달성하였다.

MCI 그룹은 '사람들을 하나로 모으고 세상에 긍정적인 영향 미치기'라는 목표를 위해 사람과 문화, 안전과 보안, 책임 있는 비즈니스, 고객 및 업계, 환경 영향, 커뮤니티 및 환원, 거버넌스 영역에서 기업으로서의 사회적 책임을 하기 위해 다양한 활동을 실천하고 있다.

사람과 문화 영역에서는 MCI 그룹은 모두를 위한 건강한 업무 환경을 조성하기 위해 다양성, 형평성, 포용성, 소속감으로 구성된 DEI&B 정책을 구축하였다. 전사적으로 건강과 웰빙에 대해 교육하고 가르치는 웨비나를 8번 정도 진행하였으며, 2번의 글로벌 CEO 타운홀을 진행하였고, 16번의 현지 미팅을 진행하였다. 이렇듯 MCI 그룹은 전 세계 인재들을 위해 안전하고 존중하며 배려하는 환경에서 최고의 인재가 될 수 있도록 동기를 부여하고 있다.

또한 '미래의 업무환경'을 위한 전략으로 집과 사무실에서 업무를 병행할 수 있는 하이브리드 업무 시스템을 도입하였으며, 멘토링 프로그램을 지속하여 인재들이 서로 소통하고 영감을 얻을 수 있는 교육환경을 구축하였다.

안전과 보안 영역에서 MCI 그룹은 고객사와 참가자가 신뢰할 수 있는 환경을 구축하기 위해 다양한 노력을 하고 있다. 이에 ISO 27001(정보 보안 관리 시스템) 및 ISO 27701(개인정보 관리 시스템) 인증을 2022년 말부터 시행할 수 있도록 준비 중이다. 또한 코로나19 관련 보건 안전교육을 진행하며, 행사 진행 시 모든 이해 관계자가 코로나19의 위험으로부터 안전할 수 있도록 지침을 수립하였다.

책임 있는 비즈니스 영역에서는 윤리적인 비즈니스 문화를 구축하기 위해 교육 프로그램을 개설하였으며, 새로운 내부고발 플랫폼을 개설하며 긍정적인 변화를 주도하는 데 중점을 두고 있다. 그 결과 내부고발자 제보는 0건으로 나타났다. 또한, 사회, 고객사, 협력사 및 공급업체와 원활하게 협력하기 위한 가이드를 구축하고, 협력사의 평가를 잘 관리하기 위한 새로운 디지털 솔루션을 모색하였다.

고객 및 업계 영역에서 MCI 그룹은 지속가능성을 고객 가치 제안의 핵심 요소로 삼고, 지속가능한 접근 방식을 도입하여 다양성, 형평성, 포용성, 소속감을 염두에 둔 고객사 프로젝트를 기획하는 것에 대한 가이드 라인을 설계하여 전사적으로 이행될 수 있도록 하였다. 그뿐만 아니라 지속적으로도 책임감 있는 소비에 중점을 두어 지속가능한 원칙을 적용한 솔루션을 계속하여 개발하고자 노력하고 있다.

환경 영향 영역에서 MCI 그룹은 지속가능성의 원칙을 일관되게 통합하기 위해서 노력하고 있으며, 사업장 내에서 플라스틱과 일회용품 사용을 단계적으로 폐지하고 순환 경제를 촉진하기 위해 노력 중이다. 또한 탄소 발자국을 자체적으로 측정하는 방법을 개발하고 과학적 근거에 기반한 감축 목표를 설정하며, 2030년까지 상위 10개 지사의 50%가 환경적, 사회적 인증을 받는 것을 목표로 하고 있다. MCI 그룹은 전사적으로 탄소중립적인 회의를 지향하며, 이에 열대우림 보존을 위해 노력하는 국제 NGO인 쿨어스와 함께 열대우림의 10,500그루의 나무를 보호하는 등의 활동을 하고 있다.

커뮤니티 및 환원 영역에서 MCI 그룹은 지역사회에 활기찬 문화를 만들고 가치를 창출하기 위해 책임감을 느끼고 헌신하고자 한다. 이에 지역사회에 긍정적인 영향을 만들기 위해 사내 모임을 계획할 때 지역 자선단체와 협력하여 지역 봉사활동을 하거나, 전문지식을 제공하는 등의 활동으로 자선단체의 영향력을 높이고 그들의 이니셔티브를 확대하는 데 도움을 주고자 노력하고 있다.

2021년 MCI 그룹의 지속가능 경영의 활동 내용은 〈표 부록-12〉와 같다.

〈표 부록-12〉 MCI 그룹 'Sustainability Annual Report 2021' 하이라이트

구분	활동 내용	ESG 구분
사람과 문화	• 사람이 우선 • 책임감있는 고용주 • 다양성을 통한 성장 • 학습 문화 조성 • 인재 육성	S
안전과 보안	• 안전한 작업 환경 • 고객 프로젝트 평가 • 주의 의무 • 데이터 및 정보 보안 • 사이버 보안 • 비즈니스 연속성 및 위기 관리	S
책임있는 비즈니스	• 비즈니스 윤리 • 공급망 관리 및 조달	S
고객 및 업계	• 책임감있는 경험 만들기 • 협회를 위한 지속가능성 전략 • 기술 및 혁신 • 변화의 원동력	S
환경 영향	• 지속가능한 작업 환경 • 탄소 발자국 측정 • 배출량 완화	E
커뮤니티 및 환원	• 좋은 일에 전문성 활용 • 사회 환원 • 커뮤니티 참여	S
거버넌스	• 지속가능 전담팀 • UN 글로벌 컴팩트 가입 :2007년 • UN SDGs 목표 통합 • EcoVadis 평가 • 자발적 보고서	G

2021년 MCI 그룹의 지속가능성 통합 사례는 2021 ITS 세계 총회와 SAP 지속가능성 서밋을 예시로 들 수 있다.

2021 ITS 월드 콩그레스는 스마트 모빌리티와 교통의 디지털화에 초청을 맞춘 대형 행사로 준비 단계부터 행사 현장, 행사 후까지 지속가능성에 주력하여 환경적, 사회적, 모든 이해 관계자를 포함하여 다양한 노력을 하였다.

① 환경적 측면의 지속가능성
- 등록 단계 시 올바른 정보 수집으로 적정한 양의 케이터링을 준비하여 낭비되는 폐기물을 감축
- 참가자 대상 자료와 행사장 내 브랜딩은 재활용 소재를 사용하거나 재활용 가능한 소재로 제작, 혹은 행사장 내 사용한 배너를 업사이클링하여 프로젝트 참여 팀을 위한 가방을 만들어 선물하였음
- 케이터링은 현지에서 조달 가능한 제철 유기농 식재료를 주로 사용함
- 카펫류, 인쇄물, 일회용품 사용을 일체하지 않으며, 지속가능한 교통 솔루션 제공

② 사회적 측면의 지속가능성
- 현지 공급업체 및 기업과 협력하여 지역 경제에 긍정적인 영향을 미칠 수 있도록 함
- ITS 산업의 젊은 세대를 지원하기 위해 스타트업 구역을 마련함
- 대회 개최로 인한 불가피한 탄소 배출은 가나지역에 효율적인 조리용 스토브를 배급하여 이산화탄소 감소와 함께 가나인들의 삶의 질과 대기질을 개선하는 프로젝트인 Cookstove Ghana 프로젝트에 기부하여 상쇄함

③ 모든 이해 관계자 대상 적용 지속가능성
- ITS 월드 콩그레스의 공급업체와 협력사 대부분은 지속가능성 인증을 받음

- 모빌리티의 미래를 대표하는 제품 전시 : 이동시간 단축, 대기질 개선 등
- 지속가능성에 대한 전용 트랙 마련
- 참가자 대상 참여 유도 : 등록 시나 숙박을 선택할 때 지속가능성을 고려하도록 유도

SAP 지속가능성 서밋에서는 혁신적이고 획기적인 방법으로 가상이벤트의 탄소 발자국을 측정하는 방법을 개발하여, 대면 행사와 가상이벤트 간의 탄소 배출량을 비교해보았다. 그 결과로 대면 행사보다 가상환경에서의 행사 진행 시 탄소 배출을 98% 정도 절감할 수 있음이 예측되었으며, 가상환경에서 행사를 진행할 때 크게 배출되는 자원들은 생산이 약 50% 정도이며 그 외에 네트워크 데이터 전송과 온라인 참석으로 인한 탄소 배출이 있음을 시사하였다. MCI 그룹은 이외에도 앞으로 6가지 측면에서의 지속가능경영을 다짐하였다.

- 다양성, 형평성 및 포용성 : 모든 사람이 안전하고 수용적인 환경을 조성하기 위해 조직의 모든 측면에서 공정성과 형평성을 위해 노력할 것이다.
- 탄소 발자국 : 탄소 발자국을 더 잘 관리하기 위해 최선을 다할 것이며, 디지털에 초점을 맞추어 자랑스러운 환경 유산을 남기기 위해 노력할 것이다.
- 책임감 있는 소비 및 생산 : 윤리적이고 지속가능한 소싱을 실천하기 위해 노력할 것이다.
- 책임감 있는 비즈니스 : 환경, 사회, 정부의 관행을 통합하기 위해 최선을 다할 것이다.
- 직원 및 자산 보호 : 모든 직원과 고객사, 이해 관계자들의 건강과 안전을 우선시하고 보호하기 위해 최선을 다할 것이다.
- 학습 및 개발 : 모든 직원과 이해 관계자의 지속적인 교육과 개발을 위해 전념할 것이다.

나. 롯데월드

1) 기본개요

롯데월드는 1989년에 개관한 국내 최초 테마파크로, 테마파크 사업 외에도 워터파크, 아쿠아리움, 서울스카이 사업까지 성공적으로 확장한 종합 엔터테인먼트 기업이다. 최근 개관한 라라 키즈 어드벤처와 롯데월드 어드벤처 부산 외에도 사업을 글로벌로 확장하여 2023년 베트남 하노이에 아쿠아리움을 오픈할 예정이다.

롯데월드는 'To be the leader in both on·offline themed entertainment industry : 온오프라인 테마 엔터테인먼트 분야에서 선도기업이 되자'는 비전을 가지고 고객이 오랫동안 간직할 수 있는 행복한 추억을 선사하겠다는 미션 아래 운영하고 있다.

롯데월드의 CSR 추진 전략은 모든 어린이와 청소년의 꿈이 실현되는 세상을 비전으로 가지고 롯데월드가 테마파크로서 가지고 있는 특장점을 활용한 투병하는 환아들을 대상으로 하는 찾아가는 테마파크, 드림플라이, 보호 종료아동 등 청소년을 대상으로 한 드림티켓, 드림잡 등의 다양한 사회공헌 프로그램을 운영하고 있다.

2) 지속가능경영 개요 및 성과

롯데월드는 지속가능한 성장과 사회적 가치 창출을 위해 2021년 3월에 국내 테마파크 최초로 ESG 경영 선포를 하였으며, 2021년과 2022년 상반기 ESG 경영 전략에 대한 보고서를 2023년에 처음으로 발간하였다.

롯데월드는 'A Better World : 더 좋은 세상을 위하여'라는 ESG 경영 비전을 가지고 ESG 영역별 키워드를 바탕으로 추진 과제 및 추진 체계를 구축하여 적극적인 ESG 경영활동을 실천하고자 하고 있으며, 분야별 추진 과제는 〈표 부록-13〉과 같다.

〈표 부록-13〉 롯데월드 ESG 영역별 추진과제

Environment (Green World)	Social (Together World)	Governance (Fair World)
미래 세대를 위해 지속가능한 자연환경을 지켜나가는 것을 목표로 친환경 에너지 사용과 자원 선순환을 통해 녹색 가치를 창출하여 생태계 보호 및 환경보존을 위해 적극적인 활동을 실천한다.	직원, 파트너사, 지역사회 및 모든 이해 관계자와 함께 나아가는 것을 목표로 소외 계층을 위한 지원과 사회공헌에 대해 지속적인 투자로 지역사회에 긍정적인 영향력을 전달하고자 노력하며, 공동체, 파트너사 등 모든 이해 관계자와 함께 성장해 나아갈 수 있도록 협력한다.	투명하고 공정한 경영을 실천하는 것을 목표로 지속가능경영을 위한 전담 조직을 운영하여 투명한 경영정보를 제공하고 이를 실천하기 위해 최선을 다한다.
1) 자원의 선순환 연간 30만톤 용수 재활용, 폐기물 재활용 **2) 친환경 에너지 사용** 탄소중립 중장기 계획 수립, 저녹스 보일러 교체 **3) 해양 생태계 보호** 희귀 해양 생물 종 보전	**1) 지역사회와의 공동체 가치 창출** 소외 계층 파크 초청, 환우 방문 공연 **2) 파트너사와의 상생** 우수 파트너사 발굴 및 지원 **3) 회사 구성원의 행복 증진** 일 · 생활 균형 MOU 체결	**1) 지속가능경영 성과 관리** ESG 성과 지표 수립 및 평가 실시 **2) 지속가능경영 전담조직 구축** ESG 전담 조직 구축

롯데월드는 기후변화 대응·자원관리·해양 생태계 보전을 주요 전략 방향으로 삼고 'Green World'라는 환경 비전을 선포하였으며, 이러한 체계적인 온실가스 감축과 에너지 절감 과제를 달성하기 위해 국제 표준에 부합하는 에너지 관리 시스템을 이행하여 관련 ISO 5001(에너지경영시스템) 인증을 취득하고, ISO 14001(환경경영시스템) 인증을 추가로 취득하기 위해 노력하고 있다.

롯데월드는 어드벤처 사업장 내 한국에너지공단에서 인증한 에너지 고효율 설비를 지속적으로 도입하고 있으며, 보다 근본적이고 장기적인 관점에서의 기후변화 대응을 위해 어드벤처 사업장 내 소형 풍력 발전 및 태양광 설비에 대한 테스트를 진행하는 등 많은 노력을 기울이고 있다.

또한, 롯데월드는 어드벤처 사업장 인근에 있는 석촌호수의 수질을 지속적으로 관리해오고 있는데, 이상이 있을 때는 다양한 정화공법을 활용하여 신속히 개선하여 석촌호수의 생태계에 부정적 영향을 최소화하기 위해 노력하고 있다.

그뿐만 아니라 롯데월드의 각 사업장 특성에 맞는 폐기물 절감 방안을 수립하여 운영 중인데, 어드벤처 상품점에서는 미생물에 의해 분해되는 생분해성 봉투와 빨대 등을 도입하여 활용하고 있으며, 아쿠아리움에서는 해양생물 먹이에서 발생하는 폐기물을 친환경적으로 처리할 수 있는 음식물 처리기를 도입하여 연간 약 18톤의 쓰레기를 2톤 이하 수준으로 절감하는 성과를 내었다.

이외에도 어드벤처 사업장 내에서 발생하는 페트병과 현수막을 활용한 업사이클링 프로젝트를 기획하여 어드벤처 내 친환경 상품 존에서 판매하거나 크라우드 펀딩에 올려 이익을 얻고 해당 수익금을 숲 조정 환경보호 기금 등으로 활용하여 ESG 경영 성과를 기록하였다.

롯데월드 아쿠아리움의 경우 단순한 해양생물 전시 공간을 넘어, 멸종위기의 해양 생물종 보전을 위한 연구기관이자 살아있는 배움터로 자리 잡았으며, 정부 기관이나 대학교, 고등학교, 해외 기관 등 다양한 해양 전문 기관과의 심도 있는 협업과 공동연구를 진행하고 있다. 이에 해양수산부 장관으로부터 해양 문화 저변 확대 및 해양 생태계 보전 기여에 대한 표창을 두 차례나 수여 받으며, 그 전문성과 성과를 인정받았다.

서울시 또한 롯데월드 아쿠아리움을 '서울 학생 배움터'이자 과학관 등록기관으로 인정하여 해양 생태계 교육을 위해 이바지하고 있으며, 수의과대학 학생들을 대상으로 진행하는 임상실습 프로그램은 수의과대학이 공식적으로 임상실습 프로그램 운영을 처음으로 협력한 사례이다. 이처럼 롯데월드 아쿠아리움은 미래 해양 생태계 발전을 위해 다양한 교육·실습사업을 진행하고 있다.

롯데월드는 글로벌 인권 가이드 라인을 기반으로 수립된 '호텔롯데 인권 경영원칙'을 실천하고 있다. 이에 다양성을 존중하여 서울시 장애인 일자리 지원센터와 함께 롯데월드 취업을 희망하는 장애인에 대한 취업 연계 프로그램을 운영하거나 직무 역량이 우수한 시니어 근무자와 다문화 이주 여성에 대한 채용을 적극적으로 권장하는 등 다양성을 존중한 근로 문화를 조성해 나가고 있다.

또한 출신 학교, 연령 등과 무관하게 직무에 대한 아이디어와 실습만으로 채용 여부가 결정되는 채용 프로그램을 도입하여 기업과 지원자 모두에게 긍정적인 효과를 만들어 냈으며, 직급, 직책별 인재 육성 교육과정을 구성하여 직무 역량 강화, 디지털 역량 강화, 고객 중심 교육, 캐스트 육성 교육 등을 지원하고 있다.

이외에도 가족친화경영 인증과 여가 친화 기업 인증을 받는 등 구성원 삶의 행복을 위한 다양한 조직문화를 만들어 가고 있으며, 소통과 존중의 기업 문화를 조성하기 위해 정기적인 노사협의회 시행 및 MZ세대와 대표이사와의 소통 시간 마련 등 소통과 존중의 가치가 살아있는 근로 문화를 만들기 위해 다양한 시도를 하고 있다.

롯데월드는 고객에게도 만족을 드리기 위해 통합 VOC 시스템을 운영하여 콜센터, 홈페이지 현장에서 접수된 고객의 목소리를 전사적으로 취합한 후 자료화하여 고객 컴플레인을 사전에 방비하기 위해 노력하고 있다. 이에 2017년 테마파크 최초 한국 서비스 대상 명예의 전당에 헌정되고, 한국서비스품질지수가 4년 연속 상승하는 성과를 기록하였다.

롯데월드는 파트너사와 함께 성장하는 생태계 조성을 위해 오픈 이노베이션 사업에 적극적으로 참여하여 캐릭터·공간기획·교육콘텐츠·AR 등 다양한 분야의 스타트업과의 협업을 진행하였다. 이에 스타트업의 IP 비즈니스 지원을 위해 스타트업이 보유한 캐릭터와 롯데월드 캐릭터인 로티로리의 콜라보레이션을 진행하고 사업장 내 온오프라인 채널을 통해 선보이는 등 자사가 보유한 플랫폼을 활용해 스타트업을 성장시킬 기회를 지속적으로 만들어 내고 있다.

롯데월드는 안전과 보안 관련해서도 관련 경영 방침과 경영 체계를 구축하

여 사고 예방부터 사고 발생 시 대처 방법, 추후 동일한 이슈가 발생하지 않
도록 하는 개선 조치까지 시스템을 구축하였으며, 이는 사내 상주 파트너사
에게도 동일하게 적용하여 진행하고 있다.

롯데월드는 체계적인 윤리 및 준법 경영의 실천을 위해 전사 윤리경영을
관리 감독하는 전담 조직과 윤리위원회를 구축하였으며, '롯데월드 윤리행동
준칙'을 제정하고 대내외적 환경에 맞추어 지속적으로 내용을 개정하며 준수
하고 있다. 지배구조 또한 경영 철학에 의거하여 투명한 이사회를 운영하고
있으며, 각 역할에 부합하는 투명경영위원회, 보상위원회, 사외이사후보 추천
위원회, 감사위원회로 구성되어 있다.

롯데월드의 ESG경영 활동 성과는 환경, 사회, 거버넌스 영역으로 구분되
어지며 〈표 부록-14〉와 같이 정리하여 기술하고 있다.

〈표 부록-14〉 롯데월드 ESG Report 2021 하이라이트

구분	활동 성과	ESG 구분
환경	• 기후변화 대응 　-탄소 배출량 절감 　-전력 에너지 효율화 　-대기오염 최소화 • 자원관리 　-수자원 효율화 　-수자원 리스크 관리 　-폐기물 배출량 절감 • 해양 생태계 보전 　-해양 생물종 다양성 보전 　-해양 생태계 보전 인식 증진 　-해양 분야 연구 강화	E
사회	• 인재 경영·인재 육성 　-인권 경영 원칙 수립 및 내재화 　-구성원 교육 체계 고도화	S

	-일과 가정의 양립을 위한 제도적 지원 • 고객만족도 제고 　-서비스 품질 관리 　-고객 불만 접수 및 보상 채널 관리 • 인권·정보보호 　-안전 문화 내재화 및 관련 사규 이행 　-정보보호 체계 강화 및 ISMS 인증 획득 • 동반성장·사회공헌 　-사회공헌 활동 확대 　-중소기업 동반성장 생태계 조성	
거버넌스	• 윤리경영 내재화 　-윤리경영 관리 전담 조직 운영 　-윤리경영 행동 준칙 제정 및 이행 • 준법경영 시스템 구축 　-공정거래 자율 준수 프로그램 운영 　-준법경영 위반 점검 및 제보 채널 운영 • 건전한 지배구조 　-투명하고 효율적인 이사회 중심 경영 　-ESG 위원회 및 전담조직 신설	G

가. 논문과 단행본

강병호(2013). 캐나다, 기업내 여성권익 향상을 위한 SRI 펀드 출시. CGS Report, 3(10), 23.

고동우(1998). 관광의 심리적 체험과 만족감의 관계. 고려대학교 대학원 박사학위 청구논문.

고동우(2008b). 여가치료의 관점으로 본 관광 체험의 심리적 효과. 호텔관광연구. 10(1) : 1−20.

고동우(2016). 치유여행 프로그램 개발을 위한 기초 연구 : 긍정심리기법(PPI)을 활용한 현장실험. 한국심리학회지 . 17(13). 543−568.

고석면. 「관광사업론」 . 백산출판사

고승익・김봉(2008). 현대관광학. 형설출판사, 438−439.

고창택(2004). 지속가능성의 윤리와 생태체계의 가치. 철학연구, 89, 1−22.

곽로엽(1999). 관광지 속성의 선호도에 관한 연구 : 여름휴가지 선택행동을 중심으로. 경기대학교 대학원 박사학위논문.

국가환경정보센터(2012). 환경산업 현황과 통계 인프라 개선 방안. GGGP 76.

국가환경정보센터(2013). 그린워싱(Greenwashing) 현황과 향후 대응 방향. GGGP 106.

권윤구·주신하(2015). 기업의 공유가치창출을 활용한 도시재생 사례 연구. 도시설계 : 한국도시설계학회지, 16(6), 35−51.

김계섭·안윤지(2004). 문화관광객원의 매력속성. 자원해설. 관광만족간의 영향관계. 관광연구. 19(1). 247−272.

김광근. 관광학원론. 백산출판사.

김기성(2010). 독일의 지속가능발전 전략과 환경정책통합. 사회과학논집, 41(2), 61−81.

김남두(1995). 환경 문제의 성격과 지속가능발전. 이정전(편), 사회과학연구협의회 연구총서[1]. 지속가능한 사회와 환경. 서울 : 박영사.

김덕호·김중화(2013). 기업지배구조와 전략적 CSR, 방어적 CSR의 관련성 : 성과달성과 여유자원의 조절역할. 한국인사관리학회 학술대회 발표논문집, 2013(1), 1-38.

김사헌. 「관광경제학」

김동일(2003). 학습장애아동의 이해와 교육. 학지사.

김선민(2015). 유럽과 국내 상장기업의 여성임원 현황. CGS Report, 5(13). 15-18.

김선민(2016). UN의 지속가능발전목표(SDGs)와 ESG 이슈. CGS Report, 6(2), 15-18.

김성규(2014). 기업의 글로벌 CSR 현황과 공유가치창출(CSV). 국제개발협력, 2014(1), 11-30.

김세중·박의범·Tsog Khulan(2012). 한국기업 CSR활동의 공유가치창출에 관한 실증연구. 로고스경영연구, 10(4), 1-28.

김선현(2006). 마음을 읽는 미술치료. 넥서스BOOKS.

김성혁·오은지·권상미(2009). 관광지선택속성에 대한 세대별 비교 : 서울지역을 중심으로. 관광·레저연구. 21(2). 167-182.

김수현(2021). 「EU의 ESG 규제 주요 내용과 시사점」. ESG Focus. 법무법인 광장.

김예정(2015). 통합적 모형을 활용한 기업의 CSR활동에 관한 연구. 위덕대학교 대학원 박사학위논문.

김은지·이형근(2021). 「일본의 ESG 대응 전략 분석과 시사점」. Global Market Report 21-028. KOTRA.

김재균(2016). CSV 활동에 대한 진정성과 적합성이 브랜드 자산, 브랜드 태도 및 구매의도에 미치는 영향 : 윤리적 소비성향의 조절 효과. 제주대학교 대학원 박사학위논문.

김정민(2012). 산림기반형 한방치유 관광상품의 선호도에 관한 연구. 한국환경생태학회지. 26(3). 463-471.

김종은(2000). 관광학원론. 가산출판사, 416-419.

김진옥(2015). 자연기반 아웃도어레크리에이션 환경이 치유관광객의 주의회복과 삶의 질에 미치는 영향. 한양대학교 대학원 박사학위논문.

김진섭(1998). 관광마케팅. 대왕사, 236-237.

김찬국(2017). 우리나라 지속가능발전교육 연구 동향과 연구 방향 : 1994~2017년 환경교육 게재 논문을 중심으로. 환경교육 30(4), 353-377.

김천중(1998). 관광 정보시스템. 대왕사, 43-52

김채옥(2007). 관광체험이 삶의 질에 미치는 영향. 강원대학교 대학원 박사학위논문.

김채옥·송운강(2006). 관광경험이 관광만족과 삶의 질에 미치는 영향. 관광연구. 21(4) : 23-41.

김태영 · 김성길 · 김미경 · 권동극(2001). 현대관광학개론. 백산출판사, 20−75.

김현지(2007). 헬스관광 참가 여부에 따른 만족도와 주관적 안녕감 평가차이에 관한 연구 : 한국인과 일본인 관광객을 대상으로. 관광학연구. 31(2). 165−186.

김혜숙(2003). 가족치료 : 이론과 기법. 학지사.

김홍운 · 김사영(1999). 관광학원론. 형설출판사, 41−60.

나종연·김학균·김학진·이유리·이진명(2014). 공유가치창출(CSV) 시대의 소비자 연구 제안. 소비자학연구, 25(3), 141−162.

나철희(2018). 브랜드 확장에서 공유가치창출이 소비자 평가에 미치는 영향. 경희대학교 대학원 박사학위논문.

남영숙(2011). 「기업의 사회적 책임(CSR)의 글로벌 트렌드와 지역별 동향연구」. 외교통상부 연구용역 보고서.

노기배(2011). 로하스 소비의식이 로하스 소비목적과 소비행동에 미치는 영향. 숭실대학교 대학원 박사학위논문.

대한무역투자진흥공사(2020). 유럽그린딜 추진동향 및 시사점.

대한무역투자진흥공사(2021). 주요국 그린뉴딜 정책의 내용과 시사점.

동남레저산업연구소(2001). 관광학의 이해. 기문사, 304−305.

류시영·강방훈(2012). 청소년의 체험활동 만족과 자아존중감. 행복감 간의 관계 : 아시아태평양잼버리 참가자를 중심으로. 한국청소년연구. 23(4) : 27−50.

류시영·김미희(2012). 생태체험의 심리적 치유 효과 : 2012 그린캠프 참가자를 대상으로. 관광연구. 27(5). 157−176.

박시사(2005). 관광소비자행동론. 서울 : 대왕사.

문휘창·이연우(2014). 기업의 사회적 책임 : 피터 드러커와 마이클 포터, 그리고 사회적 기회. 창조와 혁신, 7(2), 45−74.

미디치미디어(2021). ESG 경영의 과거, 현재, 미래. 환경의 역전.

박종철·윤용보·이광옥(2014). 힐링관광의 구성요소에 따른 서비스품질이 쾌락적 가치 및 고객충성도에 미치는 영향 : 제천 리솜포레스트 리조트를 중심으로. 관광연구저널. 28(11). 49−66.

박희정·장희정·손대현(2008). 슬로우 투어리즘 참가자 만족도에 관한 연구 : 슬로시티 증도 여행자를 중심으로. 관광연구농촌. 20(2). 43−63.

반성식 · 이동명 · 이창원(2005). 경영학원론. 도서출판 대명, 342−355.

박병진·김도희(2013). 공유가치창출(CSV)관점에서 본 CJ제일제당의 동반성장 추진 사례. Korea Business Review, 17(2), 73−99.

박영석·강구상·장영욱·김승현·이효진(2021). 「국제사회의 탄소중립 정책 방향과 시사점」. 오늘의 세계 경제 21-01. 대외경제정책연구원..

박희순(2018). 기업의 공유가치창출, 조직신뢰, 혁신이 경영성과에 미치는 영향 연구. 창원대학교 박사학위논문.

방문옥(2013). 통합보고(Integrated Reporting) 프레임워크 개발 동향. CGS Report, 3(9), 7-9.

배정호(2017). 중소제조기업 조직역량이 사회적 책임(CSR)활동과 경영성과에 미치는 영향 : 선도적 CSR 활동의 매개효과를 중심으로. 서울벤처대학원대학교 박사학위논문.

배정호·박현숙(2017). 중소기업 조직역량이 CSR 및 경영성과에 미치는 영향. 한국콘텐츠학회논문지, 17(8), 274-289.

변선영·김진욱(2011). 한,일 기업의 전략적 CSR 활동과 기업성과. 國際經營研究, 22(1), 83-110.

보건복지부(2020). OECD 보건통계(Health Statistics) 2020.

보건복지부(2018, 2019). 외국인환자 유치실적 통계분석보고서.

산업연구원(2015). 정책과 이슈 : 환경산업의 발전방향.

산업통상자원부(2021). K-ESG 가이드 라인 v1.0. 산업통상자원부.

서태양(1996). 관광학원론. 법문사, 325-329.

세계 각국의 온실가스 감축 목표 및 관련 법령(2022.04.21.),「세계법제정보센터」.

손창호.「관광사업개론」법문사.

송지준·엄인숙(2008). 중년과 노인의 여가활동유형과 우울. 고독감 간의 관계. 관광연구. 23(1) : 43-62.

신명석·서정태(2007). 슬로우 투어리즘(Slow Tourism)의 전망과 과제. 관광연구저널. 21(3). 23-38.

신숙재·이영미·한정원(2000). 아동중심 놀이치료. 동서문화원.

신윤천(2013). 웰빙의 새로운 진화 '힐링 브랜드'. Marketing . 7. 34-42.

신현균·김진숙(2000). 주의력 결핍 및 과잉행동 장애. 학지사.

신현호(2014). 힐링관광 서비스상품 및 서비스품질이 관광만족과 브랜드 애호도에 미치는 영향. 관동대학교 대학원 박사학위논문.

안영면(2000). 현대관광마케팅론. 동아대학교 출판부, 37-42.

안영면 · 박봉규 · 윤정현(2002). 관광 인적자원관리. 대명출판사, 133-220.

안홍기·조상희·이선희(2012). 여행형태와 자극감성 추구에 따른 중국 내몽고 방문 관광객이 지각하는 스트레스 요인에 관한 연구. Tourism Research. 34 : 39-57.

양승훈·김병용(2015). 기업의 공유가치창조(CSV)에 대한 탐색적 연구 : -힐링과 문화

마케팅에 대한 신문보도기사의 의미연결망을 중심으로-. 관광학연구, 39(4), 27-38.

양영근(2003). TORISMOLOGY-관광학의 이해. 백산출판사, 352-355.

양정임(2015). 치유관광의 체험가치가 Mindfulness. 경제적 행동의도에 미치는 영향 : 6차 산업을 중심으로. 관광경영연구. 19(5). 125-149.

에너지경제연구원(2020). 세계 에너지시장 인사이트. 20(25).

원융희·박충희·이창욱(2009). 관광 인적자원관리. 백산출판사, 14-94.

원융희·박충희·이창욱(2004). 최신관광인사관리. 백산출판사, 245.

유승권(2018). 전략적 CSR의 성공적 실행을 위한 방안 연구. 한양대학교 대학원 박사학위논문.

윤대순. 「여행사실무론」. 기문사.

육윤복·장명복·이성주(2002). 경영학원론. 경영과회계, 15-19.

은행연합회(2014). 금융의 창을 열다 : 돈과 소비이야기. 금융웹진 729.

이광원. 「관광학의 이해」. 기문사.

이상훈(2010). 사회책임정보 공시 법제화의 도입 필요성. 기업지배구조 리뷰, Vol. 51. 7/8

이선희·김근종·지진호.(1998). 현대관광의 이해. 대왕사, 193-195.

이수원(2002). 관광 정보와 인터넷 활용. 한올출판사, 121.

이수길. 「현대인의 LEISURE LIFE」. 한올출판사.

이연호(2010). 지속가능발전정책 거버넌스의 평가. 동서연구, 22(1), 7-45.

이영섭(2021). 여행치료의 이론과 실제. 휴먼북스.

이영한(2014). 한국의 사회적 지속가능발전 진단 연구. 지속가능연구, 5(2), 1-12.

이은석·이선장(2009). 농촌지역 노인의 스트레스. 우울 및 자살생각에 있어서 신체적 여가활동의 완충효과. 한국스포츠사회학회지. 22(2) : 35-54.

이재모·엄인숙(2007). 중년과 노인들의 관광유형에 의한 관광만족과 우울. 고독감 간의 관계. 관광연구. 21(4) : 209-226.

이정기·이장우(2016). 공유가치 창출(CSV) 전략의 유형화와 실천전략. Korea Business Review, 20(2), 59-83.

이정순(2005). 관광활동. 관광·여가만족. 웰빙지각과의 관계. 관광연구. 19(3) : 75-99.

이정호·김영미·최영민(1999). 명상이 정서상태에 미치는 효과. 신경정신의학. 38(23) : 491-500.

이진형·박종선(2014). 힐링열풍과 관광개발 : 개념. 사회문화적 배경과 사례. 동북아관광연구. 10(1). 1-17.

이혜주·최은희·이범준(2013). 지속가능사회문화의 개념 정립과 발전방향 제안. 지속가능 연구, 4(1), 21-49.

임채원·김병섭(2012). 글로벌 위기의 대응으로서 '공유가치성장'과 '관계국가모형'. 行政論叢, 50(3), 295-326.

정기한·신재익·황인호(2006). 해외관광지 이미지의 선·후행변수에 관한 연구. 마케팅논집. 14(3) : 29-55.

정덕조·권용일·이연주(2008). 청소년의 여가활동 참가가 불안 및 우울에 미치는 영향. 한국여가레크리에이션학회지. 32(4) : 145-154.

정성채. 「여행사업 경영론」.기문사.

정진섭·이민재(2012). 적정기술을 활용한 과학기술 ODA 전략 : 공유가치창출(CSV)을 기반으로. 경영컨설팅연구, 12(4), 421-443.

제프 프롬·엔지리드(2018). 최강 소비 권력 Z세대가 온다. 임가영 역. 서울 : 홍익출판사.

조광익(2016). 한국 사회의 신관광 현상에 대한 이해 : '힐링관광'의 사회적 의미.32 해양 치유관광 활성화 방안 연구.

조명환 외 11인(1999). 현대관광학원론. 기문사, 299-302.

조창현·유평준(2015). 지속가능발전 추진 동향과 정부의 대응 방향 : 향후 Post-2015 SDG의 맥락에서. 창조와 혁신, 8(3), 217-254.

조형례·전중양·정선양(2011). 공유가치창출(CSV)에 기반한 지속가능 경영혁신모델 구축 방안. 지속가능연구, 2(3), 57-80.

지승현·남영숙(2007). 21세기 지식 기반 사회에서의 지속가능발전 교육 방향 탐색. 환경교육, 20(1), 62-72.

최용록(2010). 지속가능성 과학의 학제적 특성과 발전과제. 지속가능연구, 1(1), 1-13.

최재백(2016). 기업의 공유가치창출 전략이 구매자-공급자관계 및 전략적 유연성과 기술역량에 미치는 영향. 경일대학교 대학원 박사학위논문.

최태광(1985). 관광마케팅. 백산출판사, 185-186.

코트라(2021). 해외 기업의 ESG 대응 성공사례. Global Market Report 21-026. KOTRA.

하경희(2011). 웰니스 투어리즘과 한방의료관광. Tourism Research. 32 : 35-54.

하동현·변우희·조문식·김권식(2005). 관광학원론. 한올출판사, 344.

한국기업지배구조원(2020). ESG와 기업의 장기적 성장. ESG Focus, 1-15.

환경부(2020). 2021년도 녹색제품 구매지침.

한민지(2021). ESG체제에 따른 유럽연합의 대응과 동향-기후위기 대응과 지속가능한 사회로의 전환을 중심으로-.법과 기업 연구 11(2),

한상범·권세훈·임상균(2021). 글로벌 ESG 동향 및 국가의 전략적 역할, 대외경제정책연구원. 3-36.

현대경제연구원(2019). 2019년 글로벌 10대 트렌드. 현대경제연구원.

해양기술정책연구소(2018). 해양치유 대국민 인식조사. 해양기술정책연구소

해양수산부 보도자료(2016.12.20.). 해수부. 해양치유관광산업 육성 첫걸음 내딛어.

해양수산부 보도자료(2017.10.17.). 해수부. 지자체와 손잡고 해양치유산업 본격 추진한다.

한국관광공사(2018)의 통계

나. 신문기사

강소슬(2022.06.16.), 하나투어, 여행업계 최초 'ESG 위원회' 발족, 「매일일보」.

김연성(2022), ESG, 관광 일자리 어떻게 생성 가능한가?, 「한국관광정책」 제87호, 한국문화관광연구원.

김은(2021.05.04.), 호텔신라, 'A+'로 가는 길 남은 과제는, 「thebell」.

손고은(2021.08.10.), 하나투어, 친환경 여행상품 만든다…'ESG 경영 도입', 「여행신문」.

천소진(2021.05.27.), 호텔신라, 친환경·상생 경영으로 업계 선도, 「데일리한국」.

최동훈(2022.07.07.), 대한항공·아시아나항공, ESG등급 '극과 극', 「이코노믹 리뷰」.

환경부(2021.09.01.), 탄소중립 세계 14번째 법제화…탄소중립기본법 국회 통과, 「대한민국 정책브리핑」.

2022 대한항공 ESG 보고서. 「대한항공 홈페이지」.

2050 탄소중립(2021.11.08.), 「대한민국 정책브리핑」.

다. 홈페이지

강화 군청 : https ://www.ganghwa.go.kr

국립공원공단 : www.knps.or.kr

꽃마을 경주한방병원 : www.conmaulkj.co.kr

금강송 에코리움 : www.pinestay.com

김해시 공식블로그 : https ://blog.naver.com/gimhae4you

깊은산속 옹달샘 : godowoncenter.com

담양군청 : www.damyang.go.kr

목포시청 : www.mokpo.go.kr

미리내 힐빙클럽 : https ://www.healbeingclub.com/

상주시청 : www.sangju.go.kr

서천군청 : www.seocheon.go.kr

순천관광 공식블로그 : https ://blog.naver.com/suncheonsi

신안군청 : www.shinan.go.kr

완도군청 : www.wando.go.kr

양평헬스관광 : www.healthtour.co.kr

영월군청 : https ://www.yw.go.kr

예산군청 : www.yesan.go.kr

숲나들e : www.foresttrip.go.kr

전주시청 : www.jeonju.go.kr

전주한옥마을 : hanok.jeonju.go.kr

정남진 편백숲 우드랜드 : www.jhwoodland.co.kr

제천시청 : www.jecheon.go.kr

청양군청 : www.cheongyang.go.kr

청송군청 : www.cs.go.kr

초락당 : tour.ulsan.go.kr

태안군청 : www.taean.go.kr

픽사베이 : https ://pixabay.com/ko

하동군청 : www.hadong.go.kr

한국관광공사 : www.visitkorea.or.kr

해양치유완도 : https ://www.wando.go.kr/chiu4u

힐리언스 선마을 : www.healience.co.kr

법제처 홈페이지 : 「관광진흥법」

라. 외국문헌

Andrew Dobson(2007). Ecological Citizenship : A Disruptive Influence ?. In : C.Pierson and S.Tomey. Politics at the Edge. London : Macmillan.

Bebchuk, L.A(1999). A rent-protection theory of corporate ownership and control. Working Paper, Harvard Law School.

BOX SYN-1(2011). SUSTAINED WARMING COULD LEAD TO SEVERE IMPACTS in : Synopsis, in National Research Council.

Break Free From Plastic(2020). BRANDED Vol III : Demanding Corporate Accountability for Plastic Pollution.

Christopher S. W. et al.(2015). Unabated global mean sea-level rise over the satellite altimeter era. Nature Climate Change, 5, 565-568.

Climate Change(2013). The Physical Science Basis. Working Group I500pxI Contribution to the IPCC 5th Assessment Report.

European Women's Lobby, 「The European Commision's Directive on Women on Boards」, 2013.8.2.

Faccio, M., Lang, L.H.P(2002). The ultimate ownership of Western European corporations. Journal of Financial Economics. 65, 365-395.

Porter, M., & Kramer, M.(2006). Strategy and society : The link between competitive advantage and corporate social responsibility. *Harvard Business Review*, 84(12), 78-92.

Porter, M. E., Kramer, M. R.(2011). Creating Shared Value. *Harvard Business Review*, 89(1-2), 62-77.

GSIA, 「Global Sustainable Investment Review」, 2018.

Jensen, M.C(2004). Agency costs of overvalued equity. ECGI Finance Working Paper, 39.

Kosaka, Y., and S.-P. Xie(2013). Recent global-warming hiatus tied to equatorial Pacific surface cooling. Nature, 501, 403-407.

KPMG, 「New obligations regarding non-financial reporting」, 2015.

Lynn White(1967). The Historical Roots of Our Ecological Crisis. Science.

Meehl, G. A., et al(2013). Externally forced and internally generated decadal climate variability associated with the interdecadal Pacific Oscillation. J. Climate, 26, 7298-7310.

Ocean Acidification(2013). in : Ch. 2. Our Changing Climate in NCADAC. 69-70.

Paris Agreement, 「United Nations Treaty Collection」. 2016.7.8

Rodhe, A(1990). A comparison of the contribution of various gases to the greenhouse effect. Science, 248, 1217-1219.

Rosalyn M, Roger D(1993). Socio-political-culrural Foundations of Environmental Education. The Journal of Environmental Education.

Stephanie Bodoni, 「EU Plan for 40 Percent Quota of Women on Boards Gets

Win」, Bloomberg, 2013.11.20.

UNDRR(2020). The Human Cost of Disasters : An overview of the last 20 years 2000−2019.

Valencia Saiz(2005). Globalisation, Cosmopolitanism and Ecological Ccitizenship. Environmental Politics.

Zeebe, R. E(2012). History of Seawater Carbonate Chemistry, Atmospheric CO2 and Ocean Acidification. Annual Review of Earth and Planetary Sciences, 40, 141−165.

Hynes. Arleen McCarty and Hynes−Berry. Mary. Biblio/Poetry Therapy : The Interactive Process : A Handbook. St. Cloud. MN : North Star Press of St. Cloud. Inc. 1994

Williams & Woods(1977). Developmental art theraphy. Baltimore : University Park Press.

Beard. J. G. & Ragheb. M. G.(1980). Measuring leisure satisfaction. Journal of Leisure Research. 12 : 20−33.

Beck. A. T.(1967). Depression : Clinical experimental. and theoretical aspects. New York : Harper & Row.

Bello. D. C. & Etzel. M. J.(1985). The role of novelty in the pleasure travel experience. Journal of Travel Research. 24(1) : 20−26.

Brown. G. W. & Birley. J. L. T.(1968). Crisis and Life Changes and the Onset of Schizophrenia. Journal of Health & Social Behavior. 9(3) : 203−214.

Clawson. M. & Knetsch. J.(1996). Economics of Outdoor Recreation. Baltmor : Johns Hopkins press.

Caldwell. L. & Smith. E. A.(1988). Leisure : An overlooked component of health promotion. Canadian Journal of Public Health. 79 : 44−48.

DeLongis. A.. Folkman. S. & Lazarus. R. S.(1988). The impact of daily stress on health and mood : Psychological and social resources as mediators. Journal of Personality and Social Psychology. 54 : 486−496.

Durmazedier. J.(1967). Toward a society of Leisure. New York : The Free

Press.

Frderickson. L. M. & Anderson. D. H.(1999). A qualitative experience of the wilderness experience as a source of spiritual inspiration. Journal of Environmental Psychology. 19 : 21−39.

Francis G. Last C. Strauss C(1988) :Expression of seperation anxiety disorder : the roles of age and gender. Child Psychiatry Hum Der 18

Gitelson. R. J. & Crompton. J. L.(1984). Insights into the repeat vacation phenomenon. Annals of Tourism Research. 11(2) : 199−217.

Greenberg. L. S.(2002). Emotion−focused therapy : Coaching dients to work through their feelings. NY : The Guilford Press.

McCrae. R. R. & Costa. P. T.(1987). Validation of the five factor model of personality across instruments and observers. Journal of Personality & Social Psychology. 52(1) : 81−90.

Roberts. K.(1999). Leisure in Contemporary Society. Oxon : CABI Publishing.

Singer. M. G.(1992). Human Resource Management. Boston : PWS−Kent Publishing Company.

저자 소개 : 이 영 섭

 저자 이영섭은 인피니티컨설팅(주)의 대표이사로서 2001년 호텔 마케팅 컨설팅 서비스를 시작으로 회원 모집 및 관리의 전문성을 축적한 레저사업 컨설팅 전문회사이다. 더 나은 서비스를 제공하기 위해 호텔 멤버십 회원과 소통하며 고객의 성향과 욕구를 치밀하게 분석해 왔다. 그리고 2018년 7월부터 UNGC 협회 회원사로서 ESG지원 기업부설 연구소를 운영하고 있다. 사람들이 관광과 여행을 즐기는 과정에서 정서적 위안을 얻는 모습에 주목, 이러한 효과에 대한 사회과학적 분석과 전파를 위해 2021년 한국여행치료협회를 설립했다. 아울러 여행심리상담사, 힐링지도사, 자존감 지도사 민간자격 과정을 개설하여 여행치료 프로그램의 보급에 매진하고 있다.

저서로는 「ESG경영의 이론과 실제」, 「지자체 ESG 적용 사례」, 「호캉스 어디로 가면 좋을까」, 「여행치료의 이론과 실제」, 「성격유형별 서울권 여행지」, 「자존감 여행」, 「근로자지원 프로그램(EAP)의 도입과 적용」 등이 있다.

(現) 인피니티컨설팅(주) 대표이사

(現) 한국여행치료협회 회장

경희대학교 관광학과 박사

경희대학교 경영대학원 석사

저자 소개 : 이 도 경

　　저자 이도경은 한국여행치료협회의 홍보이사로서 온라인 마케팅과 대외협력 업무를 수행하고 있다. 한무컨벤션(주) 그룹 비서실에 재직하였으며, 현재 관광업에서의 견문(見聞)을 넓히고 있다. 풍부한 실무 경험에 더해 학술적 분석 역량을 높이고자 경희대학교 경영대학원에서 석사학위를 취득하였고, 현재는 관광학과 박사과정에 진학하여 여행이 심리 증상에 미치는 다양한 영향을 연구하고 있다. 연구 성과를 바탕으로 한국여행치료협회의 여행치료 심리상담사 자격과정 교육 프로그램 중 현장 심리상담 프로토콜 개발을 주도하고 있다. 저서로는 『힐링여행』, 『인생을 행복하게 하는 자존감 여행』, 『MZ 세대를 위한 심리상담』 등이 있다.

저자 소개 : 전 도 근

　　저자는 충남 청양에서 태어나 공주대학교 일반사회교육과를 졸업하고 경희대학교 교육대학원에서 교육공학을 공부하였으며, 홍익대학교에서 평생교육정책으로 박사학위를 받았다. 지금까지 『엄마는 나의 코치』, 『아빠 대화법』, 『공부하는 부모가 공부 잘하는 자녀를 만든다』 『자기주도적 공부습관을 길러 주는 학습코칭』 『명강사를 위한 명강의 비법』, 『엄마표 초등 읽기 · 쓰기 길잡이』, 『엄마표 시험 공략법』, 『수다치료의 이론과 실제』 등 300여 권의 저서를 집필하였다.

ESG 관광경영학 개론

초판1쇄 인쇄 - 2023년 5월 5일

초판1쇄 발행 - 2023년 5월 5일

지은이 - 이영섭·이도경·전도근

펴낸이 - 이영섭

출판사 - 인피니티컨설팅

서울 용산구 한강로2가 용성비즈텔. 1702호

전화 02-794-0982

e-mail - bangkok3@naver.com

등록번호 - 제2022-000003호

※ 이 책은 환경보호를 위하여 재생 용지를 사용하였습니다.

※ 잘못된 책은 바꾸어 드립니다.

※ 무단복제를 금합니다.

ISBN 979-11-92362-26-7(13320)

값 25,000